公司、合約與財務結構

奧利弗·哈特——著
溫秀英、余曉靜、文羽苹——譯註

Firms, Contracts,
and Financial Structure

by Oliver Hart

目錄
contents

目錄
contents

推薦序

2016 年諾貝爾經濟學獎得主哈特教授的貢獻

中興大學財金系教授 紀志毅

2016 年諾貝爾經濟學獎，頒給在「合約理論」中有重大貢獻的哈特與霍姆斯特姆兩位教授。哈特這本書《公司、合約與財務結構》出版於 1995 年，書中重新詮釋他的理論，以方便學生學習；此外，他希望大家能了解這些理論雖然看起來很抽象，但其實是與我們的生活切身相關，因此他以公司財務結構為例，親自示範如何應用他的理論。

胡適說做學問要在不疑處中有疑，不少經濟學大師的貢獻就是這樣。1991 年諾貝爾經濟學獎得主寇斯，在 1937 年問個大家「不疑」的問題：既然大家都歌頌市場機能是「看不見的手」，為什麼要有公司這樣的組織？市場機能是透過價格來運作，公司內是透過命令、權威在運作，為何市場無法取代公司？寇斯提出的答案，是「交易成本」決定交易的形式。那什麼因素影響交易成本？寇斯著墨不多，後來由威廉森（2009 年諾貝爾獎）接手說明。

威廉森認為，在市場交易中，雙方無論有無簽約，都有合約關係。在公司內部，許多事情並未簽約，例如老闆與員工雖然

有雇用合約，但老闆今天要員工幫忙打掃，並不須再簽個約。換句話說，在一定範圍內，命令可以取代合約。那麼，合約不也可以取代命令嗎？威廉森說，由於我們往往無法在簽約前，想到所有可能發生的情境，因此合約並不完整；即使我們想到所有可能了，有些情境未必第三者（尤其是法官）能夠辨別，有簽等於沒簽，因此即使簽約前是完整的合約，在簽約後仍是不完整。所以，由於合約無法完整，因此給予一方有權力要求另一方，有時比較有效。

合約無法完整，還可能衍生出「套牢」問題。例如美國燃煤發電廠的機組設計，如果針對特定地區的煤而設計（專屬性投資），運轉效率雖然較高，但以後可能無法抵擋該區煤礦業者漲價。如果怕被煤礦業者「套牢」，發電廠可能就要設計成可以燒各種煤，但運轉效率就變差；相對地，煤礦業者也少了長期客戶。因此，無法客服套牢的威脅，雙方就無法實現合作的最大利益。怎麼辦？威廉森建議，雙方合併可能比較好。

哈特與果羅斯曼以及摩爾建立以財產權為核心的分析方式，探討公司內「權力」的來源、合併的利益與成本、以及誰應該是主併方。他們認為，擁有財產的人，在談判破裂、或合約的空白處，可以行使剩餘控制權（例如把財產帶走），而這權力，將影響雙方的談判力量。而當一方或雙方必須做專屬性投資時，會預先判斷雙方的談判力量，因此談判力量又影響投資意願。

我們可以用兩個標準來判斷財產權分析方法的價值：解釋現象與應用。哈特與其他學者以財產權的角度，解釋我們常見的現

象，例如本書第 5 章談公司財務結構的股債問題：付不出股利給
股東，公司仍可正常營運；付不出利息給銀行，公司馬上面臨倒
閉的危機。為什麼這樣設計？學界已有許多理論，財產權分析是
否更有說服力？讀者可自行判斷。

　　光解釋已存在的事實還不夠好，因為那只證明先人的遠見。
能提出新的應用，才更有價值。創投業者與創業者之間，面臨一
連串的不完全合約：當不順利時，投資人何時該介入經營？何時
該換經營團隊？何時清算？順利時，董事會成員是誰？矽谷的創
投業者的作法，是將分配盈餘的權利與控制的權力分開：在績效
差時，投資人得到比較多的現金與控制權；在績效好時，創業者
的現金與控制權大幅增加。

　　另一個應用，是分析公營事業民營化的優缺點。公營事業被
人垢病的理由不少，但轉成民營是否就能改善？用財產權分析的
方法，我們應先站在經營者的角度來考慮。如果公營事業有成本
和品質的考量，公營時，財產是公家的，員工的努力，不容易直
接連結到個人的報酬；因此，成本不會太低，品質也不會太差。
轉為民營後，雖然員工會比較重視績效，但如果降低成本帶來的
報酬比較高，可能民營化後的品質將會下降。美國將一些學校、
醫院、與監獄改為民營後，品質都大幅下降，正印證了哈特的看
法。

　　雖然本書有一些數學式，不喜歡看到數學的讀者，仍可以
從哈特的解釋，了解他的想法。哈特強調的是，組織或制度的改
變，不必然就會讓現況變好或變壞，要看改變前後，各方為了

「自利」而做出的決定，能否彼此相安無事，甚至提高整體的利
益。在哈特之前，經濟學家很少分析「權力」，哈特提供一個簡
單的方法，讓我們可以更了解它，這確實是幫經濟學開疆闢土的
成就。

譯註導讀

　　本書譯註經典為奧利弗・哈特（Oliver Hart）所著之《公司、合約與財務結構》（*Firms, Contracts, and Financial Structure*），根據之版本為Oxford University Press於1995年出版之原著。本書原著者哈特教授目前任教於美國哈佛大學（Harvard University）經濟系，為哈佛大學Andrew E. Furer經濟講座教授，並為計量經濟學會（Econometric Society）、美國人文與科學學院（American Academy of Arts and Sciences）以及英國科學院（British Academy）的院士。主要的研究領域包括合約理論（contract theory）、公司理論（theory of the firm）、公司財務（corporate finance）以及法律與經濟等。他曾經擔任美國法律與經濟學會（American Law and Economics Association）主席，以及美國經濟學會（American Economic Association）副主席，活躍於財經學術領域，並於2016年獲得諾貝爾經濟學獎的殊榮。

　　1980年代開始，哈特與果羅斯曼（S. Grossman）以及摩爾（J. Moore）的研究，對於當代公司理論基礎的建立貢獻卓著，請參見果羅斯曼與哈特（Grossman and Hart 1986），哈特與摩爾（Hart and Moore 1988, 1990, 1998）等之著作。而哈特於1995年出版的這本《公司、合約與財務結構》更被譽為是當代公司理論的經典論著。在哈特出版這部論著的年代，誠如哈特在該書所說的，經濟學家對於市場交易的理論已有相當完善的論述，但是在

機構（institution）方面的經濟分析卻還在初步的發展階段（Hart 1995, 頁1）。他嘗試透過不完全合約（incomplete contract）概念與代理人之間的控制權配置，以及諸如對套牢問題（holdup problem）等的分析，說明公司的生態結構，並且在該書的第二部，深入探討公司財務結構的議題。這個領域的研究除了哈特，當時還有其他傑出的學者參與，例如可參見艾倫與蓋爾（Allen and Gale 2000）所著《金融體系之比較研究》第十章有關協議與關係之相關理論推導以及文獻上的介紹。而哈特這本著作無疑是這方面研究的經典之一，他補充了傳統經濟理論架構對不完全合約以及協商過程有關控制權配置等的不足，滋潤了經濟學的分析內涵，也對公司財務、公司治理等等研究領域注入新的思維。

了解公司的本質

公司的存在，在我們的生活中可說是如影隨形，我們是這麼地熟悉，感覺它的存在是如此理所當然，但要回答公司是什麼，卻又是如此的陌生。一般的教科書在介紹公司理論時，映入眼簾的往往就是所謂的新古典主義之公司理論（neoclassical theory of the firm），其主要的重心就是假設公司管理階層要面對的決策問題為，在生產某水準的產出目標之下，讓成本最低的決策問題（或是在某成本之下，極大化公司的利潤）。但這個深具影響的新古典主義理論，主要是以技術層面來解釋公司，忽略了公司內部的結構以及誘因機制，更沒有解釋有關公司疆界（範圍）的議題，例如，為何公司之間會有併購的行為發生。

哈特教授點出了從新古典主義理論觀點看待公司的盲點，而

之後的代理理論（principal-agent theory），雖然對公司內部的運作提出了更為貼切的觀察，但是委託代理觀點卻忽略了一個重要的因素，那就是沒有認知到簽約本身是需要成本的，而且往往是相當昂貴的事實。交易成本理論（transaction cost theory）則挑戰了代理理論的缺點。由羅納德‧寇斯（Ronald H. Coase 1937）揭櫫的交易成本概念，並由之後的奧利弗‧威廉森（Oliver Williamson）和其他學者持續發展的交易成本理論，基本上認為公司簽署的合約通常不是完全的（無法針對所有可能發生的事件明定相對應的權利義務，若是可以則稱此合約為完全的），而且合約往往必須隨著情況的改變而加以修訂或重啟談判。我們所面對的現實生活是如此複雜並且充滿不確定性，一般人很難想像未來所有可能發生的情況而加以因應，若是牽涉到不同當事者之間的協商，困難度更高。而即使簽定了合約，如何執行，尤其是發生問題時合約內容是否可以藉由第三方，例如法院來加以解讀與判決，往往是複雜而困難的事。

交易成本理論提出合約不完全性的觀點，點出了簽定合約是耗費成本的，豐富了公司理論的內容，就以這個層面來看，哈特在本書提出的觀點與交易成本理論最為接近，不過交易成本理論無法提出強而有力的分析來解釋影響公司疆界的因素，也甚少注意到透過機構協商設計來分配代理人之間的權力配置問題，而哈特教授在本書的立論豐富了這方面的討論。

不完全合約或財產權分析（property right approach）的觀點，強調了剩餘控制權（residual control right）所扮演的角色。如前所述，由於人們無法完全掌握未來可能發生的所有情況來簽

署全面性的合約（comprehensive contract），一般簽定的合約為不完全合約的型態，也因為是不完全的合約內容，因此對於誰擁有權力來決定合約中未明定部分的權力歸屬是非常重要的；也就是剩餘控制權的歸屬會影響到個人以及組織的行為。不完全合約的存在事實，也解釋了為何往往會有重啟談判行為的發生，而重啟談判的可能性往往又會影響到經理人或是機構的決策行為。

　　原著的第一部包括第 1 章至第 4 章，主要討論的就是公司的本質以及公司疆界的議題。第 1 章描繪了傳統的公司理論，這些公司理論包括了新古典理論、代理理論以及交易成本理論等。哈特教授認為這些既有的理論，對某些探討的目的是相當有用的，但是卻無法解釋影響公司疆界，或是公司內部組織的問題；也就是討論為什麼新古典主義或是代理理論都無法提供令人滿意而可以解釋組織理論中長期存在的一個問題：什麼是決定公司疆界的因素。在第 1 章的末尾作者討論了交易成本理論，作者認為交易成本理論指出不完全合約、套牢（hold up）問題和機會主義行為，在解釋締約雙方進行專屬性投資（relationship-specific investment）時的重要性，不過作者也指出交易成本理論未能清楚解釋決定公司疆界的因素，因為它並沒有提供一個精確的機制來說明公司之間進行合併時的情形。

　　因此作者於本書的第 2 章以及第 3 章，介紹了不完全合約與財產權的分析方法，藉此了解有關公司疆界的議題，並解釋財產權的意義與重要性。例如：當合約不完全時，如果最終可以重新進行談判，締約者是否會採取專屬性投資，將取決於剩餘控制權在生產性資產的使用。第 3 章則討論關於財產權方法所延伸的一

些議題，例如，作者闡釋了控制權中的更改會影響的不僅是高層管理人員的激勵機制，而且還影響員工在控制權更改之前或之後的想法。哈特教授於第 4 章最後提供了在第一部所使用的不完全合約理論的基礎，並且藉由此基礎來貫穿全書的鋪陳。

在本書的第一部討論了當經理人具備支付能力來購買資產時，擁有該公司是最有效率的，但在現實生活中，代理人並不都具備豐厚財富的條件，因此這本書在第二部放寬這個假設，以便能夠更貼近來檢視公司的財務決策行為。

了解公司的財務結構

當代理人擁有豐厚的財富時，如果擁有必要的人力資本來作為使用資產的條件，或者是要對重要的資產專屬性投資進行投資決策，對他而言最佳的決策是應該擁有該公司，而他也有這個能力擁有。但是，如果代理人的財富是有限的，甚至沒有的情況下，他可以考慮向投資者尋求資金支持，例如透過債券融資或發行股票。

另一方面如果簽署合約不需要成本，凡參與商業交易的參與者，例如企業主、投資人以及公司經理人等，可以簽定涵蓋所有未來可能發生事件以及相對應權利義務的全面性合約，若是如此，則所有決策已定。在一個不完全合約的情況時，若透過債券融資，一旦發生債務無法償還時，債權人可以查封債務人的資產並決定該如何加以處理，可是在一個全面性合約的世界裡，因為所有對資產的使用都已界定清楚，因此債權人沒有多餘的決策空間，一旦發生破產也不需要破產程序來加以規範。若是以發行股

票籌資，因為股權是附有投票權的索賠權，藉此可以透過投票機制來決定控制權的配置。不過在一個全面性合約的世界裡，所有可能發生的狀況都已清楚明定，所以沒有任何必須投票來加以決定的剩餘控制權配置問題，也不會發生需要由足夠投票權來取得公司控制權的接管機制。因此面對一個全面性合約，財務結構可以扮演的角色幾乎是微乎其微。

但是在不完全的世界裡，加上代理人的財富是有限的情況下，代理人可以向投資者尋求融資，不過這會產生一個新的代理問題；也就是代理人可能會有機會主義的行為，偷取投資者原本可以從投資中得到的報酬。而哈特教授將不完全合約和財產權的理論延伸到代理人財富有限的情況，來解釋債務資金的籌措與使用，以及討論投資者如何保護自己來對抗這種機會主義行為。

本書第二部包括第 5 章至第 8 章，討論的主軸在於了解公司的財務結構以及在實務上的應用。其中第 5 章探討代理人向投資者籌集資金進行投資所簽署的最佳財務合約，而此牽涉對公司的控制權如何在代理人以及投資者之間配置的問題，以及因為控制權配置的不同所產生的影響。第 6 章討論公開發行公司通常有許多小股東，而一般的小股東往往難以影響公司的控制權，在此情況之下，如何透過資本結構來約束該公司經理人的行為。債務基本上被認為是具有約束管理階層行為的功能，若是在財務結構中有相當比重的財源是透過債務集資的方式，經理人可以選擇採取圖利自身而可能破產的行為，或是選擇好好經營公司來償還債款並創造最好的公司價值。如果經理人有相當高的機會在破產發生時失去工作，則他們很可能會選擇第二個選項，好好經營公司。

　　第 7 章則是以非模型的論述方式，來分析實務上非常重要的議題，也就是破產程序的設計。第 5 章與第 6 章討論了最佳債務合約，以及財務結構中債務所扮演的約束管理階層的自動機制，當然如果公司採取債務融資的方式，就存在可能發生破產的機會，因此破產程序就有其重要性。哈特教授指出破產程序應該滿足兩個主要目標：第一個目標應該以最有價值的方式處理破產公司的資產，第二個目標是確保管理階層具有正確的誘因以避免破產。第7章論述一個可以滿足這些目標的破產過程，並且討論如何避免當時美國和英國破產程序效率不彰的一些問題。

　　在本書第 6 章哈特教授討論了可以約束與改善管理階層績效的「自動」機制，那就是財務結構中的債務所扮演的角色，而在本書最後的第 8 章，則考慮了另一個可以改善管理階層績效的「自動」機制，那就是接管的威脅。哈特教授討論了當公開發行公司面臨被接管的威脅時，投票權如何在股權之間配置，而接管提供了克服股東之間集體行動問題的途徑。如果一家公司管理不善，或許會誘使其他人來獲取該公司大部分的股權，試圖改善績效並在購買股份或投票權上有所獲利，一般認為如此的接管威脅可以促使管理階層更關心股東的利益。作者指出接管威脅的存在，可以解釋為什麼許多公司將投票權以及股利互相搭配；也就是為什麼採取一股一票（one share-one vote）的投票規則，因為一股一票規則讓可以創造高價值的管理團隊，在控制權競賽中獲勝機率最大的緣故，因此也可保護股東的權益。

　　在哈特教授出版本書之時，大部分有關資本結構的文獻並沒有採取不完全合約的觀點，因此本書採取不完全合約的觀點來論

述財務結構與財務決策的形成，不但豐富了在公司理論領域的內容，也拉近了原來理論與真實世界的距離，最重要的是提供了一些在財務結構與實務應用上的論述。雖然該書內文牽涉經濟數理模型以及賽局理論的應用，一般讀者可能必須要有個體經濟課程方面的訓練，否則不易讀懂，不過這是一本值得推薦的好書，值得細細品嘗。

　　溫秀英　謹誌

原著序論

　　經濟學家已經發展出相當完善的、有關於市場交易的理論，並且朝向更為完善的合約交易理論邁進，不過在有關機構（institution）的經濟分析方面，卻仍處在一個相當初步發展的階段。

　　本書提供了有關公司以及其他類型之經濟性機構的思索架構，基本的觀點是：公司是在人們無法簽署完善合約，而權力或控制權的配置因此變得相對重要的情況下，產生的機構。本書共分為兩大部，第一部探討有關公司的疆界範圍，第二部探討公司的財務結構。在〈序論〉裡本人希望描繪出一些主要的議題，在此以一個有助於了解本書的真實故事開始。

　　最近，我的太太與我向一位合約商協議購買一塊地，而這位合約商會在這塊地上為我們蓋一棟房子。我們對這位合約商的印象相當不錯，希望他對我們也有同樣的感覺。雖然如此，當我們談及如何達成交易內容時，我們每一個人仍然關心有關法律上的問題。在討論其中一些相關問題之後，我與太太都開始擔心，最後會不會花費很多經費結果卻蓋了一棟我們不喜歡的房子，或者是房子的貸款無法及時完成，或者是合約商可能在計畫中途違約停止建造，導致我們必須另尋他人來完成這棟房子。另一方面，合約商則擔心他根據我們的希望建造了合乎我們要求的房子，結果我們卻不付錢；或者是擔心我們在計畫中途與合約商解約，另找他人建造；或者是我們選擇昂貴的廚房以及浴室的裝備，使他

的成本驟增。

　　在一個理想化的世界裡，可以有一個簡單的方式解決這些憂慮，我們三個人可以共同寫下具法律約束力的合約（binding contract），記載在每一個可能發生的情況下雙方的義務，以及違約時的巨額處罰。1 例如，該合約可以訂定房子的細部內容，包括浴室的水龍頭與燈飾等等設備的規格，也可以明定我以及我的太太對這房子的任何更改所可能產生的成本；也就是訂定若多增加一間浴室的價錢是多少，而若是增加另一間藏衣間又需多少等等。這個合約另外可能須包括，針對在建造期間若是原物料的成本上漲時，房子的價錢應該如何改變的條款；也必須明定工程完工日期，但假如發生特殊狀況，例如嚴重的暴風雪或是領班生病等，則可允許延期等等之條文。

　　不過很不幸地，要訂出如此鉅細靡遺的合約是不太可能的，因為要預期所有可能發生的事情就非常之困難。我們要簽定的這項合約（在這時點我們還沒有同意最後的合約）將必須釐清房子的許多外觀結構，但也可能無法考慮到一些沒有預期到的情況。2 當合約商對我們採取比較信任而不是警戒的態度時，他已經慢慢知道如何在不同的階段來擬訂合約內容。在他與前一位顧客簽定的合約裡已經減少了不少的條文，他希望這一次合約的條文規定可以更少些。3

1　在一個更為完美的世界裡，我們完全不需要合約的存在，因為我們可以彼此互信並且相信每個人都是公平的。

2　不用說，這個合約將以只有律師才有可能了解的語言寫成。

我們將要簽定的合約為不完全合約，無可避免會發生修訂或是重新協議的情況。實際上，合約提供的是一個重新協議的背景說明或是重新協議的起始點，而不是界定最後的結果。因此，對於這項合約的看法，我與我太太，而且我相信合約商也一樣，希望合約能夠有效反映一些最糟的方案。我們都在尋求一個合約，可以確保不論發生什麼事情，每一方都可得到一些保障，雙方都可以避免另一方採取投機取巧的行為，並且避免壞運氣的衝擊。例如，以下兩個合約我認為我們三位都不會簽署：

合約 1：我們夫妻在事前就支付了購買土地與建造房子的經費，合約商有義務完成房子的建造，並且不會收取其他費用。

合約 2：我們夫妻在事前都不需支付任何經費，但我們馬上可以成為土地的所有人，並且在房子蓋好時才須支付房子與土地的費用。

可以相當清楚明白為什麼這些合約是不具吸引力的。第一個合約，我們擔心一旦支付合約商有關土地與房子的經費之後，合約商可能就此消失無蹤，結果我們可能只擁有留下來的土地，或者是合約商可能會在工程上進行的非常地緩慢。在第二個合約

3　一個關於沒有預期到偶然事件會發生的有趣例子是，當這本書的第一稿與第二稿寫成之間，車道的位置成為議題。這塊土地介於兩條路之間，我們夫妻認定車道會通向較小的那條路。結果，這個安排可能會違反鎮上的法律規定，車道因此必須通向主要道路。我懷疑我們三個人在整個過程裡可以預期到這個偶發事件的發生。

裡，合約商會擔心一旦我們取得土地所有權，將會雇請其他人來建造這棟房子。（在做辯護時，我們可能宣稱他工作不力）。

很清楚地我們將會達成類似以下的合約，來取代這些「極端」的合約內容（以下合約類似合約商曾使用的合約內容）：

合約 3：我們先支付土地價值的某些金額，成為土地所有者，之後依據房子完成的階段分批支付房子的經費。（例如，當地基完成時支付房價的20%，當煙囪完成時支付10%等等）。當房子建造完成後之某時才付清尾款。

這類型合約的優點是，任何一方都對最差的方案擁有某些自我保護的作用，或者是說，沒有任何一方可以佔對方太多便宜。假如合約商在某個時點消失無蹤，我們可以不需在增加太多經費的情況下完成這個建造計畫，因為我們付給合約商的經費大約與他付給我們的金額相當。另一方面，假如我們在某個時點將合約商解雇，他將不會損失太多，因為他已經收到了已經完成工作的金額。

這個有關房子的故事，當然只是經濟關係裡的一個例子，可是它有兩個我相信是相當普遍存在的特徵：第一個特徵是這個合約是不完全的，第二個特徵是，因為此合約是不完全的，因此事後（ex post）的權力（power）或者是控制權的分配是有關係的。這裡所謂的權力指的是：假如另一方無法履行約定（也就是採取機會主義或投機取巧的行為），每一方所處的地位。在這房子的例子顯示，第三個合約兩方面都成功地分享了這個權力（控

制權）。相反地，第一個合約賦予合約商太多權力，而第二個合約則給了我們太多權力。4

在這本書裡我將提出兩個重要的觀點——合約的不完全性（contractual incompleteness）以及權力，來了解一些經濟性機構以及協商的議題。在我更進一步發展這個主題之前，特別值得說明的是這裡所說的權力並不是經濟理論裡的標準要件。例如，以經濟學家用來分析經濟代理人行為的一些理論架構加以說明，這些理論包括一般均衡理論（general equilibrium theory）、賽局理論（game theory）、機制設計理論（mechanism design theory）、代理理論（principal-agent theory）以及交易成本理論（transaction cost theory）。一般均衡理論假設，交易透過競爭市場以及每一個代理人恪遵他或她所參與的交易型式進行。因此以此架構分析，權力是無關的。在賽局理論中，代理人可能擁有市場力量（market power）；也就是影響價格的能力，但是此處所謂的市場力量與本書所說的權力概念並不相同。市場力量掌握了合約商可以向我們開出更高的價格，因為沒有太多的競爭合約商的存在；它並沒有談到任何有關於在我們的關係中我們是如何分配權力的。在機制設計理論與代理理論中假設，擬訂一個合約不需任何的成本。這其中意涵一個最適的合約（optimal

---

4 關於這個房屋交易有一個頗為傷感的後記，就在這本書第二稿與第三稿完成之間，這個交易宣告失敗。理由是這個房子與一些溼地比鄰，要取得當地保護委員會的批准，比我們原來預期的還更加困難。我們雙方都有所損失，而合約商顯然損失更多。這個自然保護議題是另一個沒有預期到的偶發狀況，並且在這個例子裡是至為關鍵的因素。

contract）會是「全面的」（comprehensive），就像是理想化的房屋合約，記載在每一個可能發生的情況下每一方的義務，以及違約時的巨額處罰。但是同樣的，在此權力如何分配仍是無關的，因為一個最適的全面性的合約將沒有背信與再協商的可能。

交易成本理論與這裡所說的架構較為接近。雖然交易成本理論著重在簽定合約的成本，以及合約的不完全性上的討論，但是甚少注意到權力配置的重要，或是透過機構協商設計來分配代理人之間的權力問題。5

以下，我將試著對如何透過合約的不完全性以及權力配置，來了解一些重要的經濟現象，並賦予一些趣味。除了第1章的文獻探討以及第 4 章對不完全合約理論基礎的討論之外，以下我將對其他的章節進行介紹。

1. 所有權的意義

經濟學家寫下了很多有關財產權（property right）為何重要的論述，尤其是為什麼，例如一台機器，屬於私有或是公有財產是有關係的討論。但是，他們在解釋為什麼「誰」擁有私有財產是有關係的相關論述上卻不是那麼成功。為了解這個困難之處，

---

5 有關這裡所談及的權力（或控制權），這本書所提出的分析與馬克思主義有關資本家與勞工之間的關係有相似之處，尤其是因為雇主擁有由勞工使用之有形資本而雇主對勞工擁有控制權的觀點（因此可以佔有勞工的剩餘），請參見書末參考文獻馬克思（Marx 1867, ch.7）。然而，這兩種分析方法之間的關聯性，到目前為止在文獻上並沒有更進一步的發展。

在此舉一個例子加以說明，這個例子是最初你擁有一部機器而我想使用這部機器。一個可能是我從你那裡買下這部機器，另一個可能是我向你租這部機器。假如簽署合約的成本為零，我們可以簽下一個租賃協議，而此協議的效果會與移轉所有權的效果相同。尤其，這個租賃合約可以明確訂定我可以如何處置這部機器，什麼時候我可以使用它，假如機器損壞了會有什麼後果，以及使用這部機器的權利等等。然而若以這個情況為例，實在不清楚為什麼會有資產所有權改變的需要。

然而，在簽定合約需要成本的世界裡，租賃與所有權的方式不再是相同的。假如合約是不完全的，則無法指定該機器在所有可能之情況下的使用。因此問題來了，是誰選擇不須明定的使用項目？一個合理的看法是機器的所有者擁有這個權力；也就是所有者擁有控制這部機器的剩餘控制權（residual right of control）或是剩餘權力（residual power）。例如，如果這台機器壞了或者必須修理，而該合約對此並未規定，所有者可以決定如何以及何時修理這台機器。

現在似乎可以理解為什麼對我而言，向你購買而不是向你租賃是有意義的。如果我擁有該機器，我便會在我們的經濟關係中擁有更多的權力，因為我將擁有所有的剩餘控制權。用另一種方式來說，如果這台機器壞了或必須修理，我可以確保它可以迅速修理，所以我可以繼續有效地使用它。了解這點，我將會有更多的誘因來管理這台機器，學會操作它，或是添置其他的機器設備來與該台機器共創綜效等等。第 2 章和第 3 章則基於這些理念，發展出正式的資產所有權理論（theory of asset ownership）。

2. 公司的疆界

公司疆界的決定因素是組織理論中一項長期關注的議題。為什麼某一特定交易如果是在一家公司內發生，或者是透過市場，或者是透過長期合約進行是有關係的？以另一種方式來說，例如有兩家公司 A 和 B，如果是透過合約來進行交易，或是合併成為一個單一的公司，這兩種方式之間會有所不同嗎？

若使用標準的經濟理論，實在很難回答這些問題，就如同很難解釋為什麼資產所有權是有關係的。如果訂約成本均為零，A 公司和 B 公司可簽署能夠指定所有各方在所有可能情形下之義務的合約。因為該合約包括所有的一切，我們並不清楚透過併購，可以如何控制其進一步的關係。而此不論是公司 A 和 B 是否是垂直的關係；也就是 A 公司從 B 公司購買投入因素，或在水平或橫向的關係，例如 A 公司與 B 公司出售互補性產品並想要節省一些重複生產成本的情形都是如此。

但是一旦認知到合約是不完全的，可能可以解釋為什麼希望併購的發生。考慮著名的費雪車體（Fisher Body）公司的例子，費雪車體公司長期提供通用汽車（General Motors）公司汽車車體。很長一段時間費雪車體和通用汽車各為獨立公司，而彼此之間簽署長期合約。然而，在1920年代通用汽車對車體的需求大幅增加。當費雪車體拒絕修改定價公式之後，通用汽車買下費雪車體。6

為什麼通用汽車和費雪車體不單純地簽署一個更好的合約？可以這麼說，通用汽車認知到，無論與費雪公司簽署多好的合

約，它剛剛經歷的相似情況可能會再次出現；也就是，可能會出現合約所沒有規範的緊急情況。通用汽車想要在下一次的類似情況中，務必擁有更有力的談判地位；尤其是，它希望能夠堅持可以有額外的車體供應，而不必為此付出更多。可以合理地推定，通用汽車對費雪車體的所有權可以透過給予通用汽車對費雪車體公司資產的剩餘控制權，而提供通用汽車如此的權力。更甚者，通用汽車可以解雇費雪公司的經理人，如果他們拒絕同意通用汽車的要求。7

當然，雖然收購增加了通用汽車的權力，讓通用更能確保與費雪車體的關係，但對費雪車體來說可能有相反的效果；也就是說，費雪車體自併購之後可能會有更多的疑慮，例如，如果費雪本身的成本下降，通用汽車現在可以站在更強的立場來迫使降低車體（移轉）的價格，因此減少了費雪車體經理人的報酬。因為有如此之預期，費雪的經理人可能擁有較少的動機要來弄清楚如何降低成本。所以，併購活動有利也有弊。8

第 2 章和第 3 章是基於公司的疆界，實為各方之間進行交

---

6 有關通用汽車與費雪車體兩家公司之間關係的有趣而內容豐富的討論，請參閱克雷恩等人（Klein et al. 1978）以及克雷恩（Klein 1988）。

7 通用汽車透過購買費雪車體公司的方式，是否真能增加對該公司的掌控能力，對此有些不同意見的討論，請參閱寇斯（Coase 1988 : 45）。

8 有時合併的成本將會超過利得，這或許可以解釋為什麼通用汽車沒有併購史密斯公司（A. O. Smith），該公司多年來提供通用汽車相當比例的汽車車架。有關史密斯公司一案的討論請參閱寇斯（Coase 1988: 45-6）以及克雷恩（Klein 1988 : 205）。

易時以最佳方式配置權力下之選擇的觀點，進而發展出本書的公司理論。我認為權力是一種稀有的資源，永遠不應浪費。而該理論的其中一個應用意涵是：具有高互補性資產的公司之間的併購是有加值效果的，而具有獨立資產的公司之間的併購則是有減值效果的。原因如下，如果兩家高度互補的公司有不同的所有者，則沒有任何所有者擁有真正的權力，因為沒有其他的所有者的配合，什麼都不能做，因此，最好是把所有的權力透過併購而給予其中一位業主。另一方面，如果兩家具有獨立資產的公司合併，收購公司所有者所得到的有用權力很有限，因為被併公司的資產不能增強主併公司的活動，而被併公司的所有者失去有用的權力，因為他不再對與工作有關的資產握有權力。在這種情況下，最好是讓公司保持獨立而區別業主之間的權力。

3. 金融證券

債務

假設你有一個有趣的想法可以創業，但並沒有資本可以融資，你可以向銀行貸款。在決定是否要為該專案融資，銀行很有可能不只會考慮從該專案可以獲得的報酬，也會考慮轉售任何你擁有的資產價值，或者是將來會要求使用該銀行資金的機會；換句話說，銀行將會對潛在的貸款抵押品抱持興趣。此外，你擁有資產的耐久性，以及報酬產生的速度，都可能決定貸款的期限結構。比起由存貨作為擔保品的做法，銀行將會更願意提供以不動產或機器設備作為擔保品的長期借貸；如果報酬是發生於未來而

不是即刻的，銀行也會更願意提供長期借貸。

這些觀察與本書強調的想法是相互符合的。像房子交易的當事方，銀行會想要一些保護措施來保護其在最壞情況發生時的價值。如果貸款的抵押品價值相當低，銀行會擔心貸款者不會明智地使用貸款，或在極端的情況下，貸款者與借款一同消失。同樣地，如果抵押品迅速貶值，或是報酬很快發生，銀行會不願提供長期貸款，因為當抵押品已經不再值這麼多，或是專案報酬已經實現之後，貸款者可能產生機會主義的行為，而銀行面對這類之機會行為受到的保護甚少。基本上，銀行想要確保未償債務價值和在專案中的剩餘價值（包括抵押品價值）之間大體上的平衡。（類似的考量讓〈序論〉中討論的合約 3 所提出的合約內容，變得更具有吸引力：在交易過程中任一方對他方而言，都沒有顯著的赤字或者盈餘）。第 5 章就是基於這些想法發展出債務融資（debt finance）的模型，並推演這類融資專案的可能結果。

股權

資助創業的投資者有時採取的是以股權的方式而不是以債務的方式投資。股權與債務不同，並沒有一套固定的還款過程，以及在無法還款時可能引發的倒閉結果。股權持有者則可收取股利，如果公司願意付錢給他們的話；也就是股權持有者得視該公司經營者的憐憫與否，因為經營者可以選擇使用該公司的利潤來支付薪資或再行投資，而不是發放股利。因此股權持有者需要一定程度的保護，通常他們以得到投票權的形式來自我保護。如果事情變得夠糟，股權持有者有權解除那些經營公司的經營者（董

事會董事），並且替換他們。

　　然而給予外部股權持有者投票權，有利有弊。股權持有者可以使用他們的權力，採取行動而忽略了公司內部人士（有價值）的利益，例如，他們可能會關閉既有的家族經營的公司，或是迫使公司終止長期雇用的雇員。公司內人士與外部人士之間的最佳權力配置，是第 5 章所涉及的另一個主題。

4. 分散權力

　　到目前為止我都假設那些有權力的人皆使用了手中所握有的權力；也就是說，我假定所有者將行使資產的剩餘控制權，例如股權持有者將使用他的投票權來替換表現不好的經理人。然而，如果權力是由很多人持有，那麼他們之間沒有任何一位具有誘因積極來行使這項權力。因此若是能夠存在自動的機制，可以實現那些具有權力但卻不能或不願自己行使權力者的目標，是相當重要的。

　　分散權力的一個典型的例子是，有很多小股東的公開發行公司。股東無法每日自行經營公司，所以他們委託董事會董事和管理階層經營的權力。這產生了所謂的搭便車問題（free-rider problem）：個別股東並沒有誘因來監督管理階層，因為改進管理階層獲得的利益是由所有的股東享有，但成本卻只由那些採取行動的人承擔。由於此搭便車的問題，公開發行公司的經理人有相當的自由追求自己的目標；這些可能包括營造自身的帝國（empire-building）或享有額外的補貼。

　　第 6 章和第 8 章將探索可以改善管理階層績效的兩個「自

動」機制：債務（與破產的組合）以及接管。債務對管理階層人員具有嚴格的預算約束。如果公司擁有大量的債務，管理階層面臨一個簡單的選擇：減少懈怠；也就是選擇減少營造帝國和額外補貼，或是選擇破產。如果有相當高的機會使得經理人在破產中失去他們的工作，他們很可能會選擇第一個選項。

接管提供了一種可能的途徑來克服股東之間的集體行動問題（collective action problems）。如果一家公司管理得很糟，那就有人會有誘因來獲得該公司大部分的股權，改善績效並在購買股份或投票權上有所獲利。這種接管行動所帶來的威脅，可以促使管理階層以股東的利益為考量。

我提出了從債務以及接管觀點方面的一些應用。第 6 章顯示債務作為一種制約機制的觀點，可以解釋公司發行債務類型的問題（該債務是屬於高級或次級債務，是否能夠延期等）。第 8 章顯示接管的可能性，解釋為什麼許多公司將投票權以及股利綁在一起；也就是為什麼他們採取一股一票的投票規則。一股一票規則保護股東產權，主要是基於採取如此的規則，可以讓提供高價值的管理團隊，而不是追求最大私人利益的團隊，在控制權競賽中勝出的機率最高。

當然，如果一家公司採取債務的方式，則總有發生破產的機會。如果簽約費用為零，則不需正式的破產程序，因為每個合約將可界定如果締約方不能滿足其債務義務時會發生什麼情況。然而在不完全合約的世界中，破產程序就有其扮演的角色。在第 7 章，我將指出破產程序應該有兩個主要目標：第一，一家破產公司的資產，應該以最有價值的方式處理。第二，破產程序伴隨的

是管理階層權力的喪失，因此應確保管理階層具有正確的誘因以避免破產。第 7 章彰顯一個可以滿足這些目標的破產過程，並同時可避免一些美國和英國現有之破產程序效率不彰的問題。

5. 省略的議題：公共所有權

這本書關切的是私人擁有資產的最佳化配置。一個非常重要的議題，那就是公共和私人所有權之間最佳平衡的議題，並沒有在此討論。哪些資產應為公共擁有，而哪些資產應為私人擁有？這一直是經濟和政治辯論中的核心問題之一，而過去幾年因西方世界產業大量私有化，以及東歐和前蘇聯社會主義制度的解體，從而引起新的關注。

透過不完全合約與權力的觀點來分析公共選擇或是私人選擇是相當自然的，如果訂約成本均為零，則對私營公司的最佳規範，與將公司國有化或公共所有權的方式，兩者之間是沒有差別的。對這兩種情況，政府將會與公司或經理人簽署「全面的」合約，而此合約將可預期所有未來的突發事件。該合約將明定經理人的薪資補償計畫，明定當成本下降時，該公司產出的價格應如何修正，以及當技術創新或需求變動時，應如何更改該公司的產品性質等等。

相較之下，在一個不完全合約的情況時，公有和私人所有權是不相同的，因為在前一個情形下，政府對公司的資產擁有剩餘控制權，而在另一個情況下，私人所有者擁有此剩餘控制權。但是此公共－私人的案例，不是單純地將私人財產權模型簡單地加以延伸而已，而且至少會出現兩個新的問題：第一，什麼是政

府的目標函數？很多現有的研究視政府如同一個龐然大物，但這種說法並不令人滿意，相較於一般的公司，政府代表的是更為複雜的、目標相互衝突的代理人的集合；這些代理人包括公務員、政治家和公民本身。第二，什麼可以確保政府會尊重經由同意而達成的財產權配置？政府，不同於私人代理者，可以始終改變主意；它可以將已經私有化的資產國有化，或是將已經私有化的資產收歸國有。

　　從不完全合約觀點，來探討公有、還是私有所有權的文獻很少，雖然在這方面的研究正在成長中，但是仍有很多必須加以探討者。9 發展一套令人滿意的理論，可以同時處理政府目標函數以及對財產所有權承諾的議題，是一個對未來的研究深具挑戰性，但卻也令人同感驚喜的工作。

9　請參閱施密特（Schmidt 1990）、夏皮羅和威利格（Shapiro and Willig 1990）、施萊弗和維什尼（Shleifer and Vishny 1994）以及博伊科等人（Boycko et al. 1995）的研究。

第一部

理解公司

本書的第一部包括第 1 章至第 4 章，關注的是公司
的本質與範圍，也就是在市場經濟中決定公司疆界
範圍因素的探討。第 1 章涵蓋了對現存公司理論的
討論，這些公司理論包括新古典公司理論、代理理
論以及交易成本理論等。這些理論已經證明對某些
探討的目的是相當有用的，但我認為這些理論並無
法解釋公司的疆界（或是公司內部組織）的問題。
第 2 章以及第 3 章描繪近期不完全合約或是財產權
的分析方法，而此有助於了解有關公司疆界的議
題，並可解釋資產所有權的意義與重要性。最後，
第 4 章提供了在第一部所使用的不完全合約理論的
基礎，而此基礎甚至在某種程度貫穿了全書。

第 1 章

傳統的公司理論

　　本章主要在討論經濟學家如何看待公司的一些方法，一開始先介紹幾乎在所有的教科書中所採用的標準分析方法：新古典主義之公司理論，接著再討論代理理論以及交易成本理論。[1]

1. 新古典主義理論

　　新古典主義理論已經發展百年左右，主要是以技術層面來看待公司。一家只生產單一產出的公司，可以用給定 n 項投入因素 $x_1, \cdots\cdots, x_n$ 的情況下，所得到的 Q 產出水準的生產函數（production function）來加以表示。在此理論架構下，公司是由一位無私的經理人，M，來決定投入和產出的水準，以極大化公司的利潤，而此意涵了極小化公司的成本。

　　以最簡單的情況來看，經理人 M 在競爭市場之中以價格 $w_1, \cdots\cdots, w_n$ 購入 n 項的投入，因此總成本為 $\sum_{i=1}^{n} w_i x_i$，而生產函數為 $Q = f(x_1, \cdots\cdots, x_n)$，產出 Q 設定在某個水準，經理人 M 將解決以下極小化成本的問題：

1　其他有關公司理論的文章或許可提供給讀者參考，例如霍姆斯特姆與悌若爾（Holmstrom and Tirole 1989）、米格羅姆與羅勃茲（Milgrom and Roberts 1992）以及拉德納（Radner 1992）。

$$\text{Min} \sum_{i=1}^{n} w_i x_i$$
$$\text{s.t.} \quad f(x_1, \ldots, x_n) \geq Q.$$

從以上模型可得出總成本曲線 $C(Q)$，並從中可得出平均成本曲線，$C(Q)/Q$，以及邊際成本曲線，$C'(Q)$。後兩者為人所熟悉的曲線如圖1.1所示。

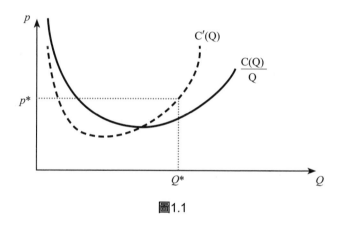

圖1.1

經理人 M 第二階段必須解決的問題是決定產出的水準。假設 M 是產出市場為完全競爭市場結構下的競爭者，並且面對的價格為 p* 的情形下，極大化利潤 = p*Q-C(Q)。這個模型的結果就是為人熟知的價格等於邊際成本的條件，如圖1.1所示。

平均成本曲線呈現 U 型的原因解釋如下：無論產出水準如何，在生產過程中必然會發生一些固定的成本（例如廠房、機器、建築物等）。隨著產量的增加，變動成本隨之增加，但固定

成本不變，因此，每單位成本呈現下降的趨勢。然而，在某個時點之後公司採取進一步擴大規模的行動將越來越困難，因為一些投入因素並無法輕易隨著公司規模的變動而變動，其中之一是管理能力。當產出上升時，經理人最終會面臨工作量過度而生產力下降的問題，因此將導致該公司的平均成本開始上升。[2]

　　應該如何評價以上所述的公司理論？正面來看，該理論強調了技術所扮演的一般角色，尤其強調規模報酬（returns to scale）在決定公司規模所扮演的重要性，譬如可參見錢德勒（Chandler 1990：26-8）。此外，該理論分析公司在投入和產出價格變動之下如何決定最適的生產組合，是相當有用的方法，對於了解產業的整體行為，以及在不符合完全競爭假設的形況下，公司間策略互動影響方面的研究，也多所助益，有關這方面的論述可參閱悌若爾（Tirole 1988）。

　　不過同時該理論也有若干嚴重的弱點，例如：第一，它完全忽略了公司內部的誘因機制問題。該公司被視為完美有效的「黑箱」，裡面的一切都非常順利地運作，而每個人都照著上司所交代的進行。即使粗略地觀察任何真實存在的公司都可立即明瞭，這種看法是不切實際的。第二，該理論並沒有討論到公司的內部組織——公司的分層結構、如何決定委派、誰擁有權力等。第三，該理論並沒有對公司的疆界提出令人滿意的解釋。除此之外，我們並不清楚為什麼管理人才是一個固定的投入因素：為什

2　對於更多有關新古典公司理論的相關參考文獻，請參閱馬斯柯萊等人（Mas Colell et al. 1995：ch. 5）的著作。

麼在平均成本曲上升，呈現規模不經濟的情況下，不能雇用第二
位經理人來避免這種情況的發生？

　　在此先來討論上述最後一點，因為它是這本書第一部的核心
所在。新古典主義理論是以部門或廠房當作公司的規模。再考慮
圖1.1，想像兩家公司具有相同的生產函數 f 和成本函數 C，所面
對的產出價格都為 p*（兩家公司皆為完全競爭對手）。新古典
主義理論推測，在均衡情況下，每家公司皆生產 Q*。但我們是
否可以想像是由一家單一的大型公司，以如同部門機構的兩家較
小型公司經營的方式，一起生產 2Q* 的產出？

　　若以經理人具有特殊技能而其他管理階層資質較差為理由，
並不足以說明為什麼一家公司不會擴大規模經營。真正的議題在
於，為什麼額外的經理人是以在這家公司之外的受雇方式，而不
是由公司內的部門或是附屬子公司的方式雇用。換句話說，與其
說是採取原來的公司和第二家公司雇用另一位經理人同時存在的
做法，但為什麼不是第一家透過與第二家公司合併的方式來進行
擴張的策略？

　　簡單說，（最初由羅納德・寇斯（Ronald H. Coase 1937）
所建議），新古典理論符合世界存在一家龐大的公司，而每
家現有的公司，例如，通用電氣（General Electric）、埃克森
美孚（Exxon）、聯合利華（Unilever）、英國石油（British
Petroleum）等皆為這家龐大公司的一個部門的情況；但它也符
合現存公司的每個廠商和部門成為獨立公司的情況。要區分這些
可能的情況，有必要引入不存在於新古典主義模型中的因素。

2. 代理理論的觀點

　　如上所述，新古典理論忽略公司內部所有的誘因問題。在過去二十年左右，文獻的一個分支——代理理論——嘗試糾正這個缺漏。我認為代理理論引領對公司更豐富、更真實的寫照，但它仍舊未解決有關公司疆界決定因素的基本問題。

　　將誘因因素納入上文所述的新古典模型的簡單方法是，假設其中的投入因素 i，是內生的（endogenous）而不是外生的（exogenous）變數。尤其是假設該投入因素（例如一個零件）是由另一個所有者經營的「公司」所提供，而該投入因素的品質（以 q 表示），取決於該供應商經理所付出的努力（以 e 表示），以及這位供應商經理所能控制之外的隨機變異因素 ε：

$$q = g(e, \epsilon)$$

　　這裡的 ε 假設為當供應商經理人選擇付出的努力 e 之後，才可以觀察到。[3]

　　假設品質 q 是可以觀察以及確定的，譬如它可能是以良率來加以表現。但是，採購部經理無法觀察到供應商經理的努力程度，也無法得知隨機變異因素 ε。[4] 同時假設供應商經理並不喜歡付出很大的努力，這裡以努力的成本函數（cost of effort），H(e)，來加以表示。最後，假設（為簡單起見）買方所需要的只

---

[3] 另一觀點的委託代理問題，則是假定在經理人選擇 e 之前就已揭露；請參閱勒豐與悌若爾（Laffont and Tirole 1993 : ch. 1）的文章。

[4] 此處的 q 是可觀察和可辨識的，意指締約者可以對 q 的價值擬訂可以強制執行的合約內容。

有一個零件（$X_i=1$），也就是該購買者的收入為 r(q)，並假設供應商經理是風險趨避者（risk averse），而採購部經理是風險中立者（risk neutral）。[5]

如果購買者可以觀察和驗證 e，他會向供應商提供的合約形式為：只要你選擇的工作努力程度為 e*，我會付給你固定的金額 P*。這裡 e* 為買家與供應商共同決定，而根據潛在買家和供應商的多寡與相對議價能力等因素，來決定價格P*，分享從此兩造雙方透過這個交易所得到的利得。[6]

固定付費金額 P* 的優點是：它可以確保最佳的風險分擔（risk sharing）。買方承擔所有實現的風險，這是有效率的最佳結果，因為採購部經理是風險中立者，而供應商是風險趨避者。

不幸的是，當買方無法觀察到 e 時，上述的合約是不可行的，因為它不能強制執行（買方無法知道供應商是否偏離 e = e*）。換句話說，根據上述合約，如果供應商不喜歡工作，則供應商將選擇 e = 0。若要供應商做出努力，買方必須根據可以觀察到的表現 q 來支付供應商，也就是他必須提供供應商經理

5　假定採購經理的效用函數為 Up(r(q)−P) = r(q)−P，供應商經理的效用函數為 Us(P, e) = V(P)−H(e)，其中 V 是凹函數，P 代表採購部經理付給供應商經理的支付金額。只有供應商經理為風險趨避者的情況下，委託代理問題才是值得注意的情形，而假設採購部經理是風險中立者，只是一種簡化的假設。

6　如上頭註解5所敘述的效用函數，並假定供應商經理的期望效用為 U，則相當容易可以證明，e* 為極大化 E [r(g(e,ε))]−V⁻¹(U+H(e)) 的最佳解，而 P* = V⁻¹(U + H(e*))，其中 E 是期望運算因子。相關的詳細資訊請參閱哈特與霍姆斯特姆（Hart and Holmstrom 1987）。

P=P(q) 的誘因方案。在設計這項誘因激勵計畫，兩造雙方面臨了經典的最適誘因和最適風險分擔之間如何平衡的問題。一個高效能的誘因方案，也就是 P′(q) 接近 r′(q) 的結果，這是對供應商有利的誘因機制，因為供應商付出越多的 e，供應商分享越多的利益；但是此舉卻讓供應商承擔巨大的風險。相反地，相對較低效能的方案，讓供應商承擔較小的風險，但卻給予供應商相對較小的工作誘因。7

　　現在已出現大量的文獻，分析在上述情況下的最佳激勵方案的形式。除此之外，基本的委託代理問題已朝向不同的方向發展。代理理論學家已經考慮到：重複關係、多位代理者、多位委託者，以及代理者的多面向行動、職業生涯的關切和聲譽影響等等的研究。8

　　這些研究工作，獲得有關最適誘因機制的豐富結果。然而，雖然這些研究凸顯了有關管理薪酬的影響因素，和生產組織的某些面向，但代理理論的分析同樣面臨了困擾新古典理論的相同批評。也就是，它並沒有解決公司疆界的問題（或說只討論了關於公司的內部組織問題）。

7　最適的誘因激勵方案，為下列模型的最適求解：

$$Max_{e,P(\bullet)}E[r(g(e,\varepsilon)) - P(g(e,\varepsilon))]$$

s.t.　(1)$e\varepsilon \arg\max_e \{E[V(P(g(e^{'},\varepsilon)))] - H(e^{'})\}$,

　　(2)$E[V(P(g(e,\varepsilon)))] - H(e) \geq U$

有關詳細的資訊請參閱哈特與霍姆斯特姆（Hart and Holmstrom 1987）。

8　有關文獻探討請參考哈特與霍姆斯特姆（Hart and Holmstrom 1987）以及沙聘特（Sappington 1991）。

　　再次考慮上述有關誘因激勵的問題，最佳的激勵方案以 P(q) 的結果呈現。對這種情況的一種解釋是，買方和供應商為獨立的公司，彼此之間以 P(q) 的合約形式連結。例如，舉一個在〈序論〉中所舉的例子，買方可能是通用汽車，供應商可能是費雪車體公司，而 P(q) 為當他們是獨立公司所簽定的最佳合約。然而，另一種解釋是買方和供應商是同一家公司的不同部門，而 P(q) 是供應部經理的激勵方案。也就是根據這第二種解釋，P(q) 是費雪車體部門在與通用汽車公司合併之後，該部門經理所面對的最佳誘因機制。代理理論並沒有區分這兩種不同的情況，而在實務上這兩種情況是相當不同的。再一次借寇斯所言，委託代理的觀點符合世界上存在一個龐大的公司，以最適的誘因合約連結很多部門的情形；但也符合存在很多小型獨立公司，透過最適合約的方式連結的情形。顯然，委託代理觀點視角下的公司，似乎缺漏了什麼，就如同從新古典觀點來審視公司時所缺漏的。問題是：它是什麼？

　　在進一步談論之前，我應該提及對這一問題的兩個可能的答案：第一，有些人認為若是同在公司內部則可以減少資訊不對稱（asymmetries of information）的問題。例如，如果購買投入因素 i 的買家與賣方合併，將能夠監督供應部經理的努力程度，因此將能夠制定更好的激勵方案。但麻煩的是它並沒有解釋，為什麼以這種方式會比透過獨立承包商的方式更容易進行監督。在公司內部的確可能可以削弱資訊不對稱的問題，但若真是如此，那麼知道如何以及為什麼這樣做就很重要了。在本書第 2 章以及第 3 章將介紹在這個問題上可以更深入討論的模型架構（尤其請參

見第 3 章第 8 節）。

第二，有些人認為，當公司合併時，可以更容易進行成本分擔或利潤的分享；例如在上述例子中，當買方和賣方是同一家公司時，買方可以補償賣方的成本費用，包括付出的努力，但若他們不在同一家公司則無法如此。但同樣的，這一論點的問題還是在於：它並沒有解釋，為什麼在同一家公司時可以進行成本分擔或利潤的分享，卻不會發生於兩個獨立的公司之間。9 在本書第 2 章和第 3 章也會針對這個議題提出一些深入的探討（尤其是第 3 章第 4 節）。

3. 交易成本理論

全面和不完全合約之間的區別

委託代理觀點缺漏的一個重要因素是：沒有認知到簽署一個（好）合約的成本是高昂的。這就是由羅納德‧寇斯在其1937年著名文章所揭櫫的交易成本的核心主題，這個觀點之後並由奧利弗‧威廉森（Oliver Williamson）和其他學者廣為發展，特別請參考威廉森（Williamson 1975, 1985）以及克雷恩等人（Klein et al. 1978）的研究。

首先值得注意的是，代理理論本身已經考慮了一些訂約成

9　一個可能的原因是，如果在相同的投入因素市場或是產出市場中互為競爭對手，獨立公司之間的利潤分享可能是非法的，這也許可以解釋一些併購行為。

本。在上文考慮的簡單模型中，管理上的努力程度 e，無法納入
強制執行合約的一部分，因為只有代理人能觀察到。另一種說法
是，如果將 e 放入激勵合約，則所造成的成本將會是無限高。然
而，這些可能不是非常有用的方式來處理這個問題。代理理論將
所有訂約成本視為是可以觀察的變數，但如果變數可由雙方觀察
到，則該理論假定簽約本身是不需成本的，這有違簽約本身是耗
費成本的看法。

　　有關這一點可稍微論述如下。雖然標準的委託代理模型中，
最適合約不會是最佳的（因為它不能在努力程度只能由一方觀察
到的條件下求得條件解），它因此是具有所謂「全面的」的意
涵，也就是它考慮了當事者在所有未來可能情況下的可能義務。
其結果是，永遠不會發生隨著未來的變化而進行修改或重新談判
合約的需求。原因是締約方如果必須不斷更改或補充合約條款，
此更改或添加早已在原始合約內容中預期到了。10

　　針對這點或許值得討論如下：考慮第 2 節所建構的簡單模
型，假設有兩個可觀察到的狀態，$s = s_1$ 和 $s = s_2$，而 s 值會影響
生產品質：

$$q = g(e, \epsilon, s)$$

　　假設 s 可由雙方在時間點 1 時得知；也就是在生產發生前由
締約雙方觀察到，而當事者則是在時間點 0 之前簽約。一般而

---

10 在一個全面合約的情況下沒有人會預期看到任何的法律糾紛，原因是因為
　全面性合約中指定了每個人在每個可能事件應該負擔的義務，法院只須在
　發生爭議時強制執行合約。

言，在此情況下所有當事者的最佳訂約方式是：簽署所謂視狀態而定的合約（state–contingent contract），指定兩個獎勵誘因方案，$P(q, s_1)$ 和 $P(q, s_2)$，前者適用於當 $s = s_1$ 時，而後者適用於當 $s = s_2$。

現在假設當認知到 $s = s_1$，委託人與代理人可以在第二階段透過由 $\hat{p}(q, s_1)$ 來取代 $P(q, s_1)$ 的激勵方案而可以做得更好。考慮到締約雙方都具有完美的預見能力，他們也會認知到原本第二階段的誘因激勵方案 $P(q, s_1)$ 將不被採用。但鑑於此，締約雙方可以在最初階段 0，用 $\hat{p}(q, s_1)$ 代替 $P(q, s_1)$ 方案。換句話說，在均衡路徑上若存在任何可重新協議的合約，則其他的合約就不是最佳均衡解。11

交易成本的來源

在現實中，合約不是完整全面的，而且時常必須加以修訂和重啟談判。根據交易成本的相關文獻，標準的委託代理分析方法

---

11 事實上，在標準委託代理模型中重新議約不僅不會添加任何內容，還可能讓問題加重！請參閱德沃特里龐（Dewatripont 1989）。有關這個議題的討論是相當複雜細膩的，但下面試圖提供一個初步的概念。在一些委託代理模型中，在較後期階段所呈現的效率不彰，可以改善並提高在較早階段時代理者的激勵誘因（鼓勵說實話或努力付出），使得在較晚階段出現的效率不彰是值得的。但是，此在較晚階段出現效率不彰的說法是有些疑問的：當未來到來時，締約者將重新擬訂合約內容來解決效率不彰的問題，如果是如此，則他們可以承諾不須重新談判，會對締約各方都將更好，問題是不清楚他們如何實現這一目標。

沒有考量到三個因素：第一，在複雜和高度不可預知的世界中，人們很難想像未來可能出現的所有情形，並加以計畫因應。第二，即使可以訂定個人的計畫，締約各方也很難協商這些計畫，因為必須找到共同的語言來描述世界的狀態，而先前的經驗也可能無法足夠提供有效的指導來採取行動。第三，即使各方對未來可以加以計畫並且協商，要他們寫下他們的計畫，尤其是在發生爭議的情況時，以這種方式由外部機構，例如法院，可以清楚明瞭他們的計畫意涵，而且是可以執行的，這可以說非常的困難。換句話說，締約各方必須彼此之間能夠溝通，並且必須與那些不太清楚締約各方運作環境的外人（例如法院）溝通。12

　　由於這三類的訂約成本，締約者所簽定的合約將會是不完全的；也就是說，合約內容將涵蓋落差和隱藏消失的一些規定。尤其是它將會在某些狀態時對締約者所必須承擔的義務保持沉默，並將這些義務只粗略地或含糊地在其他狀態之下訂定。例如，合約不可能界定如果供應商的工廠燒毀時應當如何，因為這不是預期的狀態；或合約可能會說供應商必須提供某類零件，而不是隨著狀態的變化而提供不同的零件，因為區別可能的不同狀態的成本太高，該合約也可能是短期的；也就是說，它可能會指定只能到某個時間點 T 為止。

　　在此引用於本書〈序論〉中所提，通用與費雪車體公司的例

---

12 這些可能會被視為是不同形式的「有限理性」（bounded rationality），有
　　關進一步的討論請參見寇斯（Coase 1937）、威廉森（Williamson 1985）與
　　克雷恩等人（Klein *et al.* 1978）的著作。

子是相當有用的。在一個穩定的世界中，通用汽車和費雪公司可能會發現簽定長期合約，指定數量、品質和費雪公司提供的車體價格是相當容易的。例如，若他們同意費雪公司在可預見的未來每一天，以某個價錢供應某特定款項的車體2,000台，可能是最佳的合約形式。

現考慮當世界正發生改變的情況下，最佳的汽車車體數量、品質與價格可能取決於多種因素，例如，對通用汽車產出的需求、費雪公司的成本、競爭對手的行動、新法規對汽車汙染的要求、是否與日本達成交易協定，以及在汽車和車體生產方面的創新等都可能是影響因素。

在撰寫合約內容時，如果根據所有剛才所敘述的外部因素，對數量、品質和價格加以規範，所需要的費用可能非常龐大。這不僅僅是因為有些變數只能私人可以觀察到，即使可以公開地加以觀察，有些變數本質上確實難以用毫不含糊的方式預先加以指定。例如，可能沒有客觀的方法來測量對汽車的需求，或是創新的程度，或是政府管制的程度，以及競爭對手的行動。因此，在擬訂合約內容時，如果試圖依著所有可能的條件因素來訂定這些變數，法院將可能無法加以執行。此外，即使締約者有可能依據與其有關係的相關因素來擬訂合約內容，可是仍有許多其他締約者沒有預期到的因素存在。例如，他們預見到會有新交易協定的簽定，但卻沒有預期到對汽車汙染的新規範。在這些條件下，締約者會比較傾向擬訂不完全的合約。例如，合約的約期可能是短期的，通用汽車和費雪公司可能簽署五年合約，而不是更長的長期合約。所以他們可以在合約裡，指定費雪公司應在未來五年，

每天以某個價格供應2,000台某一特定類型的車體。締約雙方認知在第五年結束前，他們對於產品需求、成本、競爭對手的戰略、規章等等會有進一步的共同資訊，之後他們可以為另一個五年擬訂新的合約內容。

合約不完全性在經濟上的意涵

不完全的合約將視未來的變化而修訂或重新議訂。事實上，考慮到締約者可隨著時間的遞移來填補落差，人們可能會問為什麼不完全的合約內容是有關係的，原因是重啟談判會產生一些成本。這些成本其中一些是事後的成本，發生於重新談判的階段，而其他是事前的成本，發生於重啟談判前的預期。13

第一，締約者可能花費大量精力在修訂合約內容方面討價還價，爭論跟整體生產目的沒有多大關係的剩餘分配上，而這些都相當耗時與浪費資源，它是沒有效率的。14

第二，不僅事後的討價還價代價高昂，只要雙方存在某個程度的資訊不對稱問題，也可能因此無法達成有效的協定。假設費雪車體公司在重新議約的階段知道當前生產汽車車體的成本，但通用汽車卻不知情（它只知道成本的概率分布）。通用汽車可以提供具吸引力的價格來確保費雪公司的供應（價格足夠高到可以

---

13 嚴格來說，怪罪於重啟議約談判本身所引起的成本並不公平。基於合約的不完全性質，若沒有重新協商這些成本費用可能會更高，也就是締約方不得不維持原來的不完全合約內容。

14 此外，因為不完全合約是含糊不清的，締約者將期待法院來解釋這些含糊之處，而這種法律糾紛代價是高昂的。

彌補費雪的成本費用），然而這是昂貴的，因為通用汽車在車體成本低的情況下會出價太高。而通用汽車知道在高成本的情況時費雪公司會不願提供產品，因此會傾向出較低的價格（即使車體的成本低於其對通用汽車的價值）；換句話說，通用汽車追求利潤極大化的行為，導致缺乏有利可圖的交易機會。[15]

值得注意的是，在重新議約的談判階段，如果交易夥伴可以輕鬆地切換到新的合約，則以上所敘述的事後成本不會太明顯。假如通用公司（費雪公司）可以切換到一位同樣有效率的替代夥伴，那麼費雪公司（通用公司）試圖增加剩餘分配的意圖將會失敗。同樣地，如果談判破裂後，締約者可以不費成本重新與新夥伴啟動協商過程，則資訊不對稱問題並不會導致事後的無效率問題；如果通用汽車的低報價行動遭拒，通用汽車最終將找到低成本的供應商，或者如果所有供應商的成本皆高，通用汽車將從中學習並提高其價格。

因此，如果所述兩項成本都很高，則有一些理由讓這些夥伴綁在一起，並且讓他們在重啟協議的階段不容易更換合作對象。這其中最關鍵的理由是事前的關係專屬性投資（ex ante relationship-specific investment）；也就是事前的投資，若是隨著時間的推移擴展了雙方的經濟關係而創造的價值，而如果締約者分手則不會有此價值存在。在通用汽車和費雪公司的案例中，

---

15 請參見如弗登伯格與悌若爾（Fudenberg and Tirole 1991：ch. 10）或是邁爾森與薩特維（Myerson and Satterthwaite 1983）。如果存在資訊不對稱的問題，締約方在事前的合約談判階段也可能無法達成協定。

此關係專屬性投資會是通用汽車決定在費雪公司工廠的附近建造通用汽車裝配廠，或是費雪公司決定在通用公司附近建造車體工廠，或是通用公司決定依費雪公司生產的車體而發展新車款，或是費雪公司決定投資經費來降低為通用汽車公司所建造的車體。16

　　一旦承認了專屬性投資的存在，顯然有第三種因合約不完全性而引起的成本，並且可能更勝於之前所提到的討價還價以及事後效率不彰的兩類成本。具體來說，因為合約是不完全的，締約者可能不敢採取專屬性投資來達到最佳的結果。假設對費雪公司而言，最佳的情形是能夠生產專為通用汽車所需的車體，在一個全面性合約訂定的情形下，兩家公司之間的合約內容可以朝讓費雪公司具有動機來進行投資的目標進行；其中一種方式是在無限期的未來，訂定固定的車體價格，如此一來費雪公司的專屬性投資所帶來的收益皆歸於費雪公司。

　　然而在一個不完全的訂約世界，這種安排可能是不可行的。因為要預先指定未來的產品品質和數量相當困難，因此雙方往往會認知到，任何長期合約是不完全的並且必須重啟議約。即使重新談判進行順利；也就是說，討價還價以及資訊不對稱問題不再出現，交易利得的分配將取決於事後締約者的議價能力，而不在於原初合約中的規定或是經濟效率。其結果是，一方可能不願意投資，因為擔心另一方在重新議約的階段，徵用已經投資下去的財產，也就是擔心投資成本無法回收。

---

16 關於專屬性投資方面的深入討論，可參見威廉森（Williamson 1985）、克雷恩等人（Klein et al. 1978）以及喬斯科（Joskow 1985）的著作。

　　例如，費雪公司會擔心一旦它安裝了為通用汽車而投資的特殊機械設備，通用汽車將使用其議價能力而讓價格接近費雪公司的變動成本，從而造成費雪公司原來的固定投資發生虧損。另外，通用汽車可能堅持費雪公司的產出必須滿足非常嚴格的品質標準。同樣地，通用汽車將擔心一旦它投資生產使用費雪公司車體的汽車，費雪公司將使用其議價能力將車體價格接近通用汽車的變動生產效益，從而導致通用汽車在一開始投入的固定投資上造成虧損。

　　由於締約者都恐懼在重啟議約的階段被「套牢」，締約者傾向於不進行特殊關係的投資。17 例如，費雪公司可能決定安裝一般的設備，使它能夠提供一系列的汽車車體生產；費雪公司的這種方式，可以以一個專業製造商的姿態，在重啟議約的階段與另一方抗衡，並實現更高價格的目的。同樣，通用汽車可能決定開發一輛汽車，可以由若干不同的供應商來加以生產，而不是只由費雪公司提供。這種決策犧牲了一些由專業化所帶來的效率利益，但是在不完全合約的世界裡，締約者的一般投資提供了每個締約者的安全，而此可以彌補那些在效率上的損失。

　　到目前為止，我談論有關會困擾公司之間關係的成本問題，主要是發生在兩家獨立公司之間的情形。下一個問題是：如果這兩家公司合併成為單一的公司，這些成本是否會有所變更？交易

---

17 有關套牢問題的討論，請參見威廉森（Williamson 1985）、克雷恩等人（Klein et al. 1978），而更正式的模型討論請參閱葛羅特（Grout 1984）以及悌若爾（Tirole 1986a）。

成本理論在論及此時會變得有些含混。時常有人提議在一家公司的情況下，可以減少討價還價的問題以及套牢行為。然而，發生這種情況的真實機制並不清楚。在委託代理理論的討論中，我認為直接假設併購可以改變資訊結構的做法並不適當。同樣的，認為代理人自動會減少機會主義的傾向也並不適當。（此外，在公司內往往無法有效降低機會主義行為，因為若不是如此，那麼透過一家龐大公司來從事所有的經濟活動將是最佳的做法）。如果在合併後的公司中會有較少之討價還價以及套牢的行為，那麼要知道為什麼則是重要的課題，而當前的交易成本理論並無法回答這個問題。

第 2 章

財產權分析

在第1章所討論的所有理論都有個缺點，那就是沒有解釋當兩家公司整合時會有什麼變化。我將在此介紹財產權分析方法（property rights approach）嘗試來解釋這問題。1 本章分為三節：第 1 節將針對財產權分析方法提出說明；第 2 節將在一些制式的假設下發展一套正式的分析模型；最後在第 3 節討論這理論如何應用在實際的組織安排上。

1. 通說

我們以兩家公司為例：A 公司和 B 公司，並想像 A 公司要併購 B 公司。思考以下問題：A 公司得到什麼？至少在法律意義上而言，答案似乎是相當直接的：A 公司收購 B 公司，成為 B 公司資產的擁有者。這項收購包括：B 公司的機械設備、存貨、建築物、土地、專利、客戶名單以及專利等等，也就是 B 公司全部的實體資產或所謂的非人力資產。不包括的是在 B 公司工作的員工；在此沒有奴隸制度的情況下，不論是在收購之前或是之後，這些員工的人力資產屬於他們自己。

1　以下內容主要參考葛羅斯曼與哈特（Grossman and Hart 1986）以及哈特與摩爾（Hart and Moore 1990）。本章第1節則來自哈特（Hart 1989）。

　　為什麼與實體資產或非人力資產有關係呢？答案是，當合約不完全時，所有權是權力的來源。要理解這一點，須注意不完全合約會有些落差、缺少一些相關規定或含糊之處，所以在使用非人力資產時會出現在某些方面未加以明確指定的情形。例如，通用汽車與費雪車體公司之間的合約，可能對費雪公司在機械維修方面保持開放的政策而不予硬性規定，或是不規定費雪公司生產線速度或每日輪班的次數，或通用汽車的生產過程是否可以加以修改以便更容易接受費雪公司提供的產品。2

　　合約不會在每個不確定的狀況，明確指定資產使用的總總規定，那麼誰有權決定資產的使用方式？根據財產權的辦法，誰擁有產生問題的資產，誰就有這個權利。也就是資產的擁有者具有對該資產的剩餘控制權（residual control rights）；只要不違反之前合約、習俗或法律的規範，有權利以任何方式使用資產。3 事實上，剩餘控制權的掌握幾乎就是所有權的定義。但這與標準的

─────────────

2　相較之下，全面性的合約包括在每個可能發生的情況時應使用之每種資產方式的詳細清單。例如，合約內容可能會說：第 1 台機器應以下列方式使用（第 1 台機器的按鈕1應該在開（on）的位置，按鈕 2 應該處於關閉（off）的位置，第 3 號撥號機應在45°的位置……）；第 2 台機器應以下列方式使用（第 2 台機器的按鈕 1 應該在關（off）的位置，按鈕 2 應該處於開（on）的位置，第 3 號撥號機應在60°的位置……）等等。不完全合約的內容不會也無法包含這麼多的詳細資訊。

3　在一家大公司，譬如通用汽車公司，所有者可能委託管理階層或董事會擁有剩餘控制權。而本章並沒有探討委派問題，我們假設這些公司都是業主管理（owner-managed）的型態；不過有關委派問題可參考第 3 章第 3 節以及第 6 章至第 8 章。

所有權定義又不太一樣，其定義所有者擁有的是從資產所獲得的剩餘所得（residual income）而非剩餘控制權。4

　　請注意，這種所有權的觀點似乎符合常識。例如，假設我租給你我擁有的車六個月，而在此期間你有安裝CD播放機的強烈願望。假如這份合約對此沒有規定，你必須徵得我的許可才能安裝；也就是改變汽車內部的剩餘控制權是屬於所有擁者——我，而不是租借者的你。此外，即使合約對CD播放機有所規定，仍會有許多其他的事件和行為，沒有包括在合約規範之內，而此仍舊必須徵得我的同意才行。5

　　所以，在通用汽車與費雪車體公司的案例中，如果這兩家公司是獨立的，通用汽車有權決定是否要修改其生產過程，而費

4　有關剩餘所得與剩餘控制權之間關係的討論，請參見第 3 章第 4 節。擁有
　　剩餘控制權的想法似乎符合律師對所有權的標準看法：
　　「但什麼是所有權?它等同於擁有（possession）。在法律規範的限制下，
　　允許所有權者在不受干擾的情形下行使自然權力，並且多少排除他人的
　　干擾而受到保護。所有權者被賦予排除所有其他人的干擾。」（Oliver
　　Wendell Holmes, *The Common Law 193*,（1963版））。
5　當然，若你租借我的車，你將擁有一些剩餘控制權。例如，若合約並沒有
　　規範這些事宜，你可以決定開車去哪裡或是載哪些人。（但是，你可能要
　　問我是否可以使用這部車去非洲狩獵旅行）。對分析者而言什麼是重要
　　的，可能不是所有權者擁有所有的剩餘控制權下的影響，而是所有權者擁
　　有哪些具有重要經濟價值的控制權的分析。房客擁有一些剩餘控制權的事
　　實，就符合了這個觀點。除此之外，租賃協定往往有固定的期限，該資產
　　的所有者在協定結束後（以及在開始之前），擁有所有相關行動和事件的
　　剩餘控制權。所以在租車的例子中，我可以在六個月後決定車子可以開到
　　哪裡以及誰可以是乘客等事宜。

雪公司有權決定自己生產線的速度、每一天的輪班次數，或是其機器的維修政策。（這是假設該合約內容並未對這些問題予以規定）。另一方面，如果通用汽車收購費雪公司，則通用汽車可以對所有上述事情進行決定。如果是費雪公司收購通用汽車，則所有的決定權就歸屬於費雪公司。

　　若要討論不同的所有權安排在經濟上的影響，從第 1 章中所述有關合約不完全所導致的成本，也就是因專屬性投資所引起的扭曲談起，將有助於我們的了解。6 假設通用汽車和費雪公司在最初的合約中，要求費雪公司每一天提供通用汽車一定數量的車體。想像現在通用汽車的汽車需求上升，需要額外的車體供應。此外假設最初的合約對這種可能性並沒有規定，這或許是因為很難對需求狀況進行預測的緣故。

　　如果費雪公司是一家獨立公司，通用汽車必須確保費雪公司可以增加供貨；也就是當費雪公司無法提供額外的供應量時，則重新議約的時點就可能發生。通用汽車並沒有權利走進費雪公司的工廠，並設置生產線來提供額外的車體；身為所有者的費雪公司，則擁有這剩餘控制權。而這與費雪公司為通用汽車的部門或子公司；也就是通用汽車擁有費雪公司的情況是不同的，在這種情況下，如果費雪公司的管理階層拒絕提供額外的產出，通用汽車就可解雇管理階層，改以其他人員來監督費雪公司並供應足夠額外的產出。

6　然而，須注意的是關於不完全合約的其他成本，也可以利用類似的分析方法。我將在第 4 章第 3 節對此進行更多討論。

　　簡單地說，如果費雪公司是一家獨立公司，其管理階層可威脅不使用可動用的資產和勞動來增加供給。相反地，假如費雪公司屬於通用汽車，則費雪公司管理階層唯一可行的要脅，只有不提供自己的勞動力來支應這項需求。後者的威脅通常會比前者為弱。[7]

　　雖然重新啟動議約的時間點，取決於通用汽車和費雪公司是否同屬於一家公司，但是重啟議約之後的結果並不會有所不同。不須考慮現狀如何，事實上，如果通用汽車的額外需求帶來的好處，超過費雪公司提供這些產品的成本，預期各方會同意提供額外的車體。[8]　然而，這兩種情況下的剩餘分配將會非常不同。如果通用汽車和費雪公司是獨立的，通用汽車可能必須支付一大筆金錢來說服它提供額外的產出。相反地，若通用汽車擁有費雪公司，它可能可以在非常低的成本之下強制執行額外的車體生產，因為在這種情況下，費雪公司的管理階層討價還價和威脅的力量大大減少了。

　　這種對剩餘分配的不同預期，如果通用汽車擁有費雪公司，它通常會更願意投資專門針對費雪車體生產的投資，大過於如果費雪是獨立公司的情形，因為這可減少被剝削的威脅。例如，假使費雪管理階層嘗試提取過多的剩餘，通用汽車都可以自行經營

7　如果當前的費雪公司管理階層，是使用費雪公司資產不可或缺的一環，若是如此，則這兩種威脅之間並沒有任何不同。不過，管理階層是完全不可替代的情形是相當罕見的。

8　這是寇斯定理（Coase theorem）的應用，請參閱寇斯（Coase 1960）。

費雪公司的工廠。對費雪公司來說，誘因獎勵卻恰恰相反。假如
費雪是一家獨立的公司，費雪公司的管理階層一般會更願意採取
節省成本或是提升品質的創新活動，因為費雪公司管理階層傾向
於更希望能看到這些行動所可能帶來的收益。如果費雪是獨立的
公司，它可以從提供給另一家汽車生產商的車體創新活動中，獲
取額外的剩餘。相反地，如果通用汽車擁有費雪公司，費雪的管
理團隊會面臨創新價值的部分（或甚至整個）被剝奪的狀況，因
為通用汽車可以拒絕費雪管理階層使用必要的資產來進行創新
（如果該創新活動的屬性是屬於資產專屬（asset–specific），而
不是管理專屬（management–specific）的話，通用汽車甚至可以
雇用新的管理團隊來發展這個創新活動）。9

　　總之，整合的好處是收購公司具有增加專屬性投資的誘因，
因為它具有更多的剩餘控制權，它將得到採取這種專屬性投資所
獲得的剩餘價值中的更大份額。另一方面，整合的代價是被收購
的公司，對於進行專屬性投資的誘因將會減少，因為被收購的公
司擁有較少的剩餘控制權，對於自己的投資所創造出來的事後剩
餘將只能獲得較少的份額。10

　　以下將提出一個模型來闡述上述的想法。在此之前必須特別
提醒的是，到目前為止在討論控制權的轉換時，一直局限於對最

9　一種用來保護費雪公司經理人免於被沒收的方法是，提供他們黃金握
　　手，或稱黃金退職金（golden handshake），又或稱黃金降落傘（golden
　　parachute）的條件。然而，黃金退職金雖然會提供財政擔保，它可能不會
　　鼓勵費雪管理階層進行關係專屬性（relationship–specific）的投資，因為
　　黃金退職金的價值不取決於這種投資。

高管理階層的影響，然而工人的激勵誘因也會受到所有權變化的影響。我將在本書第 3 章討論員工獎勵誘因的議題，並且該章還包括了一些其他有關整併決策的相關面向。

2. 整合之成本效益的一般模型

　　為了建構正式的模型，我從許多實際世界中有關經濟關係的一些面向，例如所舉之通用汽車和費雪公司的例子，從中擷取相關的概念。我將重心放在高度模型化的情況，其中只涉及兩種資產a1和a2，以及兩位經理人M1和M2，來運用這些資產。假設M2與a2相互配合生產提供一個單位的投入因素（可稱之為零件），並提供給M1。M1結合a1，然後使用此零件進行生產並在市場出售所生產的產品（參見圖2.1）。

---

10 在某些條件下，不論是在何種形式的所有權架構，資產沒收的問題可以加以避免。一種可能性是寫入事前的利潤分享（profit sharing）協定。然而，利潤分享協定可能不足以鼓勵事前的投資，其原因有二：第一，利潤可能無法確認，也就是一方當事人可以抬高成本並宣稱利潤很低。第二，根據事前的協定，作為通用汽車部門的費雪部門可以收到來自創新的利潤分享，可能並沒有多大意義，因為如果通用汽車，作為費雪資產的所有者，可以威脅不實施創新，除非費雪公司同意放棄其部分的利潤份額。第二種可以避免資產沒收問題的方法是共同分擔投資支出。例如，若通用汽車和費雪是獨立的兩家公司，費雪可以彌補通用汽車因初期投入費雪專屬性投資而可能發生的套牢問題。然而仍須注意的是，這一策略將只有在通用汽車可以在合約中同意進行如此的投資（如果投資很難加以描述或驗證則可能很難進行），或是費雪公司分擔部分通用汽車的投資。否則，通用汽車可以使用費雪公司的先期付款，來進行非關係專屬性的投資。

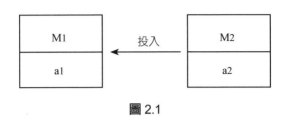

圖 2.1

　　假設該經濟關係持續了兩個時期。事前的關係專屬性投資發生在時間點 0，零件的提供則發生於時間點 1。假設資產在時間點 0 時就已經準備完成，這樣的投資讓這些資產更具效率。而各方皆具資訊對稱（沒有資訊不對稱的問題），除此之外也沒有締約方成本或收益不確定的問題。然而，M1所需要的零件類型卻是不確定的，這種不確定性於時間點 1 解決，也就是在這個時候有關零件的類型變得更為確定。

　　事前對零件類型的不確定性，讓簽定長期合約變得不太可能，原因是在零件類型不確定的情況下，很難預先確定零件的價格。11 因此，締約者在時間點 1 協商出零件的類型和價格。12 我應該假設（此假設將在第 4 章進一步討論），締約者在時間點 0 進行投資時，各方對於重啟議約的過程都具備理性的預期。尤其是，儘管各方無法擬訂一個全面性的合約，但他們能正確計算任何行動的預期報酬。

---

11 有關於非長期合約（no-long-term contract）假設的進一步討論，請參見第 4 章第 1 節。

12 在時間點 1，因為零件之類型已知而且可以加以描述，所以擬訂可以強制執行的價格合約並不困難。

假設締約方是風險中立者，並且擁有大量的初始財富（意指沒有財富上的限制），如此一來每一締約方可以購買任何它能有效運用的資產。另外為簡單起見，假設利率為零。

我同時假設，締約各方在時間點 0，就確定資產a1和a2的特定用途是耗費成本的，因此，誰擁有資產a1或a2則不只擁有剩餘控制權，而且擁有資產的所有控制權。換句話說，擁有者可以用他想要的任何方式使用該資產。13

在此節中，我將著重三項具指標意義的所有權結構：

(1) 非整合的架構：M1擁有a1而M2擁有a2。
(2) 第一類型的整合架構：M1擁有a1與a2。
(3) 第二類型的整合架構：M2擁有a1與a2。

在這一節末以及第 4 章將簡要討論其他可能的所有權結構。

投資和報酬

假設M1在時間點 0 的關係專屬性投資為 i，i 為非負值的數值，代表的是投資的水準和成本，這項投資為M1發展最終產品之市場的一項支出。我假設 i 將影響M1在與M2交易或不交易的情況下M1的收入。假如交易發生，M1的收入為R(i)，而事後的報酬為R(i) − p，p 則為零件的價格。（事後的報酬必須減去投資

13 此在第 4 章會有進一步的討論。

成本 i，以便計算M1的事前報酬）。如果交易沒有發生，M1則
向外部的供應商購買零件，也就是在現貨市場以 $\bar{p}$ 價格購買「非
專屬性」的零件，這個非專屬性的零件將導致較低品質的產出。
在這種情況下M1的收入為 r (i; A)，而事後的報酬為 r (i; A) −
$\bar{p}$。這裡小寫的 r 代表的是沒有M2的人力資本，而A指的是在交
易沒有發生的情況下，M1可以運用的資產（即 A 代表M1擁有
的資產）。（相反地，如果發生交易，M1可以運用在這關係中
的所有資產）。因此，若是在非整合的情況下，A = {a1}；在第
一類的整合架構下，A = {a1, a2}；在第二類的整合架構下，A=
Ø。（如果M1可運用a2，他可以修改非專屬性的零件，這是為什
麼 r 可能取決於a2的原因之一）。

　　以相同的方式分析，若在時間點 0，M2的關係專屬性投資
為 e，e 為非負數的數值，代表投資的水準與成本。這項投資可
能為支出而做準備，或讓M2的運營更加有效率。我假定在M2
與M1進行交易或沒有進行交易的情況下，e 將對M2的生產成本
有所影響。如果交易發生，M2的生產成本以C(e)表示，事後的
報酬為 p − C(e)。（M2的事前報酬必須由事後報酬減去投資成
本 e 而得）。如果交易沒有發生，M2將在競爭的現貨市場上以
$\bar{p}$ 價格出售，但必須做一些調整以便把它變成一般通用的零件。
（或者，如果M2擁有a1，她可以雇用他人直接將零件改為可以
直接用在最終產品）。在這種情況下，M2的生產成本以 c(e; B)
表示，M2的事後報酬為 $\bar{p}$ − c(e; B)。在此小寫的 c 表示沒有M1
的人力資本，而 B 指的是在沒有交易發生的形況下M2擁有的資
產。所以在非整合的形況下，B = {a2}；第一類型整合架構下，B

= Ø；在第二類型的整合架構下，B = {a1, a2}。

如果交易發生則事後的剩餘為 R(i) − p + p − C(e) = R(i) − C(e)，在交易沒有發生的情況下，總剩餘為 r (i; A) − $\bar{p}$ + $\bar{p}$ − c (e; B) = r (i; A) − c(e; B)。假設從交易中獲得的事後收益為：

(2.1) $R(i) - C(e) > r(i;A) - c(e;B) > 0$ for all i and e,
and for all A,B,
where $A \cap B = \emptyset$ and $A \cup B = \{a1, a2\}$.

條件(2.1)呈現了投資 i 與 e 為關係專屬性投資情況下的觀點：在發生交易的情況下，投資金額會比沒有發生交易的情況下來得多。然而，我認為關係專屬性的觀點一樣也適用於邊際的概念上；也就是說，每項投資的邊際收益會隨著投入更多資產於關係、人力資本或其他方面而增加。換句話說，如果M1有權使用M2的人力資本以及a1和a2資產，M1的邊際投資報酬率可以達到最高。在他無法使用M2人力資本的情況下，如果他能使用a1和a2資產的投資報酬，比他只能使用a1資產為高；依此類推，同樣的情形也適用於M2。考慮到 C′ 和 c′ 是負的（e 的增加降低了成本），這些條件可寫成：

(2.2) $R'(i) > r'(i;a1,a2) \geq r'(i;a1) \geq r'(i ;\emptyset)$
for all $0 < i < \infty$

(2.3) $|C'(e)| > |c'(e;a1,a2)| \geq |c'(e; a2)| \geq |c'(e;\emptyset)|$
for all $0 < e < \infty$

在這裡 |x| 為 x 數值的絕對值，r′ (i; A) ≡ ∂r(i; A)/∂i，c′(e; B) ≡ ∂c(e; B)/∂e。我也假設R′ > 0，R″< 0，C′< 0，C″ > 0，r′ ≥ 0，r″ ≤ 0，c′ ≤ 0，c″ ≥ 0（即 R 是嚴格的凹函數，C 是嚴格凸函數，r 是凹函數，c 是凸函數）。[14]

(2.2)和(2.3)式呈現的嚴格不等式，意味著至少部分的 i 對M2的人力資本具有專屬性質，而至少部分的 e 對於M1的人力資本具有專屬性質。然而，(2.2)以及(2.3)式呈現的弱不等式性質意味著，i 對非人力資產的a1和a2可能具有或者不具有專屬性質。例如，假設 r′ (i; a1,a2) = r′(i; a1) > r′ (i; Ø)，則 i 對於a1資產具有專屬性，但對資產a2則沒有（以邊際的概念而言）；同樣的情形適用於解釋 e。

最後，假定締約者都可觀察到 R、r、C、c、i 和 e，但外人無法確認。因此，這些變數無法成為可以強制執行合約的一部分。[15]

值得一提的是，以上的模型隱含投資 i 以及 e 是投資在人力資本，而不是實體資本的投資。根據第一類型的整合架構，M1在沒有發生交易的情況下，其事後的報酬是 r(i; a1, a2) − p̄，且獨立於 e。如果M2是投資在實體資本，也就是體現在a2資產中，在M1可以控制a2資產的情況下，預期 e 會影響M1的報酬。同

---

[14] 此外，我進行了技術性的一些假設，R′(0)>2，R′(∞)<1，C′(0)<−2，C′(∞)>−1。請注意我假設 r 為（弱）凹函數，c 為（弱）凸函數，以便於探討當 r 和 c 為常數時的情形；也就是 i 與 e 的投資不會影響到 r 與 c。

樣，在M2沒有與M1交易的情況下，M2在第二類型的整合架構下的報酬為 $\overline{p} - c(e; a1,a2)$，並與 i 是互為獨立的，這與假設 i 是實體資本的投資而體現在a1資產的情況有所不同。16

事後的剩餘分配

考慮在某特定投資決策為 i 和 e 的情況下，那麼在時間點 1 時會發生什麼情況。現暫時將資產所有權結構固定為 i 和 e，M1

---

15 「我將付你100萬英鎊，如果你進行 i 的投資」的合約並不是可強制執行的，因為沒有外人知道它是否已完成，同樣地，當事者的收入和成本不能作為是利潤或是成本分享協定的一部分。因為一個變數可以被觀察到但無法確認的觀點，在這本書中發揮至為關鍵的作用，因此值得在此給予一些例子說明。例如以本書為例，這本書的品質是可以觀察到的，因為任何人都可以閱讀它。（當然，有些人可能比其他人更能夠來進行分辨與評估）。然而，對牛津大學出版社和我來說，實在很難根據本書的品質來簽下版稅合約，因為如果發生糾紛，我們很難可以證明這本書沒有或不能滿足一些先前認定的標準。（因為這個原因，我的版稅取決於一些可以分辨的有關品質的結果，例如銷售）。換句話說，品質本身是不可驗證的。第二個例子是大學終生任職的決定。在一個理想的世界中授予終生任職的條件應提前詳細指定（例如出版數量和品質、教學表現、專業表現等）。但在實務中這是不可能做到的，所以規範標準會相當含糊。同時，候選人的表現在許多方面都可以觀察到（當然出版紀錄就是其中一項）。困難在於證明某人的工作是不是符合適當的標準來取得終生任職。換句話說，是否滿足標準是不可驗證的。有關可觀測性和可確定性的進一步討論，請參見第 4 章。

16 對有形資本投資的情況將在第 3 章第 6 節討論。請注意第一類型的整合架構，並不允許M1以M2的身分進行M2的投資 e，也不允許M2以M1的身分進行M1的投資 i；也就是說，不論是在任何組織的形式，M1總是投資 i 而M2總是投資 e。對此的進一步討論，請參閱第 3 章第 6 節。

和M2控制資產 A 和資產 B。如果交易發生的情況下，M1的收入
和M2的成本費用分別由 R 和 C 代表，而如果交易沒有發生，則
分別以 r 和 c 表示。

根據(2.1)式，事後由交易所獲得的利得為[(R − C) − (r −
c)]。此外，根據初始合約並無法達到這個結果，因為初始合約並
未指明提供的零件類型。但是由於各方皆具有對稱的資訊，期望
他們能夠通過談判實現收益是相當合理的。我假定事後從交易中
所獲得的收益，[(R − C) − (r − c)]，是以50:50之比例分配而得
的納許協商解（Nash bargaining solution）。因此M1和M2的事後
報酬為：

$$(2.4) \qquad \pi_1 = R - p = r - \overline{p} + \tfrac{1}{2}\left[(R-C)-(r-c)\right]$$
$$= -\overline{p} + \tfrac{1}{2}R + \tfrac{1}{2}r - \tfrac{1}{2}C + \tfrac{1}{2}c,$$
$$(2.5) \qquad \pi_2 = p - C = \overline{p} - c + \tfrac{1}{2}\left[(R-C)-(r-c)\right]$$
$$= \overline{p} - \tfrac{1}{2}C - \tfrac{1}{2}c + \tfrac{1}{2}R - \tfrac{1}{2}r$$

零件之價格為：

$$(2.6) \qquad p = \overline{p} + \tfrac{1}{2}(R-r) - \tfrac{1}{2}(c-C)$$

M1的報酬函數對變數 R 和 r 給予同等的權重，原因在於根
據納許的賽局規則，如果 R 增加 1，零件價格則增加1/2（一半
的收益轉到M2），因此M1的利潤增加了1/2。另一方面，如果 r
上升 1，零件價格下跌1/2（同樣是根據納許的賽局規則），因此

M1的利潤增加了1/2。類似的考慮解釋了為什麼M2的報酬函數給予變數 C 與 c 同等的權重比例。17

投資的最佳選擇

不論是在何種的所有權架構下，在時間點 1 的協商總是可以導致有效率的事後結果，不過投資的選擇可能不是有效率的。在最佳的情況下，各方可以協調彼此的行動，在時間點 0 時他們將有共同的利益來極大化他們的交易關係價值的（淨）現值：

$$(2.7) \qquad R(i) - i - C(e) - e$$

原因是在無法最大化(2.7)的投資水準(i, e)之下，締約方可以選擇(i, e)來極大化(2.7)，並且在時間點 0 透過一次轉讓（lump–sum transfer）重新分配更多的剩餘，而讓結果變得更好。（在此提醒M1和M2都是財富充裕的假設）。假定(i*, e*)為唯一的最佳解，則極大化(2.7)的一階條件（first-order condition）為：

$$(2.8) \qquad R'(i^*) = 1$$

$$(2.9) \qquad \left| C'(e^*) \right| = 1$$

---

17 請注意協商的過程是獨立於所有權結構。不論M2是M1的雇員或者M1是M2的雇員，M1和M2對於協商利得仍以50：50的權重畫分。這看起來似乎是很強的假設，而事實上我認為它是一種相對較弱的假設。如果假設在整合架構下協商的過程是可以變動的，那麼形成有關成本與效益的理論似乎是比較容易的。

投資的次佳選擇

現在考慮次佳的不完全合約約定的情況，即締約方在時間點 0 時選擇採取不合作的投資。假設所有權結構是M1擁有資產 A，M2擁有資產 B，則根據(2.4)和(2.5)，M1和M2扣除投資成本後的報酬為：

$$(2.10) \quad \pi_1 - i = -\overline{p} + \tfrac{1}{2}R(i) + \tfrac{1}{2}r(i;A) - \tfrac{1}{2}C(e) + \tfrac{1}{2}c(e;B) - i$$

$$(2.11) \quad \pi_2 - e = \overline{p} - \tfrac{1}{2}C(e) - \tfrac{1}{2}C(e;B) + \tfrac{1}{2}R(i) - \tfrac{1}{2}r(i;A) - e$$

將(2.10)對 i 微分，並將(2.11)對 e 微分，可得以下納許均衡（Nash equilibrium）的必要和充分條件：

$$(2.12) \quad \tfrac{1}{2}R'(i) + \tfrac{1}{2}r'(i;A) = 1$$

$$(2.13) \quad \tfrac{1}{2}|C'(e)| + \tfrac{1}{2}|c'(e;B)| = 1$$

為了提供近一步的參考，針對三種典型的所有權結構，分別臚列納許均衡的必要和充分條件如下。

1. 非整合結構。均衡點表示為：

$$(2.14) \quad \tfrac{1}{2}R'(i_0) + \tfrac{1}{2}r'(i_0;al) = 1$$

$$(2.15) \quad \tfrac{1}{2}|C'(e_0)| + \tfrac{1}{2}|c'(e_0;a2)| = 1$$

（這裡的下標 0 代表沒有整合的情況）

2. 第一類型的整合架構。均衡點表示為：

(2.16)　　　$\frac{1}{2}R'(i_1) + \frac{1}{2}r'(i_1; a1, a2) = 1$

(2.17)　　　$\frac{1}{2}|C'(e_1)| + \frac{1}{2}|c'(e_1; \varnothing)| = 1$

　　　　　（這裡的下標 1 代表第一類型的整合）

3. 第二類型的整合架構。均衡結果表示為：

(2.18)　　　$\frac{1}{2}R'(i_2) + \frac{1}{2}r'(i_2; \varnothing) = 1$

(2.19)　　　$\frac{1}{2}|C'(e_2)| + \frac{1}{2}|c'(e_2; a1; a2)| = 1$

　　　　　（這裡的下標 2 代表第二類型的整合架構）

根據假設(2.2)、(2.3)、(2.12)和(2.13)得到下列所有次佳結果。

命題1：在任何所有權結構下，關係專屬性投資將呈現不
　　　足。也就是在(2.12)與(2.13)的投資選擇滿足 $i < i^*$、$e < e^*$
　　　的條件。

證明：假設 i 與 e 滿足(2.12)和(2.13)，則由(2.2)和(2.3)可
　　　得：

$$R'(i) > \frac{1}{2}R'(i) + \frac{1}{2}r'(i; A) = 1$$
$$|C'(e)| > \frac{1}{2}|C'(e)| + \frac{1}{2}|c'(e; B)| = 1$$

因為 $R'' < 0$, $C'' > 0$，因此得證。

　　造成投資不足的解釋如下。如果M1投資多一些，因交易而獲得的利益增加了$R'(i)$，然而M1的報酬僅增加$1/2R'(i) + 1/2r'(i;A) < R'(i)$；剩下的收益轉到了M2手中。基於自利，M1不考慮M2的報酬，因此造成投資太少的結果。相同的討論，也適用於M2的情形。[18]

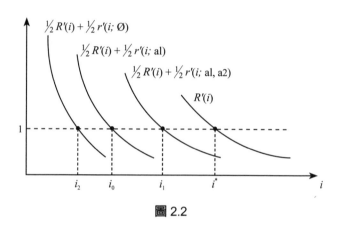

圖 2.2

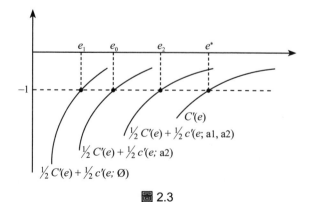

圖 2.3

　　在非整合以及第一類型與第二類型整合的情況下，最佳與次佳的結果呈現於圖2.2和圖2.3。[19] 從這些圖示中清楚地看到整合架構下的影響，相對於非整合的情況，第一類型的整合增加了M1的投資，但降低了M2的投資。相對於非整合的情況，第二類型的整合增加了M2的投資，但降低了M1的投資。也就是：

(2.20)　　$i^* > i_1 \geq i_0 \geq i_2$

(2.21)　　$e^* > e_2 \geq e_0 \geq e_1$

　　事後有效率的討價還價意味著，在任何所有權結構下從關係專屬而得之總剩餘為：

(2.22)　　$S \equiv R(i) - i - C(e) - e$

其中 i 以及 e 滿足(2.12)與(2.13)之條件。[20]

---

18 並非所有的所有權模型都會造成投資不足。例如，在葛羅斯曼與哈特（Grossman and Hart 1986）的論述中，過度投資和投資不足都有可能發生，這是因為(2.2)和(2.3)的條件在 Grossman-Hart 模型中並無法保持。

19 命題 1 是在假設當M1和M2交易時的事後盈餘，$T(i,e) \equiv R(i) - C(e)$，是可分離 i 和 e 的情況下得出的結果，也就是$(\partial 2/\partial i \partial e)T(i, e) = 0$。命題 1 可以以更一般的形式呈現，$(\partial 2/\partial i \partial e)T(e, i) \geq 0$（即 i 和 e 是互補的）；請參閱哈特與摩爾（Hart and Moore 1990）。

事前的剩餘分配

截至目前為止，幾乎很少談到在特定的所有權結構下有關剩餘，S，的畫分方式。(2.10)和(2.11)呼應了事後的分配，但這是在假設於時間點 0，可以進行一次轉讓的可能情況下的結果，若是事前分配則情況會有所不同。我應假設M1在時間點 0 有很多的潛在交易夥伴，但M1是唯一的。在此情況下，M2將保留她在時間點 0 的報酬，V，而M1將從這關係獲得S−V的利得。[21]　然而，這些都不會受相對議價能力的影響。事實上，可以看出 V 的大小，在分析最佳的所有權結構中，並沒有受到任何影響（只要 (S−V) 超過M1在時間點 0 的保留報酬；這個假設適用於以下的分析）。

---

20 在此模型中所有權結構是重要的，因為它影響到無交易下的 r 和 c（更精確地說是邊際報酬r′和c′），但不是所有討價還價的協商賽局的均衡結果都會受到無交易之報酬的影響。例如，協商賽局若存在外部選項，在某個範圍內，均衡之下的盈餘分配獨立於無交易之報酬（即外部選項），相關討論請參見奧斯本與魯賓斯坦（Osborne and Rubinstein 1990）。然而，所有權分析重要的是在於無交易報酬有時還是有影響的，因為事前大量對投資報酬的不確定性，即使是在有外部選項的協商賽局過程，無交易下之報酬還是會影響到盈餘的分配。因此，所有權分析的主要思維仍是有關係的。

21 一般而言，在時間點 0 階段，事前的盈餘分配將由市場的競爭程度加以決定，也就是受到M1有多少潛在交易夥伴以及M2有多少潛在交易夥伴而定。由於在時間點 0 的階段，關係專屬性投資還未發生，因此在時間點 0 以及時間點 1 階段的相對議價能力可能非常不同。威廉森（Williamson 1985）曾提到這一點並稱之為根本的轉變（the fundamental transformation）。

所有權結構的選擇

最後一步是確定哪些所有權結構是最好的，要回答這個問題相當直接，只要根據不同的協議簡單地計算總剩餘。（剩餘的分配是不重要的，因為這可以在時間點 0 以一次轉讓的方式進行）。換句話說，比較如下的情形：

$$(2.23) \quad S_0 = R(i_0) - i_0 - C(e_0) - e_0$$
$$S_1 = R(i_1) - i_1 - C(e_1) - e_1$$
$$S_2 = R(i_2) - i_2 - C(e_2) - e_2$$

根據理論的預測，創造最高的 S 值的所有權結構會發生於均衡狀態時。例如，一開始M1擁有a1而M2擁有a2，且$S_1 >$ Max (S_0, S_2)，在某時點M1會從M2購買a2而讓彼此變得更好。（事實上，由於相對議價能力的假設，M2的最終報酬收益為 V）。

最佳所有權結構分析

現在更詳細地來說明導致某個所有權結構會優於其他結構的原因，在開始討論之前值得先做簡單的觀察。從(2.12)–(2.13)可以清楚看出，任何增加 $r'(i; \cdot)$ [增加 $|c'(e; \cdot)|$] 而不會減少 $|c'(e; \cdot)|$ [減少$r'(i; \cdot)$] 的所有權結構就是好的，換句話說，就是可增加 i 或 e 而不會讓其他減少的就是好的。原因是，因為當事者雙方（總是）投資過低（見命題 1），這種改變讓各方更接近最佳的狀態，總剩餘 R(i) – i – C(e) – e 隨之增加。在此引入一些定義將有助於了解。

定義 1：M1的投資決策，在1/2≤ρ≤1範圍之內，假使極大化 Max$_i$ ρR(i) – i 的解，如果獨立於 ρ，則可說是缺乏彈性的 (inelastic)。同樣，M2的投資決策，在1/2≤σ≤1範圍內，如果極小化Min$_e$ σC(e) + e 的解獨立於σ，則可說是缺乏彈性的。22

定義 2：M1的投資，對所有A = a1, (a1, a2) 或 Ø，其中θ > 0 並且很小的情況下，如果R(i)替換為θR (i) + (1−θ)i，r(i; A)被θr(i; A) + (1−θ)i 取而代之，則可說M1的投資是相對不具生產力的。M2的投資，對所有B = a2, (a1, a2) 或 Ø，其中θ > 0並很小的情況下，若C(e)替換為θC(e)−(1−θ)e，c(e; B)被θc(e; B) − (1−θ)e 取而代之，則可說M2的投資是相對不具生產力的。

定義 3：若 r′(i; a1, a2) ≡ r′(i; a1)以及 c′(e; a1, a2) ≡ c′(e; a2)，資產a1和a2是互為獨立的。

定義 4：若 r′(i; a1) ≡ r′(i; Ø) 或是 c′(e; a2) ≡ c′(e; Ø)，資產 a1和a2是嚴格互補的。

定義 5：若 c′(e; a1,a2) ≡ c′(e; Ø) [r′(i; a1,a2) ≡ r′(i; Ø)]，M1的人力資本 [M2的人力資本] 致關重要。

---

22 M1的投資決定若是缺乏彈性的，它必須是在以下的情況，也就是對某些 î，0 < i < î 時，R'(i) > 2，而當 i > î，R'(i) < 1。M2的投資決定如果是缺乏彈性的，它必須是在以下的情況，即對某些 ê，0 < e < ê 時，| C'(e) | > 2，而 e > ê 時，| C'(e) | < 1。因此，在定義 1 中放寬了有關R″和C″皆存在的假設。

　　這些定義是相當直覺的。第一個定義可保證在任何所有權結構，並且為50：50權重之下的協商，M1 [M2] 會選擇相同水準的 i，例如 $\hat{i}$，[相同水準的 e、例如 $\hat{e}$]。

　　在第二個定義中，當 θ 值很小時，M1 [M2] 的投資，R(i) − i，變為θ(R(i)−i) [C(e) + e 變為θ(C(e)+e)]。換句話說，M1 [M2] 相對於M2 [M1]的投資，變得相對不重要。

　　第三個定義說明了對於M1來說，若他可使用a1，而使用a2不會增加M1的投資邊際收益，則可說a1和a2是互為獨立的；對於M2來說，若她可使用a2，而使用a1不會增加M2的投資邊際收益，則可說a1和a2是互為獨立的。

　　第四個定義陳述了若M1可單獨使用a1，而不會對M1的投資邊際報酬造成影響，則a1和a2之間具有嚴格互補性（M1同時需要a2）。同樣地，若M2可單獨使用a2而不會對M2的投資邊際報酬造成影響，則a1和a2之間具有嚴格互補性（M2同時需要a2）。

　　最後，第五個定義說明了，假如另一方的投資邊際報酬率不會因為在擁有a1和a2資產的情況，但卻缺少當事者的人力資本而有所增強，則當事者的人力資本是重要的。利用上述定義陳述命題 2 如下。

命題 2：

(A)如果M2的投資決策 [M1的投資決策] 是缺乏彈性的，則第一類型的整合架構 [第二類型的整合] 是最佳的。

(B)假設M2的投資 [M1的投資] 變得相對缺乏生產力，且對所有 i，r′(i; a1, a2) > r′(i; a1) [對所有e，|c′ (e; a1, a2) | >

|c′(e; a2) |]，則在 θ 足夠小的情況下，第一類型的整合架
構 [第二類型的整合] 是最佳的。

(C)如果資產a1和a2是獨立的，那麼非整合架構則是最佳的
選擇。

(D)如果資產a1和a2具嚴格互補性，則某些形式的整合是最
佳的。

(E)如果M1的 [M2的] 人力資本是重要的，則第一類型 [第二
類型] 的整合架構是最佳的。

(F)如果M1的人力資本和M2的人力資本是不可或缺的，則所
有的所有權結構都同樣地好。

證明：

(A)假設M2的投資決策是缺乏彈性的，則(2.3)和(2.13)意味
著在所有的所有權結構下，M2會選擇當 e = ê 時。因
此，最好的方案是將所有的剩餘控制權給予M1。相反
地，如果M1的投資決策是缺乏彈性的，則最好將所有的
剩餘控制權給予M2。

(B)假設M2的投資是比較缺乏生產力的，則M2在任何所有
權結構下的一階條件變為〔參見(2.13)〕：

$$\tfrac{1}{2}\theta\left|C'(e)\right| + \tfrac{1}{2}(1-\theta) + \tfrac{1}{2}\theta\left|c'(e;B)\right| + \tfrac{1}{2}(1-\theta) = 1$$

可簡化為：

$$\tfrac{1}{2}\left|C'(e)\right| + \tfrac{1}{2}\left|c'(e;B)\right| = 1$$

換句話說，M2的投資決策與 θ 無關，然而因淨剩餘為：

$$
\begin{aligned}
&\text{當 } \theta \to 0, \\
S &= R(i) - i - \theta C(e) + (1-\theta)e - e \\
&= R(i) - i - \theta(C(e) + e) \\
&\to R(i) - i
\end{aligned}
$$

所以在 θ 值足夠小的情況下，有影響的是M1的投資決策。因此最好是將所有的剩餘控制權給予M1。相同地，如果M1的投資決策是缺乏彈性的，則最好將所有的剩餘控制權給予M2。

(C)根據獨立的定義，(2.14)和(2.16)的結果都是相同的，也就是 $i_1 = i_0$。因為 $e_1 \le e_0$，非整合架構優於第一類型的整合架構。此外，(2.15)和(2.19)的結果是相同的，也就是 $e_2 = e_0$。因為 $i_2 \le i_0$，非整合架構優於第二類型的整合架構。

(D)首先假設 $r'(i; a1) \equiv r'(i; \varnothing)$，則(2.14)與(2.18)的解是相同的，也就是 $i_0 = i_2$。因為 $e_0 \le e_2$，第二類型的整合架構優於非整合架構。相同的參數顯示，如果 $c'(e; a2) \equiv c'(e; \varnothing)$，則第一類型的整合架構優於非整合架構。

(E)如果M1的人力資本是必要的，那麼(2.15)、(2.17)和(2.19)的解都是相同的，即 $e_0 = e_1 = e_2$。因為 $i_1 \ge i_0 \ge i_2$，第一類型的整合架構是最佳的選擇。相同的討論顯示，若M2的人力資本是必不可少的，則第二類型的整合架構是最佳的選擇。

(F)如果M1和M2的人力資本都是必要的，則(2.14)、(2.16)和
　　(2.18)的解都是相同的，對於(2.15)、(2.17)和(2.19)的情況
　　也一樣；也就是 $i_0 = i_1 = i_2$和$e_0 = e_1 = e_2$，代表組織形式是
　　無關緊要的。

　　命題 2 的解釋大部分是很直覺的，(A)的部分顯示，將所有
權給予那些投資決策不會回應獎勵的一方是沒有意義的。(B)的
部分顯示將所有權給予進行不重要投資的一方是沒有道理的。
(C) – (F)的部分則令人有些訝異，值得更進一步加以討論。

　　若要了解(C)，先考慮非整合架構下，a2的控制權從M2轉移
到M1的情況。如果雙方不能達成協議，這並不會影響M1的投資
邊際報酬率，因為a1即使可與a2同時使用也不會比沒有使用a2
來得有用。但將控制權移轉給M1，可能對M2的投資邊際報酬率
有明顯不利的影響，因為M2在沒有a2的情況下可能得到的會很
少。因此，控制權轉移的影響使得 i 保持恆定，但 e 減少了，從
而減少了總剩餘。類似的邏輯也適用於如果將a1的控制權從M1
轉移到M2的情形，結果是 e 保持不變，但 i 可能會大幅下跌。因
此當資產是獨立的，則非整合的架構優於這兩種型式。

　　接下來考慮(D)的部分，並先考慮非整合的情形。如果a1和
a2 之間具嚴格互補性，則將a2的控制權從M2移轉到M1，只會微
微增加M1的投資邊際報酬率（他在沒有與M2達成協議之下投資
的報酬率增加），但對M2的邊際報酬率並沒有影響。原因是a2
在沒有a1的形情下是徒勞無功的，所以放棄a2不會影響M2在沒
有與M1簽定協約之下減少M2的報酬。因此，從非整合轉移到整

合產生了收益的好處而不會產生成本。類似的邏輯也適用從非整合架購移轉到第二類整合架構的情形；因此第二類整合的架構也優於非整合架購。因此，當資產之間具嚴格互補性，某種形式的整合勝於非整合的架構，但在沒有進一步資訊的情況下（例如，有關M1的投資相對於M2是否比較重要），不太可能比較第一類整合與第二類整合架構的優劣。

現考慮(E)的部分，如果M1的人力資本是必不可少的，則將資產從M2轉移到M1，對於M2的投資誘因沒有影響，因為M2非交易報酬並不取決於她在沒有M1的人力資本之下的資產，因此不會有控制權轉移的成本，然而可能會有些好處發生，因為如果M1具有所有的資產則可能會提高他投資的誘因。

同時考慮(B)和(E)的部分可以概括下個結論，那就是若有重要的投資或重要的人力資本的締約者，應該擁有所有權。

最後，(F)部分呈現的是，假如M1和M2擁有必要的人力資本，則所有權結構無關緊要，因為在沒有與另一方簽署協約的情況下投資都不會成功。

有兩個觀察值得一提。首先，參數顯示具互補性的資產應被共同擁有，同時顯示共同擁有某資產是次佳的選擇。假設a1資產由M1和M2共同擁有，這意味若談判破裂，M1和M2對a1並沒有獨立的所有權（因為對其之任何使用都必須由雙方商定）。然而，這種安排等於是將a1資產一分為二，M1和M2各得一半，很明顯這兩半彼此之間具有嚴格的互補性。類似於在命題2(D)的證明告訴我們，a1的所有權分配給M1或是M2的結果將優於其他的選擇（對於a2的所有權架構也是如此）。23

　　這裡必須提醒的是，我假設 i 以及 e 都體現在M1和M2的人力資本中，從這個觀點看，M1除非與M2達成協定，否則無法從 e 中獲益，而M2除非與M1達成協定，否則無法從 i 中獲益。如同將在第 3 章中看到的，如果投資體現在有形資產，而不是人力資產，則是否應該由同一人擁有此嚴格互補的資產就沒有這麼清楚了（或者不應該共同擁有該資產）。[24]

　　第二，這裡須指出的是有另一個所有權的安排方式：「逆向」非整合（'reverse' non-integration）的架構，其中M1擁有a2而M2擁有a1。然而很容易的排除這種安排，因為a1是M1的主要資產，a2是M2的主要資產，可以預期M1在使用a1上會比使用a2更有生產力，而M2在使用a2上會比使用a1更具生產力。換句話說，人們會期望 $r'(i; a2)$，也就是若M1只使用a2的情形時之投資邊際報酬會小於 $r'(i; a1)$，而 $|c'(e; a1)|$，也就是如果M2只使用a1的情形時的投資邊際報酬會小於 $|c'(e; a2)|$。由此可見非整合形式

---

23 這一論點為假定資產無法被個別單獨使用，然而一些資產被聯合使用是可能的。例如，專利可由兩家獨立的公司共同開發和行銷。在這種情況下，聯合所有權可能是最佳的選擇。請參閱阿吉翁與悌若爾（Aghion and Tirole 1994）以及陶與吳（Tao and Wu 1994）。

24 還不很清楚命題2(D)是否可以適用於當合約是部分不完全，而不是全都是不完全的情形，也就是長期合約還是有發揮作用的案例。原因是命題2(D)的說法取決於將a2撥給M2，如果協商破局（因為a2若沒有a1的搭配則是徒勞的），在沒有a1的情形下，不會增加M2的邊際報酬，但會降低M1的邊際報酬。然而，若簽定長期合約，有爭議時可回歸到原始的合約。在這種情況下，在原始合約的簽定下，a2可能對M2存在價值，即使M2沒有擁有a1，將a2撥給M2可能創造一些利得。

優於這個第四種的所有權架構。25

3. 理論能告訴我們關於世界的簡單事情

在結束本章之前，我將考量到理論的預測是否能夠呈現實際觀察到的組織安排。不幸的是，到目前為止一直沒有正式的對財產權方法的測試方法。

這個理論的一個簡單意涵為：假設一方如果他或她須進行重要的投資決策，那麼他傾向於擁有資產（其中的投資決策可能表示要弄清楚如何讓資產更具生產力或是如何維護這些資產）。例如，擁有自己住的房子或是擁有自己開的車子，通常被認為是有效率的（只要他們有能力購置；到目前所討論的理論並沒有考慮到對財富的限制條件，有關這方面的討論請參閱第 5 章）。26 大概的原因是最能影響房子或汽車價值的人是使用者，給予任何其他人所有權或控制權，在沒有補償收益的情況下將稀釋使用者有效使用的誘因，因為其他人無法影響該資產的價值。這會像是上述模型中，當C′ = 0時M2為a1和a2的擁有者的情形。27

另一個與此理論意涵相互呼應的事實是：低階員工在組織中通常並沒有重要的所有權或控制權，其中原因可以說是低階員工

---

25 同時我也忽略了隨機的所有制結構，即在協議中安排M1有σ的機率擁有a1，而M2有(1−σ)的機率擁有a2。第 4 章將對此進一步討論。

26 我也忽略了稅的問題，繳稅的考慮有時會讓各方以租賃的方式，而不是直接擁有的方式來使用資產。

27 對房子或車子的投資，比對人力資本的投資更接近實體資本的投資，但是相同的邏輯仍舊適用。關於這一點請參見第 3 章第 6 節。

進行的（相對來說）是例行性任務。28　讓他們擁有所有權來激勵這類員工，可能不會因此在生產力方面有顯著地提升。（這是因為在上述的模型中R'或 $|C'|$ 的值很小）。將稀有的所有權分配給對公司價值具有更大影響（命題2(B)），或其人力資本是非常重要的員工，或許更有意義（命題2(E)）。29

　　理論的第二種應用意涵是，高度互補性的資產應該在共同所有權之下。這在實務上有不少的例子（其中一些有些瑣碎）：房子本身的窗子以及該棟房子通常是共同擁有的，相同的情形如鎖和鑰匙、一輛卡車的引擎和其車體、客戶的名稱和其住址的清單。30　也有不那麼明顯或是更為顯著的例子。喬斯科（Joskow 1985）調查了關於發電廠的所有權安排，而這發電廠位於煤礦的旁邊。這種資產的互補性很強，並不令人意外的是，他發現有很高的比率是以垂直整合的共同所有權的形式存在。史達契（Stuckey 1983）調查了鋁煉製廠位於鋁礬土礦場的案例，在此情況下的互補程度可說更高，因為不僅這兩個實體互相毗鄰，煉製廠也安裝了為鋁礬土礦場設計的設備，該作者發現在此類型的每個案件都出現了垂直整合的形式。

---

28 財富限制在此也可以是因素之一。

29 在大公司裡所有權和控制權往往在外部股東手中，而不是由重要的雇員持有。可能有人認為這與這裡所介紹的理論衝突，因為外部股東並沒有採取重要的行動或擁有必要的人力資本。但是，股東對該公司進行了金融投資，並需要一些保護措施來避免投資被沒收；所有權和控制權可以看作是提供這種保護的方法。有關金融投資的討論將在第 5 章至第 8 章討論。

30 有關類似例子的討論請參見克雷恩等人（Klein et al. 1978）的研究。

　　互補性資產應被共同擁有的看法所衍生出的另一個討論是：規模報酬遞增（increasing return to scale）應會導致大型公司的形成。在規模報酬遞增的情況下，一個較大的資產要比兩個只是其中一半的資產，生產力要來得高。在最佳的情況，選擇一個較大的資產是最佳的結果，雖然如同在第 1 章，有人爭辯還不清楚如何可以用此結果來解釋一家公司。在次佳的狀態下，是否選擇較大的資產是比較好的則不是很確定，因為從兩種資產移轉為一個較大的單一資產，可能對激勵誘因會產生不良效果。（如果M2失去所有權可能會減少投資）。但是，如果技術的規模報酬足夠，一個極端的例子是較小的資產完全沒有生產力，那麼較大資產的結果將是最好的次佳結果。因為根據命題2(D)，將單一資產的所有權分割並分配給不同的人是沒有意義的，我們可以將此結果解釋成是對應於一個單一的大型公司。

　　就像理論所描繪的，互補性（或是稱為綜效）使得整合更為可能，因此它的意涵是：獨立的資產應分別擁有。這個看法並不常被考慮採取收購行動的公司注意到，例如1960年代在美國和英國的併購熱潮，但至少在1990年代，這個看法似乎得到了相當大的支持。當然，同時也有很多有關對獨立資產以分別所有權持有的實例。

　　此觀點的一個有趣意涵是：獨立資產應當以個別所有權擁有的看法，適用於標準的現貨市場，因為現貨市場存在很多的買家與很多的賣家。人們通常認為在這種市場架構下，非整合的形式是有效率的安排。試想M1為一個典型的非整合架構的買家，M2為一個典型的非整合架構的賣家。例如，M1可能是牛津大學而

M2可能是蘋果電腦公司，蘋果電腦公司提供牛津大學的電腦需求。如果牛津與蘋果未能達成有關電腦的價格和品質的協議，則兩方可以相當輕鬆地切換到另一個合作夥伴。換句話說，$R'(i) \simeq r'(i; a1)$ 且 $C'(e) \simeq c'(e; a2)$，那麼非整合的型態可以導致類似的最佳狀態。相反地，如果牛津大學買了蘋果，牛津可從蘋果公司的管理中（也可能是蘋果公司的工人中）汲取某些創新活動所帶來的報酬，因此蘋果將減少這類活動的投資。（$|c'(e; \varnothing)|$ 可能遠低於 $|C'(e)|$）。因此，在牛津大學和蘋果公司的例子，或是更一般的說法，普遍具有競爭力的買家和賣家的情形，若是整合則會產生相當大的代價且幾乎沒有任何好處。

關於嚴格互補和獨立資產的結論，可以更進一步闡釋由史蒂格勒（Stigler 1951）所提出的，為人所熟知的觀點。史蒂格勒認為，一個產業在早期的發展階段，整合型式是產業的特徵，因為開始發展階段該行業將會因為太小而無法支援專業的供應服務，也就是受到規模報酬遞增的限制，因此公司將製造自己所需的投入。隨著行業的擴張，專業供應商最終將能夠成立，因為它們的效率更高，非整合的架構將成為最優的選擇。這裡的分析與此相一致。當行業中包含少數的公司（可能只有一家）時，對投入因素的購買以及供給之間的互補性是很高的，因為並沒有太多的交易夥伴可以選擇。命題2(D)意味著整合是最佳的結果。然而，當市場大到足夠支援很多買家和供應商時，任何單一買方和供應商之間的互補關係就會變得較低，命題2(C)即意味著非整合的架構是最適的選擇。[31]

資產嚴格互補（一個買方和一個賣方，他們別無其他交易夥

伴可供選擇）和獨立資產（很多買家和很多賣家，在時間點 1 每人都可以切換到其他的交易夥伴）的情形都很特別。另一種有趣的情況是，賣方只有一家而有許多買家的情形。每個買方都擔心套牢的可能性，它可能希望賣方可以擁有所有權。由於買方不可能擁有百分之百的賣方股權，最好的安排可能是給每個買方部分的賣方股權，並附有投票權（可採取某種形式的多數投票規則）。這在實務上的一個例子是，石油輸送管為所有使用它的煉油廠集體擁有，相關討論請參閱克雷恩等人（Klein et al. 1978）的著作。其他的例子可能是各種類型的夥伴關係，包括律師事務所（法律事務所的合夥人可以使用共同的投入，例如行政服務或是法律事務所的品牌）；或消費者、工人、生產者的合作，有關這方面的討論請參考漢斯曼（Hansmann 1996）。有關案例背後之理論基礎的詳細討論，請參閱哈特與摩爾（Hart and Moore 1990）。[32]

　　本章的簡單模型還可幫助我們了解，組織結構如何隨著時間的推移而變化。一些評論者認為，在1980年代和1990年代已經發生了解構整合（de-integration）的趨勢。[33] 這種趨勢往往可追

---

[31] 這個討論隱含著，當產業擴增時，生產者數目也隨之增加的假設（也就是一些買家無法主導市場），這將在本節的結尾進一步討論。

[32] 值得注意的是夥伴關係或合作關係是不同於所有權共有（我在之前的論述中認為此為次佳結果）。根據兩造的所有權共有模式，雙方都有否決權，這意味著任一方都可以套牢另一方。相較之下，在夥伴或合作關係下，決策（通常）是由多數決來行使，這意味著沒有單一締約者有否決權。對於有關合作理論的更多討論，請參閱哈特與摩爾（Hart and Moore 1994b）。

溯到過去的大型工廠被以較小的規模、更靈活的技術加以取代，減少了綁鎖（lock-in）效果的影響；由於資訊技術的進步，以前從事日常任務的員工，必須要在越來越多資訊的基礎上做出明智的決定。34

　　第 2 節的模型可以解釋，為什麼上述因素可能是造成解構整合的趨勢。更高的技術靈活性意味著資產互補性的降低（資產可以更容易加以修改以適合新交易夥伴的需求）。個別倡議的重要性意味著，M1和M2的投資決策都是顯著而重要的。根據命題 2 (B)和(C)這兩個建議，非整合型態較之前更可能是最佳的選擇，有關這方面的討論，請見布倫喬爾森（Brynjolfsson 1994）。

　　可能有人會認為另一種解釋解構整合趨勢的原因，是資訊技術的進步已經降低了簽署合約的成本。不過，在這裡發展而來的理論，不能預測非整合型態的合約簽署成本會較低。如同我在第 1 章所提的，在沒有交易成本的世界，組織的形式並不重要，也就是非整合型態和整合型態同樣有效。另一方面，本章考慮了交易成本很高時，長期合約根本無法簽署。它表明了在這些條件

---

33 譬如請參見商業周刊（*Business Week*, 22 October 1993, Special Issue, 'Enterprise: How Entrepreneurs are Reshaping the Economy and What Big Companies can Learn'）；經濟學人（*The Economist*, 5 March 1994, 'Management Focus', 79）；華爾街日報（*Wall Street Journal*, 19 December 1994, 'Manufacturers Use Supplies to Help Them Develop New Products', 1）。解構整合型態（de-integration）的趨勢也稱作委外（contracting out; out-sourcing）。

34 有關資訊技術對公司規模影響的有趣討論，請參見布倫喬爾森（Brynjolfsson 1994）。

下，根據不同的情況，非整合型態和整合型態都可以是最佳的選
擇，也就是交易成本和整合型態之間並不存在著簡單單一的關
係。35

最後，回到圖1.1中所顯示的傳統 U 形平均成本關係圖。我
認為新古典主義的理論，難於證明這個圖形的存在，財產權的分
析可能比較適合些。在小規模的生產上，若一家公司使用的資
產互補性很強（兩台機器接鄰裝置或是幾個房間同在一幢大廈
內），或具有規模報酬遞增的性質，命題2(D)告訴我們若是在非
共同所有權的狀態下，套牢問題將隨之增加。換句話說，最初公
司內開展活動的平均成本會下降，但是當公司營運到某一時點，
資產之間的協同綜效可能開始下降。尤其是總部的經理人和資
產，相對於周邊的營運會較不那麼重要，因為周邊投資比較不會
與經理人或資產之間具有專屬性質。（在一家大公司，總部和周

---

35 在實證上並不清楚資訊技術的進步是否是造成締約成本下降的原因，有關
的討論請參見布倫喬爾森（Brynjolfsson 1994）。

36 在本章我一直忽略不完全競爭的影響，也就是，我一直假設M1和M2的任
何合約，包括所有權的改變，對於任何其他人，包括消費者，產生的影響
是微乎其微的。這種假設的限制性是非常明顯的，但我之所以如此是因為
我想聚焦在公司以及整合的效率議題上。當然在實務上，並不是所有合約
的決定都在於效率上的考量。公司水平式的整合可能是為了能夠提高消
費者支付的價格，而公司的垂直整合可能是為了對抗競爭的買家和供應
商。在產業組織領域中對於併購有龐大的文獻探討，但只有極少數採取
了不完全合約的分析方法。有關文獻探討的部分，請參閱悌若爾（Tirole
1988）；採取不完全合約方法的兩篇論文為博爾頓與溫斯頓（Bolton and
Whinston 1993）和哈特與悌若爾（Hart and Tirole 1990）。本書發展出來的
理論應有助於這一領域的未來研究。

邊組織的多功能目的幾乎是彼此獨立的）。此外，對總部的投資不大可能因周邊組織的存在而有很大程度的增強。因此根據命題 2(C)，該公司內部活動的平均成本開始往上增加。

　　粗略而言，本章所建立的理論，符合了在標準的個體經濟學教科書中討論有關公司規模的故事。36

第 3 章
財產權分析方法所引發的議題

　　本章將探討第 2 章簡單財產權分析方法中所忽略的若干議題，這些包括公司內的威權（authority）本質、員工獎勵誘因、代表人、聲譽、實體資產投資，以及資訊傳遞等。

1. 非人力資產和威權本質的角色

　　第 2 章中所呈現的兩個重要論點為：(1)合約是不完全的，(2)在經濟關係中存在一些重要的非人力資產。我在第 1 章已經解釋為什麼合約不完全性是重要的，在此將提供一些理由（至少部分），來解釋為何非人力資產是公司理論中一個基本的特徵。這些可能是「實性」（hard）的資產，如機器、庫存和建築物，或「軟性」（softer）的資產，如專利、客戶名單、檔案、現有的合約，或公司的名稱，或是聲譽。1

　　為了要更能理解非人力資產的作用，試想一個情境，「公司」1 收購「公司」2，而後者完全由人力資本所組成。現試問

---

1 這是依容易程度按順序排列的。第 2 章的模型相當容易擴展到專利、用戶清單或檔案的情形，但有些不是那麼可以直接應用，包括現有的合約、公司的名號或聲譽等資產。更詳細的分析方法，很可能是一個動態的分析，應該可以解釋為什麼一家公司的商號或是聲譽具有價值。這將是未來令人著迷的議題。

以下的問題：什麼可以阻止公司 2 的員工採取全體辭職的行動？
在沒有任何實體資產的情況下，例如建築物，則公司 2 的員工甚
至沒有可以搬遷的地點。如果他們可以透過電話或電腦（他們自
己擁有的資產）的連結，只要在某一天早晨宣布，他們就可以成
為一家新的公司了。

　　公司 1 收購公司 2 若具有任何的經濟意義，公司 1 必須具
備高過於員工人力資本價值的來源；也就是說具有某種類似「膠
水」的功能，可以將公司 2 的員工聚集在一起。這個價值的來
源，可能小到一個可以滿足員工的場所；或是該公司的名稱、聲
譽或配銷網路；公司 2 的檔案，包含有關業務或客戶的重要資
訊；3　或禁止公司 2 的員工在辭職後替競爭對手工作，以及考慮
帶走現有的客戶。4　這個價值的來源，甚至可能只是公司 2 的員
工移動到另一家公司的困難度。但如果沒有讓公司存在的因素，
該公司只是一個幻影。因此，一家公司的非人力資產，代表的是
能夠將公司組合在一起的元素，而不論此為何物。5

　　非人力資產的概念也有助於澄清威權的概念。寇斯於1937年
發表的開拓性文章，認為雇主－雇員的關係，特點在於雇主可以
告訴員工做什麼，而一名獨立承包商則必須賄賂另一位獨立的承
包商做他或她想要的。赫伯特‧西蒙（Herbert Simon）在他1951

2　這可能與報紙、期刊或出版社有關。

3　這可能與保險公司或律師事務所有關。

4　這可能與會計公司、公關公司、廣告公司、R&D實驗室，以及律師事務所
　有關。

年的文章也有類似的看法。然而正如阿爾契與丹賽茲（Alchian
and Demsetz 1972）指出的，還不清楚讓雇主的威權高過雇員的
原因所在。誠然雇主可以告訴員工做什麼，但那位獨立承包商也
可以告訴另一獨立承包商該做什麼，這也是事實。有趣的問題在
於，為什麼雇員會加以注意，而獨立的承包商（或許）不會。6

　　當非人力資產存在時，雇主－雇員關係與獨立承包商之間的
差異是不難理解的。在前一種情況，如果關係打破了，雇主帶著
所有非人力資產離開，而在後一種情況，每個獨立的承包商帶著
部分非人力資產離開。這種差異給了雇主優勢手段。如果 j 可以
排除 i 取得可以讓他增加生產力的資產，則 i 比較有可能做 j 想
要做的，或者是其他人，稱之為 k，擁有這些資產，則 i 會比較
傾向 k 所要求的。換句話說，對非人力資產的控制導致了對人力

5　這裡要強調的是：以非人力資產來定義一家公司，和認知到公司的價值
　　有很大一部分是來自於人力資本之間，是不互相矛盾的。假設公司 2 由一
　　個非人力資產a2和一名工人W2所組成。假設W2在使用a2之下一年可以賺
　　得30萬元，在沒有a2之下僅賺20萬元，並假設W2是唯一知道如何操作a2
　　的人，而a2的殘值（scrap value）為零。則在納許協商賽局的假設下，對
　　收購者而言，資產a2的價值為 5 萬元，因為收購者將能夠在威脅拒絕W2
　　使用a2的情況下，獲得W2所創造的10萬元的50%，也就是收購者可得 5 萬
　　元。換句話說，即使a2的次佳使用（其殘值）為零，對收購公司而言該公
　　司的價值仍是很高的。
6　如阿爾契與丹賽茲所說的，正如一名雇主可以告訴員工該如何進行任務，
　　所以客戶也可告訴菜販該如何做（什麼蔬菜以什麼價格出售）。此外，對
　　表現不佳的制裁（至少表面上如此）同樣有兩種情況：如果拒絕將有可能
　　導致關係的終止或是解雇。在菜販的例子，這意味著顧客選擇到另一個菜
　　販採買。

資產的控制。這會在以下的第 2 節中進一步討論。7

上述對非人力資產所扮演角色的看法可總結如下：一方面，很多公司，甚至那些沒有明顯實體設備的公司，可以確定都存在著一些重要的非人力資產。而另一方面，如果不存在此類資產，則不清楚讓公司整合在一起的原因，以及如何定義公司內部的威權。8 有人認為，公司如果沒有一些重要的非人力資產，則會成為不穩定的實體，會不斷地受到分解或解散的威脅。在我的印象裡，一般的實證分析與這種觀點是一致的。9

2. 員工激勵措施

第 2 章模型側重於所有權如何影響高層管理人員的激勵機

---

7 馬斯滕（Masten 1988）主張，雇主-雇員和獨立承包商的情況之間，存在法律上的差異。具體來說，員工對她的雇主負有職責上的忠誠和服從，但獨立承包商不須對其他獨立承包商有任何的虧欠。

8 甚至在沒有非人力資產的情況下，更換或解雇的概念也不太適用。要解雇一個人並且用其他人加以取代，意指第二個人取代了第一人帶有使用實體資產的工作，如果這些是非人力資產，這是有道理的：第一人被排除在使用這些非人力資產，而賦予第二人使用這些資產的權限。相反地，如果所有資產都是人力資產，實不清楚解雇和更換的意義所在了（或者是如何強制執行之）。

　　克雷普斯（Kreps 1990）和沃納菲爾特（Wernerfelt 1993）發展了有關威權的理論，理論基礎基本上是基於雇員同意接受雇主的威權成為隱式合約（implicit contract）一部分的想法。然而，這個方法並沒有解釋為什麼威權是可轉讓的，也就是如果公司 1 購買了公司 2，公司 2 的員工為什麼會將他們的忠誠和隱式合約，從公司 2 的業主轉移給公司 1 的業主。因此，顯然透過隱式合約來解釋威權，並不能有效解釋整合的動機（雖然這個觀點可能適用於解釋其他的情形）。

制，然而員工的獎勵也會受到所有權變化的影響，進而影響到整合的成本和效益。

　　若要充分處理這問題，須將第 2 章分析模型擴大到多位代理人及多筆資產（multi-agent-multi-asset）的情況，有關這方面討論請參見哈特與摩爾（Hart and Moore 1990）。然而主要的觀念，可使用下面的示例來說明。考慮第 2 章的模型，現假定只有一個非人力資產a2，M1和M2都沒有投資，即$R' \equiv C' = 0$。假設一位工人 W，為獲得某種生產技能因而產生無法界定的成本。這種技能與a2，以及經理人M1和M2的一些組合，在時間點 1 產生收入為 Y，而Y > x。10　為簡單起見，假定員工的投資是離散的：他可以獲得或不獲得該技能。假設a2是這項技能可以實踐的必要條件（即技能是資產專屬性的）。為簡單起見，我們從一個極端

9　最近大肆報導有關於莫里斯・薩奇（Maurice Saatchi）離開Saatchi and Saatchi，以及史蒂文・史匹柏（Steven Spielberg）離開MCA的事件有助於解釋這方面的概念。看來這兩家公司最重要的資產是這些離開的人力資本（加上幾位同事），而不是非人力資產。基於此，這些人的離開造成公司相當大的不穩定。請參閱紐約時報（*New York Times* 16 October 1994, 'Hollywood Beckoned, Leading Japanese Astray', Week in Review）；金融時報（*Financial Times*, 12 January 1995, 'Saatchi's Soap Opera Has Only Just Begun', 17）。另一個稍有不同的例子是，1993年的世界象棋冠軍賽，當時卡斯帕羅夫（Gary Kasparov）和蕭特（Nigel Short）決定不參加官方（FIDE）錦標賽，因為他們不滿意條款的內容，並且另外設置了專業象棋協會（Professional Chess Association），自己舉辦世界的冠軍賽。原本擁有正式世界象棋錦標賽的權利，在這種情況下似乎變得沒有多大的意義。
10　如同在第 2 章，我假設M1和M2無法以補償 W 的方式來直接獲得技能（因為 x 是無法核實確定的）。

的情況談起，也就是假設M1的人力資本是不可少的，但M2的人力資本是無關緊要的（M2可以毫無成本地被取代）。而且只考慮兩個所有權協議的情形：M1所有權和M2所有權。（假設財富的限制使得 W 本身無法擁有a2）。

　　在M2所有權下，考慮 W 想要獲得該技能的誘因。如果 W 獲得該技能，則其在時間點 1 必須與M1和M2協商，如何分配收入 Y，原因是M1的人力資本至關重要；而M2擁有 W 需要使用的資產a2。在雙方平分盈餘的假設下，W 將收到（Y/3）。因此，在M2所有權下，W 將進行投資若且唯若

$$(3.1) \qquad \frac{Y}{3} \geq X$$

　　接下來考慮在M1擁有所有權的情形，現在M2將無關討價還價的協商過程，因為M2的人力資本可以加以替換，且她不再擁有a2。因此，W 將在時間點 1 與M1有兩種得協商方式。假設 W 與M1平分收入 Y，W 會進行投資的條件變成

$$(3.2) \qquad \frac{Y}{2} \geq X$$

　　(3.2)和(3.1)的比較顯示，W 的投資誘因在M1擁有所有權的情況下比M2擁有所有權來的更強。

　　顯然如果M2的人力資本是不可或缺的，且M1的人力資本無關重要，結果將有所不同。在這種情況下，W 的投資誘因在M2擁有a2時要比M1擁有a2時來的更強。

　　從這案例得到的主要課題是：所有權的更改，不論是在改變之前或之後，都會影響那些並沒有控制權的人們的投資誘因。當M1具有重要的人力資本時，M1最好擁有a2資產，因為這可減少套牢的問題：W 只要與M1協商如何實現收入 Y，而不須與M1和M2進行討價還價討的協商。相反的示例是，如果M2具有必要的人力資本的情況。這個例子證實了命題2(E)，資產應留在那些擁有重要人力資本的手中。事實上，這個例子加強了命題2(E)的觀點，它顯示了將所有權集中於那些擁有重要人力資本的好處是，將會改善員工的激勵誘因。

　　該示例很容易加以擴展來說明，工作者的誘因機制如何受到公司以互補或獨立資產進行合併時所造成的影響。假設M1擁有資產a1，若a1和a2是嚴格互補的資產，M1擁有重要的人力資本（他是一個重要關鍵的玩家，因為他擁有資產a1）。因此，W 的誘因在M1擁有a2以及a1時，比如果a2和a1分別擁有時要來得更強。另一方面，假如a1和a2是互為獨立的，且M1的人力資本是無關緊要的，但M2的人力資本是重要的，則 W 的投資誘因會在M2擁有a2的情形下更為強烈。原因是 W 只須與M2協商他的投資報酬，而不須與M1和M2同時協商。有關此詳細討論，請參閱哈特與摩爾（Hart and Moore 1990）。

　　因此，該示例還確認了命題2(D)的推理，具有很大互補性的資產應該在同一個所有權下。事實上，該示例再次加強了命題2(D)，它顯示了集中對高度互補性資產的所有權的好處是，提高了工作者的誘因。

　　最後，該示例可以用於揭示一些關於在第 1 節中所討論的威

權議題。如果M1的人力資本為必不可少，可以推論 W 的投資專屬於M1，對M1而言這個必要的投資是可以有所回報的。此示例顯示了 W 的雇主身分是有影響的：如果M1是 W 的雇主，W 會比M2是其雇主的情況下，更有可能進行專屬於M1的投資（M1擁有 W 所需使用的資產a2）。換句話說，這個例子彰顯了，對非人力資產的所有可以導致對人力資產的掌控力，在這種情況下，員工會傾向於採取對他們的老闆感興趣的行動或投資。

3. 委派和其他的所有權形式

在第 2 章發展的理論，最適合用於由業主直接管理或類似的公司，因為所有者擁有資產實際上就是行使對資產的剩餘控制權。在現實中，一家公司的業主，尤其是一個大公司的所有者，往往不能每天身體力行來管理公司的所有運作，所以他們委派董事會董事和經理擁有這個管理上的威權。這種委派創造了潛在的利益衝突，這將是本書第 6 章到第 8 章的主題。尤其是，經理人可能有自身的理由來進行併購活動，而與利潤沒有什麼關係，例如，他們可能希望的是藉此來營造自身一個更大的帝國。因此，一些併購活動實際上可能沒有增加公司的價值。

即使由業主直接管理的公司與大公司之間存在著重要的差異，財產權分析方法的主要見解仍有所幫助。它仍然有助於了解當我們將一家大公司看作是由非人力資產所組成的情形，也有助於分析在剩餘控制權變化下的併購行為。在合併前，一些剩餘控制權委派給了收購公司的董事會，而有一些則委派給了被併公司。在合併之後，所有的剩餘控制權則委派給主併公司的董事

會。一個有趣的議題是：延伸第 2 章的模型來探討公開發行公司的情形。

　　如同一家股份公司的股東委派權力給董事會和高階管理人員，高層管理人員也將權力委派給下屬，這些下屬再將權力委託給他們的下屬，依此而行。很難想像這整個過程可以以一個全面的合約加以訂定，因為單就權力的概念就很難加以界定。在合約中指定所有的行動而能讓某人「負責掌控」行動或決定，是否具有任何意義？因此，不完全的訂約形式是探討威權本質的切入點之一。

　　最近有一篇探討從一個不完全的訂約觀點來討論威權的有趣文章，這篇文章為阿吉翁與悌若爾（Aghion and Tirole 1995）所寫。這兩位撰文者區分真正的威權（real authority）和正式（法律）的威權（formal authority）。11　他們認為具有卓越資訊的人可能擁有有效的權力，儘管他並沒有法律上的權力，因為那些具有法律權力的業主，可能會按照他的建議行事。事實上，業主如果能創造出一些資訊不對稱可能是對業主有利的，這樣下屬就可以行使權力，並從而使關係專屬性的投資得到回報。但這種安排的成本是，下屬有時會採取並不符合業主利益的行動。這兩位撰文者藉由這些想法發展出資訊採集理論（theory of information acquisition），以及公司內部控制最適範圍的論說。12

---

11 這種區別也見於社會學和組織行為學的文獻，請參閱韋伯（Weber 1968: 215）以及巴納德（Barnard 1938: 164-5）。

4. 剩餘控制權與剩餘收益

　　我已經強調所有權和剩餘控制權之間的關聯，然而有人會認為所有權的一個關鍵特徵是：資產的所有者擁有來自於該資產的剩餘收入。現在來討論這兩個概念之間的關係。

　　有關剩餘收入概念的討論往往會面臨一個問題，那就是在許多情況下不容易加以定義。例如，如果兩個締約方簽定有關利潤分享的協定，甲方因之可以接收$\log(\pi + 1)$的利潤，而乙方收到的利潤為$\pi - \log(\pi + 1)$，這裡的 π 代表的是利潤總額。在這種情形下，剩餘收入（或利潤）的主張人是誰？答案是雙方都是。利潤分享合約的簽定，若利潤都可核查確定，原則上不需多少成本（如果利潤是不可驗證確定的，則目前還不清楚如何分配剩餘收入），結論是剩餘收入可能不是一個非常健全或有趣的理論概

---

12 委派授權或控制可視為是，威權處在沒有控制權（雇員的情況）和完全控制權（擁有者的情況）之間的中間形式，實際上有其他種類的控制或所有權的形式。例如假設 A 公司買入 B 公司，並且將 B 公司轉換成附屬公司，則通常會認為 B 公司的管理階層相較於 A 公司併購 B 公司的情形，擁有更多的控制和威權。同樣地，如果 A 公司與 B 公司訂立長期合約，B 公司向 A 公司租用一些資產，則 B 公司的經理人，相較於他們是 A 公司的雇員的情形，可能擁有更多的權力，但如果他們是業主則威權可能會較少。除此之外，B 公司的經理可能能夠決定誰可以使用從 A 公司租用的資產，即使他們不能對這些資產進行變更。（資產之一可能是公司的名號，特許經營協定就類似於這種情況）。一般而言，文獻上並不用財產權方法分析來討論這些中間形式的所有權，但這是可供未來研究的有趣議題。在這方面已取得一些進展的研究，請參閱霍姆斯特姆與悌若爾（Holmstrom and Tirole 1991），該文為關於公司內 U 型與 M 型結構比較的分析，以及布爾卡特等人（Burkart et al. 1994）。

念。更多關於這方面的討論請參見哈特（Hart 1988）。[13]

　　實務上，往往不會簽署複雜的利潤分享協定，而一些當事者（或不同群體的一些當事者）可以判定為某特定資產的剩餘主張人。接下來問題產生了，這時該剩餘主張人同時擁有剩餘控制權嗎？答案是：不一定。剩餘收入和剩餘控制權，在一對一的基礎上不須綁在一起。第一個例子是公開上市交易的公司，有幾類不同投票權的股票（所以收入權與控制權的比率因投資者而異），這樣的協議在美國和英國是相當罕見的，但在其他許多國家卻相當普遍。第二個例子是合資公司，它有時會發生兩個締約方共同控制50：50的股份，但卻有不同的利潤分享比率。第三個例子是由經理人或員工，根據利潤基礎的誘因獎勵或獎金制度：在某種意義上雇員是剩餘的主張人，但可能沒有任何投票權。

　　以上例子或許有些特別，我現在提出為什麼在許多情況下，人們可能認為擁有剩餘控制權就表示有很大的剩餘收入權，也就是為什麼剩餘控制權和剩餘收入常被認為應該是相同的看法。

　　第一，如果剩餘收入和剩餘控制權是分開的，則這將產生套牢問題。假設M1 擁有資產a1的控制權，M2擁有大部分的收入權 （如收入是可確認的）。在這種情況下，M1將不太有誘因去開發對a1的新用途，因為如此做所能帶來的利益大部分將流向

---

[13] 相同的困難並不存在於有關剩餘控制權的定義上。剩餘控制權並不能像剩餘收入以同樣的方式分割。例如，如果有兩個締約方和一個資產，該方或另一方擁有剩餘控制權是合理的，如果不是這樣，要將80%的剩餘控制權分配給 A 方而將20%分配給 B 方，是很困難的事。（不過，請參見第 4 章有關更靈活的所有權安排的討論）。

M2。同樣，M2也不會有太多誘因想要有效地開發經營a1，因為她必須與M1進行協商談判來實現這個想法。簡單來說，控制權和收入權的互補性很強，因此依據命題2(D)，將此分配給同一個人是有意義的。14

　　第二，在某些情況下不太可能衡量（或驗證）資產所有的報酬流量狀況。15 例如，假設報酬由兩個部分組成：從當前活動而來的「短期」所得，以及從該資產的價值變動而來的「長期」收入。令人爭議的是，後者（大部分）歸給擁有控制權者，這可能是因為此人可以決定何時或甚至是否出售該資產的緣故。現在假設前者，也就是短期的收入，分配給那些操作資產的員工，藉以作為強而有力激勵合約的一部分（員工並沒有控制權）。在此情況下，員工將會極大化當前的產出，而不會考慮該資產的長期價值；例如，他可能不修復該資產或是不當使用資產等等，這可能導致一個非常低效率的結果。如果給予員工較低的激勵措施，也就是將短期收入與控制權相結合，這種方式之下即使工人不是很努力地工作，但至少他會在增加產出的活動，與那些增加資產轉售價值所須付出的時間之間取得某種平衡。16

　　第三，在某些情況下它甚至無法將剩餘收入和剩餘控制權分

---

14 本案例取自博伊科等人（Boycko et al. 1995：ch. 2）的著作。

15 以下參考自霍姆斯特姆與米格羅姆（Holmstrom and Milgrom 1991, 1994）。

16 霍姆斯特姆與米格羅姆（Holmstrom and Milgrom 1994）將此觀點延伸至解釋，為什麼員工不只擁有有限的所有權以及較弱的激勵誘因，同時他們的行動也受到直接的控制。

割。試想一個小零件的生產商 A，與 B 公司進行事前的協議，A
同意交出所有從此零件生產所產生的未來利潤給 B。所以，無論
合約上如何說，A 可以使用他事後的力量，就如同所有者一樣，
將利潤盡量納入自己的口袋。A 若要執行此操作的一種方法是
拒絕出售任何零件給 B，直到 B 同意放棄她明顯的利潤份額。17
另一個可能性是買家以其他方式來補償 A 出售零件的報酬；譬
如，可以要求買家以較高的價格購買 A 的其他產品。在這兩種情
況下，結果是 A 憑藉其對剩餘控制權的擁有而接收了大部分的利
潤。18

　　第 8 章將提供為什麼剩餘收入和剩餘控制權應被綁在一起的
原因。它將顯示剩餘控制權與剩餘收入權若無法搭配在一起，可
能導致在競爭公司控制權時之市場效率不彰的問題。在特定的情
況下，分拆這兩者，也就是背離一股一票的狀態，可能導致一個
有較高的私人利益但較低的總價值的管理團隊，相對於一個具有
較低的私人利益但可為股東創造更高價值的管理團隊，更能取得
接管的贏面。

　　上述結果可以簡要的用於了解一個在第 1 章中提到的想法，
我曾提及通常會假定，尤其是在產業組織的文獻，利潤分享在單
獨一家公司內比在獨立公司之間更容易實行。我觀察到在一個全

---

17 然而這種威脅是否可信實在存疑。

18 本著同樣的精神，威廉森（Williamson 1985）認為一家公司的業主可以透
　　過操縱會計系統，將利潤轉移到自己的手中。威廉森利用這種觀點來解
　　釋，為什麼公司內部的激勵制度將會是低效能的，而公司之間的激勵計畫
　　將會比較強而有力。

面性訂約的世界,這個講法是沒有意義的,因為獨立公司總是可以簽署利潤分享的合約。然而,在一個不完全的訂約世界,那些擁有剩餘控制權的最終會收到公司的利潤。其結果是,如果 A 公司購買 B 公司,A 公司的業主－經理人可能會收到 A 和 B 的利潤;也就是,利潤分享可能會發生。相反地,當這些公司是分開的,B 的利潤可能會轉入 B 公司的業主－經理人;也就是說,無論是何種的利潤分享協定,利潤分享不會實際發生。

5. 聲譽的影響

到目前為止並沒有談到聲譽的影響,因為一般往往會認為聲譽可以克服許多在這本書談到的機會主義所可能造成的問題,因此並未討論聲譽的影響。例如,如果以第 2 章的靜態模型,並且無限地重複該賽局模型,在利率不是太高的情形下,最後會達到最佳的結果。如果要執行此操作的方法之一是,當事者各方事先同意合作,而這個結果可以在如果一個締約方偏離合作則另一方以拒絕交易威脅之下來加以維持。19

有兩個原因可以說明,為什麼儘管聲譽的重要性是很明顯的,卻往往擱置不談。第一,正如第 1 章所討論的,在最佳的狀態下公司並不在意,因為任何的組織形式都可維持最佳的狀態。因此,發展公司理論的其中一個必須分析的情形是,在無法保證最佳狀態的情形下,也就是聲譽並沒有強大到足以消除機會主義

---

19 這是賽局理論中為人熟知的一個結果,請參閱弗登伯格與悌若爾(Fudenberg and Tirole 1991: ch. 5)。

問題時的情況。因此，先考慮第 2 章當聲譽在靜態模型中不扮演任何角色的情形並不是不合理的。

　　第二，不是很清楚的是，即使在關係無限次重複的賽局，聲譽是否可以消除機會主義的所有問題。在某些情況下，即使交易不斷重複，假設締約方的關係專屬性投資都只有一次是相當合理的。然而，即使違反協定代表的是合作關係的結束，這仍意味著破壞合作協定所帶來的收益是相當大的。關鍵在於偏離合作的一方，可從剝削另一方的專屬性投資而可一次獲取龐大的利益。因此，重複性賽局模型所呈現的機會主義問題，可能類似於靜態模型。[20]

　　儘管有這些意見，我相信聲譽在組織形式上的影響，是一個令人著迷的議題。最近一篇有趣的分析來自哈洛寧（Halonen 1994）的文章，同時可參見嘎維（Garvey 1991）。哈洛寧考慮了本書第 2 章靜態模型的無限次重複的模型，也就是考慮在每個期間皆有關係專屬性投資的情形。她認為在某範圍內的參數，不斷重複將使資產共同所有權（joint ownership of assets）成為最佳的結果。（共同所有權在第 2 章的靜態模型中從來不是最佳結果）。原因是在合作破局的情況，共同所有權在極大化套牢問題之下，最大限度地減少了各方的報酬，因此使它更易於維持合作的結果。相反地，在第二個範圍的參數，她認為靜態模型的結果可以適用；也就是非整合或（某些類型的）整合類型是最佳的。

---

20 更精確地說，非常低的利率可能是支撐合作結果的必要條件。對類似情況的正式分析，請參閱湯瑪士與沃洛（Thomas and Worrall 1994）。

然而，在靜態模型中整合型態要比在重複關係的模型中更接近最適的狀態。

6. 投資實體資產

第 2 章的模型假定所有投資都是人力資產的投資。這意味著如果M1投資 i，將從經營a1和a2創造R(i)的報酬。實際上，M1獲得了一項不可轉讓給其他人的資產專屬性技能（asset-specific skill）。

在實務上，許多的投資報酬都包括了至少部分的實體資產，而不是全在人力資產上。財產權方法的主要思維是，將投資都體現在有形資產上，但一些細節會有所變化。尤其是，具有嚴格互補性的資產應該在一起，或是共同所有權永遠不是最佳結果的說法，會變得不是那麼確定。

闡明這一點將有所助益。假設有一個單一資產a*和兩個代理人M1和M2，而M1與M2都可以增加資產的價值。為簡單起見，視投資為離散的：M1可以進行一項投資，成本為 i，使a*的價值增加 R；M2可以進行一項投資，成本為 $\hat{i}$，使a*的價值增加 $\hat{R}$。（如同在第 2 章，價值以及投資支出的增加是可以觀察到的，但卻難以核查確定）。假定每個投資皆完全體現在有形資產，同時假設R > i，$\hat{R} > \hat{i}$，以便讓這兩項投資都發生在最佳的狀態。[21]

考慮M1擁有a*的次佳狀態 （即M1享有資產a*的所有價值），則M1會進行投資，因為他將獲取所有增加的價值 R。然而M2不會投資，因為任何資產價值的增加都會歸於M1而不是她本身。（一旦M2決定投資，M1不再需要M2）。如果M2擁有a*

則情況正好相反：M2會進行投資但M1則不會。

　　對此共同所有權的方式可能可以加以改善。根據共同所有權，在M1和M2每人都擁有使用資產的投票權，任何價值的增加將會以納許協商（Nash bargaining）下50：50的比例分享（因由兩方所做之協定，必須能夠實現價值的增加，例如透過銷售）。因此，在以下若且為若的條件下，M1和M2兩方都會進行投資：

$$\tfrac{1}{2}R \geq i$$
$$\tfrac{1}{2}\hat{R} \geq \hat{i}$$

　　如果 R 和 $\hat{R}$ 的值夠大，上述的不等式將得到滿足，且共同所有權將產生比單一所有制效率更好的結果。

　　類似的例子也可以加以構建來呈現，嚴格互補性的資產有時應該分別擁有。還有其他的方法比共同所有權的型式，更能激勵代理人提供有形的資本投資。在上述的例子，相同的結果在隨機的所有權形式下也可以達成，也就是M1和M2擁有a*的機率皆為1/2。22（若不是對互補性資產以分離的所有權形式處理，我們也可以聯合所有權或隨機所有權的方式來加以處理）。目前對於在

---

21 即使投資以有形資本呈現，並不代表投資本身是實體性的資本。它們可能代表的是在時間點 0 時M1和M2所做出的努力，以便讓a*創造更多的利潤（例如，增加a*產品的市場大小）。與第 2 章的區別在於，在此假設價值的增加，R 或 $\hat{R}$，在沒有M1或M2之下仍可以在時間點 1 享有。

22 不過如果當事者都是風險趨避者，共同所有權將比隨機所有權更具吸引力。

許多資產和多個代理人的情況下，聯合所有權或隨機所有權的相對優勢實所知甚少。因此，並不清楚上面的討論是否可以提供一個有關聯合所有權在實務上的解釋（例如，合資公司往往在他們成立公司時擁有50：50股權的情形）。23

7. 資產的形成

　　第 2 章假定了資產已然到位，然而分析架構也可適用於需要購建資產的情形。在此先區分兩種情況，在第一種情況下，建造成本是可以驗證的，例如，資產是從製造商（可核實）以價格 P 購得，在此情況下可以將購建資產的決定與所有權決定加以分開。也就是說，假設第 2 章的模型預測，若M1擁有a1，在沒有施工的情況下是有效率的。那麼M1在自己擁有a1的情況下進行施工，對M2而言也是有效率的，唯一的問題是M1和M2之間如何畫分建築成本，這將取決於誰可以從a1獲取較多的利益，以及M1和M2在時間點 0 時的議價地位。例如，如果M1可從a1獲得高額的利益，則M1可能支付大部分的 P，而如果M2可以從與M1

---

23 在這一節，我持續假設 i 和 î 是無法轉移的投資，M1必須做出投資 i 而M2必須進行投資 î。然而，許多有形資本投資並不屬於特定的個人；例如，在第一類型的整合架構下，M1可能投資 i 也可以投資 î（例如M1能夠在a2的工廠安裝新的機器，或擴充產線到a2的工廠）。在這種情況下所有權仍然是有影響的，因為它決定誰有權力進行投資。（在非整合的情況下，M1不能在M2的情況下擅自投資）。所有權的分配影響了事後盈餘的分配，從而提供了事前的關係專屬性投資。因此，決定所有權分配的因素與之前在第 2 章中所討論的因素相同。

的經濟關係中獲得絕大的利益，例如她具有套牢M1的能力，則M2將支付大部分的價格。

第二種情況是，當建設成本本身難以驗證。在這些條件下，建設有點類似於在第 6 節所討論的實體資產投資；尤其是在這些成本為不可驗證時，他們不能分別使用（如果我同意支付一半的費用，你可以花我的部分來進行「不合適」的建設）。基於此，所有權和是否建設的決定是互有關聯的。具體來說，如果我要自己擁有該資產，由我來建設是有意義的，因為如果是由你來建設，則我可以在完成階段套牢你。

8. 整合、資訊傳播和合作

正如第 1 章所指出的，有人會認為在公司內開展活動的好處之一是：更容易交換資訊和雙方都更願意合作。事實上，有一部分的文獻認為，採取整合架構是降低公司內資訊不對稱問題的方法。[24]

不完全的訂約辦法，可以提供這一想法的一些基礎：

第一，正如第 2 節的討論，雇主較一名獨立承包商，對於雇員更具有影響力，因為雇主擁有讓雇員更具生產力的資產。將這思維應用在資訊傳播的情況，結論可能是：假如雇員可以在雇主面前確立自己是可靠的，從而增加他對雇主的未來價值（並因此

---

24 例如請參見艾羅（Arrow 1975）、萊爾頓（Riordan 1990）和施密特（Schmidt 1990）。克雷梅爾（Cremer 1994）則指出整合行動影響了資訊的流動。

可能增加他的薪資），則員工具有強烈的動機來提供雇主想要的
資訊。

　　第二，第 4 節顯示了，公司內部員工的激勵措施，可能具
有較少的影響力，因為雇員沒有剩餘控制權。這個缺點是雇員可
能擁有有限的誘因來努力工作或有好的想法，因為他們不會收到
從這類活動的報酬。然而正因為如此，他們可能更傾向於合作。
也就是在較低激勵誘因的制度下，可能更願意幫助同事銷售的更
多，或提供資訊讓這種買賣成為可能，因為如此做她不會損失多
少。相較之下，更有力的激勵方案，可能會讓她不願意幫助其他
的同事，因為她寧願自己銷售。25

　　不過這些影響每個都可能以其他的方式發展。在某些情況
下，雇員相較於獨立供應商可能更不願意提供資訊，因為雇員沒
有控制權，雇主可以利用該訊息而佔雇員的便宜，此可參閱阿吉
翁與悌若爾（Aghion and Tirole 1995）。同樣地，兩名雇員可能
競爭而不是合作，因為只有一個人會獲得晉升的機會，而擁有剩
餘控制權的雇主可以決定誰能晉升，有關的討論請參見米格羅姆
（Milgrom 1988）。

　　因此，說的更精準，整合改變了當事者揭露資訊以及合作的
誘因，而不是整合改善了他們。

---

25 威廉森（Williamson 1985, ch.6）強烈認為整合的好處之一是：員工將得到
　低效率的獎勵誘因，此將促進合作。在一個全面性訂約框架之下，有關誘
　因與合作之間關係的分析，請參閱勒豐與悌若爾（Laffont and Tirole 1993,
　ch.4）、霍姆斯特姆與米格羅姆（Holmstrom and Milgrom 1990）、井藤
　（Itoh 1991），以及拉紀爾（Lazear 1989）。

第 4 章

不完全合約模型的討論基礎

第 2 章我們使用了不完全合約模型，而本章我將針對該模型的基礎提出一些討論。這些討論將是非正式的，我不會試圖建構這個模型來討論公司的所有基礎，因為很不幸在現階段這是很難達成的。我會考慮一些較直接方便的方法來討論合約的不完全性，並解釋為什麼在很多情況下它們並不可行。最近有一篇有趣的文章，採用了更嚴格的方法來探討相同的議題，請參閱西格爾（Segal 1995）。[1]

本章分為三部分。首先以更詳細的方式討論套牢問題，[2] 接下來討論比第 2 章更廣的資產所有權架構，最後將探討套牢問題對於公司的財產權理論的重要性。

1. 討論套牢問題

本書第 2 章，我們在締約方無法簽定長期合約的情況下，討論了套牢問題，在這一節將重新檢視這個假設。[3]

首先，考慮一個簡化的有關投資故事將有助於進行分析。假設在時間點 1，M1需要從M2購買零件，如果M1事前已投資 i

---

[1] 有關對不完全合約理論目前發展狀態的傑出討論與歸納，並可補充本章所論述者，請參閱悌若爾（Tirole 1994）。

[2] 葛羅特（Grout 1984）包涵第一個將套牢問題模型化的討論。

（在時間點 0），可創造報酬R(i)。M2的供應成本是C*（固定的數值）。在時間點 1，M1沒有可替代的供應商，而M2沒有可替代的買方（所以 r ≡ 0，c ≡ ∞）。假設對所有 i 而言，R(0) > C*、R'(0) > 2，R'(∞) < 1，R'(i) > 0 和 R''(i) < 0（這些假設暗示交易皆會產生收益）。同時假定雙方都是風險中立者、利率為零，並且忽略資產的所有權問題，而圖4.1呈現的則是時程表。

圖 4.1

　　考慮在第 2 章所討論的情況，也就是在時間點 0，締約方無法簽定長期合約的情形，他們要等到時間點 1 才商議零件的類型和價格。基於納許商議的模型，當事者以50：50的比重分配事後的盈餘，所以零件的價格為：

3　近來有一系列文章討論不完全合約的議題，雖然不一定牽涉有關套牢的問題；請參閱艾倫與蓋爾（Allen and Gale 1992）、伯恩海姆與溫斯頓（Bernheim and Whinston 1995）和史匹爾（Spier 1992）。在最近的文章中，Anderlini and Felli（1994）在合約必須是正式的才可強制執行的假設下發展出不完全性的相關探討。也就是，合約必須正式指的是狀態與明確的結果之間的對應是可「一般遞迴」（general recursive）的或相等的，並可加以計算。這兩位作者的分析比在本書所提出的更具一般性，但並沒有直接處理套牢的議題。

(4.1) $p = \frac{1}{2}R(i) + \frac{1}{2}C^*$

M1的淨報酬為：

(4.2) $\frac{1}{2}R(i) - \frac{1}{2}C^* - i$

在時間點 0，M1可以極大化(4.2)的投資 i，一階條件為：

(4.3) $\frac{1}{2}R'(\hat{i}) = 1$

相對的，極大化總盈餘（淨額），$R(i) - i - C^*$，其最佳的投資 i 水準可描繪為：

(4.4) $R'(i^*) = 1$

這裡清楚顯示 $\hat{i} < i^*$；也就是在沒有有效的長期合約下，M1的投資低於最佳的水準，也就是M1投資過低。問題是：在時間點 0 締約方可以簽署合約來解決這個套牢問題嗎？在以下兩個簡單的案例中，答案是肯定的。

案例 1：可以提前描述零件類型的情況。在這些條件下，M1和M2很容易簽署特定績效表現的合約，規定M2必須在事先確定的價格 p*（在合約中指定），在時間點 1 供應適當的零件給M1，而價格 p*會落在 C*與R(i*) − i*之間；此外，M2若無法

依規定執行將支付損害賠償。（記得這是在雙方都是財富豐裕的假設之下）。在這樣的合約，M1的淨報酬為：

(4.5)　　　　$R(i) - p^* - i$

而且，在極大化的情況下，M1將選擇 $i = i^*$。

　　案例 2：投資可以進行驗證的情況。第二個可能性是各締約方於時間點 0 簽定有關M1的投資，而不是在時間點 1 簽定零件的類型。在無合約的情況下，M1不會投資的原因是，50%的投資收益會歸給M2，對於此M2可藉由分擔M1投資成本的方式來彌補M1。尤其是M1和M2可以簽署合約，為了保證M1投資 i^* 的報酬，M2會支付M1在 $i^* - 1/2R(i^*) + 1/2 C^*$ 和 $1/2R(i^*) - 1/2C^*$ 之間。（如果M1不投資 i^*，則須支付罰金）。這種成本分擔的安排，確保M1至少可以打平他的投資成本，因此可以達到最佳的結果。

　　案例 1 和 2 有著相當大的限制性，原因有兩個：第一，實務上很難在事前先指定M1所需的零件類型和品質。原因是投入因素的性質可能取決於一系列發生於時間點 0 和 1 之間的因素（見下文）。4　第二，它可能很難在合約中明確指定M1的投資義務。M1需要進行的投資可能很難加以描述；它可能是多方面的並且涉及時間和精力（例如獲取技能），同時也涉及金錢（例如在資本上的花費）。基於此，法院可能很難確定M1是否已履

行合約義務。請注意即使所有支出都是貨幣性質的，也無法讓法院來檢視M1的開支，因為M1花錢的方式可能是錯的。

　　同時請注意，M2也無法簡單地於時間點 0 進行M1的付款，並且希望M1進行最佳的投資策略。一次支付並不影響M1的投資激勵誘因；也就是說，給定條件(4.1)和(4.2)，M1將接受付款並且投資於 $i = \hat{i}$ 的水準。

　　這裡可以提供一個描繪事前無法預先指定零件的情況下的（部分）模型。假設存在許多的狀態 S，和許多可能的零件，並在每個狀態下M1要求不同類型的零件。此外，錯的零件對M1來說是無用的；也就是零件 s 在狀態 s 下產生報酬R(i)，當 t ≠ s 時零件 t 無法產生報酬。5 另外，每個零件的生產成本是C*。6

　　理想情況下，締約方將寫一個或有合約（contingent contract），說明哪些零件應在哪個狀態下提供。然而，除非有描述類型 s 零件的簡寫方式，該合約將必須包括 S 個陳述：在狀態 1 下，應提供具有下列特徵的零件……；在狀態 2 下，應提供具有下列（不同）特徵的零件……；等等。如果 S 非常龐大，而

4　它可能也很難指定M1在事前要求供應的投入因素的數量，因為這也可能受到在時間點 0 和 1 之間可能發生的一系列因素影響。在這裡我將不會處理數量的問題，不過，這方面的討論可參考阿吉翁等人（Aghion et al. 1994b）、張（Chung 1991）、哈特與摩爾（Hart and Moore 1988）和諾爾德克與施密特（Noldeke and Schmidt 1995）。

5　所以不同的零件之間無法互相替代。

6　此分析可直覺地推斷於時間點 0 時R(i)和C*為隨機變數的情形，而M1和M2都在時間點 1 時認知到這些變數。

編寫這些陳述需要成本（這可能只是使用紙張的成本），這種合
約將非常昂貴。此外須注意的是，雖然各方可以只對某些狀態加
以規範來降低成本，例如包括前100項，但如果 S 非常大，如此
做實在沒有多大實質意義，因為其中之一的狀態其機率是可以忽
略不計的。

　　事實上，各方若無法簽定合約，並不意味著他們不能達到最
佳的結果。接著考慮以下的合約：

　　合約(A)：M1指定他在時間點 1 所需要的零件，如果M2同
意供應則她可收到 p_1，如果不行則她收到 p_0。

　　這裡 p_0 指的是，假如交易沒有發生，M1轉移給M2的金額。
p_0 可能是正數或負數（或為零）。如果是負的，可以解釋為因為
無法交貨而M2付給M1的損害賠償。[7]

　　若設 $p_0 \geq 0$，$p_1 = p_0 + C^*$，則可達到最佳結果。如果狀態
s 發生，M1將要求 s 類型的零件，而M2將準備供應零件，因為
如此一來可以收支平衡。（M2有可能比較喜歡供應零件只是因
為價格 p_1 高過於 $p_0 + C^*$）。M1的報酬為 $i = i^*$ 之下的極大化報
酬：$R(i) - C^* - i - p_0$。

　　這個解決套牢問題的辦法，有個較為麻煩的問題是它對時

7　傳統的「違約」損害補救措施是：M2彌補M1以補償因M2無法供應所造成
　　的任何利潤上的損失，但這是無法執行的，因M1的損失無法核查確認。

間極為敏感。8　如果 M1的請求可以在M2生產之前及時到達，則合約(A)可以運作的相當良好。但是，假如M2接到M1的零件提案是在生產發生之前，可是到實際生產仍有一段時間，則M2可以拒絕M1的要求，並重新談判以便可以得到更好的條件。假設重啟談判的賽局進行如下：M1有1/2的機率可向M2提案，而M2可以接受或拒絕，另M2有1/2的機率可向M1提案，而M1可以接受或拒絕它。如果M1獲得合約，他將繼續建議 $p_0 + C^*$。另一方面，如果M2獲得合約，她會建議 $p_0 + R(i)$。因此，M1在重啟談判的（期望）價格是：

(4.6)　　$\hat{p}_1 = p_0 + \frac{1}{2}R(i) + \frac{1}{2}C^*$

可是這意味著仍舊存在套牢的問題，而M1的淨報酬為：

(4.7)　　$R(i) - \hat{p}_1 - i = \frac{1}{2}R(i) - \frac{1}{2}C^* - i - p_0$

此為在 $i = \hat{i}$ 時的極大化結果。9

8　有關探討透過時間來解決套牢問題更一般化的分析，請參見哈特與摩爾（Hart and Moore 1988）。

9　讀者可能會懷疑M2在原始合約下拒絕供應的可能性；也就是說，M1是否不認為M2會不履行合約，無論如何在最後一刻都會供應給M1（特別是如果p_1略高於$p_0 + C^*$）？M2可能採取讓她的拒絕具有公信力的一種方法是，發送一封信給M1，並且表明若在現有的合約下提供零件，她將退還所有M1已經支付給她的經費（顯然這會使得供應無利可圖）。或者她能同意第三者支付根據現有合約而已經收到的錢，並且在M1面前撕毀本協定。

(4.6)是在假設 $p_1 = p_0 + C^*$ 之下所得出的，然而當重啟談判是可能的情況下，也適用(4.6)進行類似的推論。也就是，不管在合約(A)中之價格 (p_0, p_1) 如何，實際（預期）的價格，M1支付的價格 $\hat{p}_1$ 是依(4.6)條件而得。要得到這個結論，必須有另一個進一步的假設：除了上文所述的 S「一般的」零件，假設有某些「特殊的」零件會讓M2須以更多的成本來加以生產（或M2不能生產）；此外，法院無法區別「一般的」和「特殊的」零件的不同。(4.6)的證明如下所示。支付的價格 $\hat{p}_1$ 不能小於 $p_0 + 1/2R(i) + 1/2C^*$，因為若不是如此，M2將會傾向拒絕M1的供應而重啟談判（假設在協商中以50：50比例拆分盈餘）。然而，支付的價格同樣不能大於 $p_0 + 1/2R(i) + 1/2C^*$，因為在這種情況下M1將要求「特殊的」零件，然後當M2拒絕供給時重啟談判。[10]

　　結論是，如果重啟談判是可能的，長期的合約無法解決套牢的問題。事實上，在長期合約情況下的投資均衡水準，與在完全沒有合約時的結果是一樣的。

　　因為重啟談判會導致問題，很自然會問是否有讓當事者各方承諾不對原始合約重啟協商的方法。（M2將沒有拒絕M1供應的誘因）。不幸的是，根據目前的法律制度，還不清楚M1和M2該如何做。假設締約方在原始合約中註明，如果重啟談判的話，M1必須支付M2十億英鎊，則此重新協議後的合約可以包括一個句子載明放棄這種刑罰。（此外根據目前的法律制度，法院將

---

10 西格爾（Segal 1995）也使用此特殊零件的概念，來發展合約不完全性的模型。

強制執行重新談判後的合約,而不是原始合約)。假如M1和M2
同意若他們重新談判,則支付給第三方十億英鎊,結果會是一樣
的:第三方可以同意放棄重新談判合約中的刑罰(反正她將永遠
收不到這十億英磅)。[11]

另一種可能性是,M2同意在原始合約中永遠不會提供優惠
給M1,而只會回應M1主動提出的條件;實際上,她授予M1在
任何合約重新協商中100%的議價能力。很明顯的這會解決在片
面投資案例中的套牢問題,但同樣的仍舊很難看出該如何強制加
以執行。無論正式合約的內容如何,沒有什麼能夠阻止M2安排
與M1的非正式會面並提出新的合約,而該合約可以包括一項條
款來免除M2因為沒有實行諾言所必須承擔的責任。M2可以以這
種方式來奪回一些她討價還價的力量。

現在來簡要地討論一些其他解決套牢問題的方法,和一些相
關的觀點和文獻。

營收分擔或成本分擔

到目前為止我都假設R(i)和C*是可觀察到,但無法加以驗證
確定。事實上,這種假設並不重要。假設R(i)和C*是可驗證的,
當事者可以簽署合約規定,M1對M2的付款,取決於M2的成本
或是M1的營收。(也就是營收或是成本的分擔成為可行)。然

---

11 對於重啟談判的進一步討論,請參見悌若爾(Tirole 1994)。馬斯金與悌
若爾(Maskin and Tirole 1995)顯示,如果可以在一個不完全的訂約世界
中防止重啟談判,則在一般的條件下可以達到最佳的全面性合約的結果。

而，這種合約並不能解決套牢的問題。若要問為什麼，先假設 p_0 是M1在沒有交易發生時必須支付的價格（即如果收入和成本等於零），這裡暫時稱沒有交易時的價格 p_0 為「無交易結果」。然後任何一方都可以引發此「無交易結果」，目的是重啟協商談判。M2能藉由拒絕M1的請求而達到這個目的；M1可以要求M2提供其無法製造的「特殊性」零件。因為任何一方都可以觸發此「無交易結果」，得出(4.6)結果的邏輯仍然適用，因此套牢問題依舊。

關鍵在於營收分擔或成本分擔的方式，給了M1和M2可以根據現有的合約來決定是否交易的選擇權，而不是強制他們在該合約下進行交易。

第三方

到目前為止我都專注於兩方的合約，但根據某些假設之下，第三方的存在是有幫助的。假設M1和M2同意M1在時間點 1 將確定想要的零件類型，而M1和M2將同時告知第三方，T，有關M1的請求是否適當的訊息（即M1是否已要求一般的零件，而M2生產該零件的成本為C*）。如果他們都說M1的請求是適當的，M2必須供應給M1，而且從M1收到C*。如果有一方說這是不恰當，則沒有交易發生，M1和M2必須付給 T 一筆很大的罰款。

很顯然這份合約可以達到最佳的結果（更確切地說，這個訂約賽局（「說實話」的賽局）存在著一個最佳的均衡解）。然而，T 必須是誠實的。尤其是對 T 而言有很大的誘因與M2（或

M1）串通。M2可以宣布該零件是不適當的，甚至是該零件是完全不對的，如此M2和 T 就可以共享一筆很大的罰款（或許為這個目的，事先就簽定轉移支付的合約）。事實上不難想像，假如（完美）的勾結是可能的，引入第三者並無法達成任何目的，因為 T 實際上將與M1或M2整合在一起，再次可以在此應用只有兩方而不是三方的情形。12

透過訊息傳遞的投資成本分擔

可能有人認為，即使M1的投資是不可驗證的，可以透過M1和M2彼此傳遞已經發生多少投資的訊息來達成分擔投資成本的目的。（我繼續排除第三者的情形，理由是他們可能與M1或M2串通）。然而，事實並非如此。早些時候的討論顯示，討價還價協商的結果，時間點 1 的零件價格由(4.6)決定：

$$\hat{p}_1 = p_0 + \tfrac{1}{2}R(i) + \tfrac{1}{2}C^*$$

這意味著M1和M2的訊息影響只有透過價格 p_0；也就是一旦 p_0 確定了，訊息對 p_1 就沒有進一步的影響。因為M1想要較低的價格 p_0，而M2想要較高的價格，M1和M2實際上玩的是零和（zero–sum）的賽局，價格解 p_0^*，將獨立於任何沉沒的投資成本。13 因此，關於投資的訊息遊戲，不會比一個事前就確定無交

12 有關這個議題的討論，請參見哈特與摩爾（Hart and Moore 1988）；關於勾結更進一步的討論，請參閱悌若爾（Tirole 1986b，1992）。

易價格為 p_0^*（可能為零）的簡單合約要來得好。

有限理性所扮演的角色

為釐清套牢問題，我假設締約方是無限理性的，他們可以計算出他們所採取的任何行動的後果（他們知道R(i)以及C*，並且可以理解(4.2)式子的種種），同時我假設交易成本導致了合約的不完全性。這些觀念立場之間看似衝突，但彼此之間卻並不會不一致。一方面假設當事者各方無法在合約中以充分明確，並且法院可以強制執行的情況下來指定零件類型和投資內容，但另一方面假設當事者各方皆能理解他們無法撰寫完全合約的後果，這兩個假設之間並不衝突。

例如，在〈序論〉中所敘述的房子交易，其中存在著合約無法包括的許多意外情況。（見〈序論〉註解 3 介紹的其中一例）。但它並不會讓我和我太太，不能將一些不確定的因素，考慮進我們的期望效用；例如，我們可能會以效用折扣的方式來彌補一些不能單獨識別的後果。

在現實中，大量的合約不完全性無疑地體現了締約當事者的有限能力，當事者不僅要非常仔細地在合約中考慮未來的種種，同時也要非常仔細地想想他們採取行動的後果。因此最好能夠放寬締約當事者具有無限理性的假設。

這種做法除了可以讓分析變得更為實際，同時也會有其他的

---

13 有關與此觀念略有不同的分析，請參閱哈特與摩爾（Hart and Moore 1988）。

好處：第一，它可以放寬各方不能承諾不重啟協商合約的假設。在有限理性（bounded rationality）的世界中，各方不太可能想要做出這種承諾，因為他們希望保留選項而能在萬一發生無預期事件時重新修改合約。第二，出於類似的原因，有限理性的方法可能允許放寬，無法找到公正第三者以改善在兩方合約的假設。公正第三者的存在可以有效維持住訊息賽局（message games）的推論，也就是除非M1和M2皆同意投入因素的適切性，否則必須付出大筆罰金給第三者的訊息賽局。然而，這種賽局在一個有限理性的世界中比較沒那麼具有吸引力，因為各方可能在事前或者事後，無法一致同意什麼樣的品質稱作是「適切」的投入因素。

值得一提的是放寬有關理性的相關假設，我們也只能討論到目前的地步。如果締約方是相當不理性的，他們可能會沒有意識到今天的投資，可能將會在明日被具有機會主義傾向的交易夥伴所竊取。其結果是，一方可能可以有效地投資，即使該投資對他而言是次佳的；也就是套牢問題可能會消失。換句話說，套牢問題以及第 2 章所敘述的資產所有權的理論，似乎與當事者對於當前採取的行動，如何對未來可能產生的效用後果並沒有太多的預期有關。

資訊不對稱所扮演的角色

資訊不對稱在套牢問題中發揮了非常有限的作用（一般而言在這本書的分析中所起的作用也非常有限），我們假設諸如R(i)、C*以及 i 等變數假設是可被觀察到的，但無法核查確認。

我必須申明，資訊不對稱不是因為它被認為是不重要的而加以忽視，相反地，這是因為分析，特別是重啟談判的分析，在對稱資訊的假設下更能進行。此外，從純經濟的角度來看，套牢問題在資訊對稱的情況下加以分析是最為順手的。當M2可以觀察M1的投資（或是觀察到該投資的報酬），套牢問題最為嚴重，並可以利用M1的渴望來提高該零件的價格。如果M2不能確定M1是否已經投資，套牢問題也會產生，但這個情況較不那麼極端（參見悌若爾（Tirole 1986a））。

但是，有一種情形資訊不對稱可能會非常有用。假設M2的成本C*是私人資訊，並考慮一項合約，規定M1將在時間點 1 確定零件的類型（和價格），而M2可以同意或拒絕M1的提議。在資訊對稱的情況下，如果M1擁有所有的議價能力則本合約可達到最佳結果。然而在資訊不對稱的情況下，無法實現最佳的結果，因為M1可能提供低於M2成本的價格，而M2因此可能會加以拒絕。但這意味著M2可能假裝她的成本是高的，即使並不意圖迫使M1付的更多。因此，套牢問題可能會再次出現。（我說「可能」是因為據我所知，文獻並未針對此狀況加以探討）。換句話說，資訊不對稱可能有助於證明在第 2 章中的分析。

相關的文獻

最近有許多的文章探討了當合約為不完全時如何解決套牢的問題，其中最值得注意的可能是阿吉翁等人（Aghion et al. 1994b）所做的貢獻（以下稱之為ADR）。[14]

ADR顯示在某些條件之下，即使M2和M1兩者皆進行投資，

可以實現最佳的結果。然而，他們提出了兩個假設是我沒有考慮的。第一，他們假設M1和M2在時間點 1 進行標準零件的交易，其零件性質在時間點 0 已經知悉。這意味著當事者可以簽署特定績效表現之合約，藉此M2同意交付適當數量的零件 $\bar{q}$ 給M1，而價格為 $\bar{p}$，並且可以以此作為重新談判的基礎。ADR假設M1和M2的效益和成本函數是事前不確定的，所以最佳的交易零件數量會依狀態的不同而變動，這意味著當事者總是會重新協商不同於 $\bar{q}$ 的零件數目。然而，即使會發生重新談判，選擇適當的 $\bar{q}$ 將確保當事者一方，例如M2，具有事前的誘因進行投資。因此，一部分的套牢問題得到了解決。

相反，在我們的模型中沒有標準的零件，所以 $\bar{q} = 0$。這意味著在沒有重新談判的情況下，沒有任何一方的投資得到報酬，因此M1和M2都無法透過一個特定績效表現的合約給予事前的誘因。

第二，ADR顯示另一方，例如M1，可以在時間點 1 透過適當的協商賽局設計來達到有效率的投資。也就是ADR考慮另一種協商賽局的提議，若要借用本章的賽局模型來了解他們的模型運作，想像一下將時間點 1 分為兩個部分：「開始」和「結束」。假設在時間點 1 的開始，M1向M2主動提出提議，則M2有三種

---

14 有關這議題的相關文獻，請參閱張（Chung 1991）、哈特與摩爾（Hart and Moore 1988）、赫曼霖與卡茲（Hermalin and Katz 1991）、麥克勞德與馬柯爾森（MacLeod and Malcomson 1993），以及諾爾德克與施密特（Noldeke and Schmidt 1995）。

選擇：接受M1的提議（在這種情況下議價遊戲結束）；拒絕M1
的提議（在這種情況下賽局繼續進行）；或選擇一個外部的選
項，對應沒有交易的情況（此時交易從未發生）。如果協商賽局
持續進行，然後在時間點 1 的結束階段M2提出提議，M1決定接
受或是拒絕，就此談判結束。

　　根據上述的時程，事前的合約提供了M1所有的議價能力。
設在時間點 1 的開始階段，沒有交易發生時的價格為零，M2行
使她外部的選項。但是，如果M2首先拒絕M1的提議，然後她自
己的提議也被拒絕，設無交易的價格為−D，其中 D 是一個相當
大的正數值。如果談判一直持續到時間點 1 的結束階段，D 基
本上是M2必須付給M1的大筆損害支付，之後這個賽局以破局收
場。

　　為什麼在此情況下M1擁有所有的議價能力，請注意M2將總
是寧願行使她外部的選項，也就是價格為零，而不願繼續討價還
價，否則須支付大筆的損害賠款 D。M1只須提供M2金額 p = C*
來試圖說服M2接受他於時間點 1 開始階段的第一個提議。但這
意味著M1獲取所有的事後盈餘；即M1的報酬為：

(4.8)　　$R(i) - C^* - i$

此導致M1選擇 i = i*，也就是達到最佳的結果。

　　ADR的解決辦法是巧妙的，但這立基於一些嚴格的假設條
件上。在現實中，很難找到任何情形是對應到沒有交易往來的
選項。誰迫使這一結果的出現，即是誰確定議價遊戲在此時結

束，而M2不能提供任何進一步的提議？ADR過程的另一個解釋是，在沒有外部選項的情況下，損害賠償取決於M2提供多少。也就是如果M2拒絕M1的報價而沒有進一步的提議，則M2不須支付任何損害賠償，但如果M2提出其他的提議並且被拒絕了，則她支付損害賠償 D。然而這個假設如有發生異議，法院可確定M2該支付多少。但如果M2可以提供秘密提議則這可能不是合理的。也就是M2拒絕M1的提議，但M2可以偷偷來到M1並且建議M1支付她R(i)購買零件並免除損害賠償 D。M1可能接受這個提議，因為他無論如何都不會收到 D。（若M2提第二個提議而被拒絕的情況則沒有加以證明）。但這意味著M1的淨報酬為：

$$(4.9) \quad R(i) - R(i) - i = -i$$

在 i = 0 時達到極大化的結果。

　　結論是ADR過程可能只在特定的情況下有效，在一般的情況下，套牢的問題仍會出現，而本書第 2 章的分析就變得有用了。

2. 討論第 2 章所有權模型

　　基於對套牢問題的理解，對第 2 章的模型提供一些支持並不會太難。如同於第 2 章所論述，假設M1需要M2提供投入因素，同時每一締約方可以對此投入因素進行相關投資，來影響該投入因素的利益和成本。（M1選擇 i 而M2選擇 e）。同時假設投資的邊際收益取決於如何使用非人力資產a1和a2。此外，這些資產存在著許多潛在、難以描繪的使用用途，其中只有一項將與某一

特定狀態有關。因此一個嘗試指定特定用途的合約（在有限的篇幅內），將以接近 1 的機率，指定只有毫不相關的部分，因此重要的是誰擁有剩餘控制權，使用未在合約中指定用途的權利。

如同在第 2 章所論述，給定一個特定的所有權配置，締約方將對交易利得討價還價。本章節的邏輯可用於彰顯，締約方不能於書面指定無交易價格 p_0 和交易價格 p_1 的長期合約而受益。原因是，如果 $p_1 - p_0$ 低於納許議價價格（由(2.6)式子得出），則M2將拒絕供應並再協商更高的價錢；如果 $p_1 - p_0$ 高於納許議價價格，M1將對M2提出不可能的要求，然後以更低價格重新談判。（p_0實際上是一次轉讓，且對投資的選擇沒有任何影響）。因此，影響投資誘因的唯一途徑是透過資產所有權的分配。

分析的重心仍然是在各種所有權的分配。第 2 章中討論了四種類型：M1擁有a1、M2擁有a2；M1擁有a1和a2；M2擁有a1和a2；以及M1擁有a2而M2擁有a1（也就是主導權在對方手中）。同時也考慮了共同所有權的方式，但顯示其是次佳的選擇。

其他的可能選擇包括隨機所有權協議（stochastic ownership arrangements）和選擇權所有合約（option-to-own contracts），或根據時間點 0 與時間點 1 之間，依當事者彼此傳遞的訊息而進行所有權安排的形式。隨機所有權非常有用，因為它可以充當一個平滑的建議機制。例如，假設M1擁有a1而M2擁有a2的機率為 σ（也就是非整合型態）；M1擁有a1和a2的機率為（1-σ）（也就是第一類型的整合架構）。（在時間點 1 以擲硬幣方式確定所有權結構為何）。此時納許均衡的最佳條件（見(2.12) – (2.13)式子）成為：

$$\tfrac{1}{2}R'(i) + \tfrac{1}{2}\big[\sigma r'(i;a1) + (1-\sigma)r'(i;a1,a2)\big] = 1$$
$$\tfrac{1}{2}|C'(e)| + \tfrac{1}{2}\big(\sigma|c'(e;a2)| + (1-\sigma)|c'(e;\varnothing)|\big) = 1$$

　　M1和M2的投資水準分別在 i_1 與 i_0 以及在 e_1 與 e_0 之間，不難看出在某些情況下這種結果會增加總剩餘。

　　本章末的附錄提供一個例子來說明選擇權所有合約，以及／或訊息規畫（message schemes）所扮演的角色。[15]

　　從該示例以及隨機規畫（stochastic schemes）的討論可以明顯看出，第 2 章有關所有權結構的分析還未完整。尤其是，第 2 章的推論是基於非整合架構、第一類型的整合架構以及第二類型的整合架構，彼此之間有所關聯，但並不是與所有可能的安排有所關聯的情況下導出的最佳結果。同時，分析背後的主要理念，如果不須針對所有的細節，似乎是相當強而有力的：第一，隨機或取決於訊息的更複雜計畫，仍屬於所有權的例子。在一個更重要的意義上說，第 2 章的主要課題是，稀少所有權的分配；也就是剩餘控制權的分配在合約為不完全時是有關係的。這對隨機或訊息依賴（message dependent）所有權結構仍然適用。第二，命題 2 似乎有可能適用於隨機或訊息依賴的所有權結構；也就是如果只有一方的投資會有影響，或只有一方的投資決策是有彈性的，則該締約者應該擁有這兩種資產；如果是嚴格互補的資產，

---

15 諾爾德克與施密特（Noldeke and Schmidt 1994）已經討論有關選擇權所有合約所扮演的角色。

則應該共同所有；如果是獨立的資產，則資產應該單獨擁有。因此，雖然更複雜的所有權安排，可能是一個對第 2 章分析的有趣點綴，它們並不會削減該分析所彰顯的訊息。

3. 更多關於套牢的問題

我之前已強調財產權分析方法有兩個關鍵的因素：不完全的合約，以及對非人力資產的剩餘控制權。在第 2 章的模型中，第一個因素很重要，因為基於關係專屬性投資的不可訂約性質，它導致了套牢的問題。而第二個因素的重要性在於它暗示了，所有權的變更可能會影響套牢問題的嚴重性。

值得指出的是，雖然套牢問題是一個有用的工具來發展財產權分析方法，但它不是該方法的重要組成。也就是說，即使在沒有套牢問題的情況下，資產所有權將仍然是重要的。之所以需要資產所有權理論，是因為在經濟關係中存在一些效率不彰的情況，剩餘控制權的分配可以影響這個情形，而效率低下可能發生於事後而不是事前。在此值得簡要提及一些其他可能造成效率不彰的因素：

1. 一個顯而易見的做法是假設資訊不對稱發生於時間點 1（在時間點 0 簽署不完全合約）。（見第 1 章第 3 節中的討論）。例如，M1 可能知道 M2 向他提供的零件價值，可是 M2 不知道；或 M2 可能知道她的生產成本，而 M1 可能不知。在這些條件下，所有權是重要的，因為如果協商破裂則所有權會決定最後的結果，即結果是締約方的無交易報酬。此外，無交易報酬是重

要的，因為鑒於不對稱的資訊，討價還價協商破局的機率為正，因此無交易報酬將成為實際的報酬。

2. 甚至以更簡單但可能更具爭議的方法，來檢視事後效率不彰的問題是：假設沒有明顯的資訊不對稱問題，但M1和M2在時間點 1 就是無法相處的機率為正的（由於不明原因），假設在這種情況下彼此的經濟關係破裂到無可挽救。（雙方不再彼此對話並且另尋其他地方交易）。在這些情況下，所有權仍是重要的，因為它決定了在關係破裂之後，誰可以拿走哪些資產。

3. 一個相關的分析方法是假設當事者只是對使用資產的報酬持有不同的看法，而不是因機會主義作祟，因此在如何使用資產方面得不到共識，此外，談判不能解決這些差異。這種分析方法可能需要背離共同的認知，否則締約方將繼續談判直到達成協定，請參見歐曼（Aumann 1976）。然而，資產所有權仍扮演一定的角色，因為不管是誰有權確定某項資產的使用，當分歧依舊存在時，則將會行使這項權利。

所有這些方法似乎都值得未來的研究探討，最終的結果可能是出現比第 2 章所述更為豐富、更實際的整合理論，即使它可能是有些「亂」，而且是有些難以應付的理論。

附錄

訊息依賴所有權結構

在本附錄中我提出一個示例，解說為何訊息依賴（message dependent）所有權結構是有用的。有關更多在對稱資訊環境中如何利用資訊的討論，請參見馬斯金（Maskin 1985）和摩爾（Moore 1992）。

為了簡化起見，考慮M1和M2的投資選擇是離散的（投資或不投資），並只有一個資產，a*。視M1和M2為對稱的，尤其是假設每個經理人可以投資76，並且每個投資會產生100的報酬。然而，該100的報酬只有當該方可以使用資產時才會發生（否則投資是不值錢的）。所以如果雙方投資並達成如何使用該資產的協議，總收益則為200（淨報酬為200－152 = 48）；而如果M1或M2投資，並且可以單獨使用該資產則總收益為100（淨報酬為24）。如同在第 2 章所使用的陳述，假如M1進行投資，則R = r(a*) =100，r(∅) = 0；假如M2進行投資，則C = c(a*) = －100，c (∅) = 0。（如果M1不投資，R = r = 0，而如果M2不投資，C = c = 0）。請注意，任何一方都不需要對方的人力資本，來使投資獲利。

很明顯，在最佳狀態時兩個當事雙方都進行投資。然而，在一個只有一方投資的所有權結構下，假設M2擁有a*，則M1不會投資，因為

$$\tfrac{1}{2}R + \tfrac{1}{2}r(\varnothing) = 50 < 76$$

相同地，如果M1擁有a*，M2不會投資。而隨機所有權結構
並不會運作得更好，如果M1有 σ 的機率擁有a*，而M2有(1−σ)
的機率擁有a*，則雙方願意進行投資的條件為：

$$\frac{1}{2}R + \frac{1}{2}[\sigma r(a^*) + (1-\sigma)r(\varnothing)] = 50 + 50\sigma > 76 \Rightarrow \sigma > \frac{26}{50}$$
$$-\frac{1}{2}C - \frac{1}{2}[\sigma c(\varnothing) + (1-\sigma)c(a^*)] = 50 + (1-\sigma)50 > 76 \Rightarrow \sigma > \frac{24}{50}$$

但兩者都無法滿足。

現在將討論隨機所有權和選擇權所有合約的組合，可以改善
上述的安排。尤其是，雖然沒有達到最佳的結果，一方的投資會
是確定的，另一方的投資則存在不確定性（存在機率）。

考慮下面的所有權結構：M1擁有a*的機率為σ = 0.49，而
M2擁有a*的機率為0.51。然而，在時間點 1，在隨機化之前，
M2可以23的價格購買M1的所有權。不過，若（且惟若）M2試
圖行使她的選擇權，M1有權以50的價錢購買M2的所有權。（在
這種情況下M2沒有支付23）。

在如此所有權結構下，在 0 ≤ μ ≤ 1/3範圍內，存在均衡解：
M2在時間點 0 確定會投資，而M1投資的機率為 μ。

要理解這點，以下呈現在時間點 1 各種可能的事後情況：

1. M1和M2皆投資

    如果沒有收購發生，締約方的淨報酬為：

    (4A.1)　　$\pi_1 = 0.49(150) + 0.51(50) - 76 = 23$

    (4A.2)　　$\pi_2 = 0.49(50) + 0.51(150) - 76 = 25$

假如M1擁有該資產，不只他可以收到自己的報酬100，還可以套牢M2的一半報酬，所以他一共獲得150。同樣的情形適用於M2。

假如M2買了M1，M2獲得100 + 1/2 (100) −76−23 = 51，而M1獲得23 + 1/2 (100) −76 = − 3。然而，M1將藉由購入M2而獲得50，這使得M2的報酬等於50 + 1/2 (100) −76 = 24。由於這小於(4A.2)式子中的 π_2，M2不會主動買斷。

2. M1沒有投資而M2投資

如果沒有收購發生，締約方的淨報酬為：

$$\pi'_1 = 0.49\,(50) = 24.5$$
$$\pi'_2 = 0.49\,(50) + 0.51(100) - 76 = -0.5$$

在這種情況下，M2藉由購入M1而變得更好，報酬將為：

$$(4A.3) \quad \pi_1 = 23$$
$$(4A.4) \quad \pi_2 = 100 - 23 - 76 = 1$$

M1不會行使他的選擇權，因為他的報酬將為1/2 (100) − 50 = 0。

3. M1投資而M2沒有投資

如果沒有發生收購，締約方的淨報酬為：

$$\pi'_1 = 0.49\,(100) + 0.51(50) - 76 = -1.5$$
$$\pi'_2 = 0.51\,(50) = 25.5$$

在此案例M2可以透過購入M1而做得更好，報酬將為：

$$(4A.5) \qquad \pi_1 = \frac{1}{2}(100) + 23 - 76 = -3$$

$$(4A.6) \qquad \pi_2 = \frac{1}{2}(100) - 23 = 27$$

M1不會行使他的選擇權，因為他的報酬將為$100-50-76 = -26$。

4. M1與M2都沒有投資

如果沒有一方投資，每一締約方的淨收益為零：

$$(4A.7) \qquad \pi_1 = 0$$

$$(4A.8) \qquad \pi_2 = 0$$

比較(4A.1)和(4A.3)，可以看出如果M2投資則M1對於投資與不投資之間沒有分別。此外，比較(4A.2)和(4A.6)，以及(4A.4)和(4A.8)，顯示若M1投資則M2寧願不投資，而若M1不投資則M2會願意投資。這顯示是一種混合策略均衡（mixed strategy equilibrium），而這時M2的投資是確定的，M1則有 μ 的機率投資。為確保M2投資，必須要求

$$\mu(25) + (1-\mu)(1) \geq \mu(27) + (1-\mu)(0)$$

也就是$\mu \leq 1/3$，所以存在著一系列的混合策略均衡。當$\mu = 1/3$時剩餘為最大，這種均衡明顯優於那些透過確定或隨機所有權架構下的結果。

第二部

理解財務結構

本書第一部討論了當委託代理人有能力購買資產時，對他們而言擁有公司是最有效率的。接下來的第二部則放寬這個假設，並提供對公司財務決策的分析。第 5 章研究企業主為了從富有的投資者（或是一些投資者）籌集資金進行投資計畫，所簽署的最佳財務合約，而這個議題在於控制權如何在企業主以及投資者之間配置。第 6 章討論公開上市公司因擁有許多小股東，而小股東通常難以影響控制權的情況下，資本結構如何約束該公司經理人的行為。第 7 章則與本書其他章節的表達形式不太相同，該章應用了第 5 章與第 6 章的一些觀點，來研究實務上非常重要的議題──破產程序的設計。相較於其他章節，第7章並沒有模型的呈現，而分析也相當不具形式。最後，第 8 章考慮當一家公開上市公司面臨接管威脅時，投票權如何在股份之間配

置。不同於第二部的其他章節，該章重點不在於考慮債務，而是分享第 6 章與第 7 章所討論，有關在接管情況時的自動機制，是掌控公開上市公司管理階層的關鍵手段。

因為大部分有關資本結構的文獻並沒有（至少沒有明白表示）採取不完全合約的觀點，在此值得多説一些為什麼不完全合約觀點，提供了思考財務決策一個很自然而直接的方式。

在沒有訂約成本的情況下，交易過程的參與者——企業主、經理人、投資者，簽署原始的合約，而此合約涵蓋所有未來可能發生的事件。在此所有決策都已經界定的情況下，很難找出財務結構可以扮演的角色，例如債務的作用。對債務合約的簡單解釋是：同意連續支付固定的金額給債權人。若是該支付無法兌現，則債權人可以查封債務人的資產，並且決定該如何處理這些資產。然而在一個全面性的合約世界裡，債務人資產的所有使用都已經界定清楚，因此債權人並沒有做決策的剩餘空間。另就以股權來説，股權是附有投票權的索賠權，但是在一個全面性的合約世界裡，並沒有任何需要投票之處，因為並沒有任何剩餘決策必須進行。（相似地，並沒有接管機制所可以扮演的角色，而這個機制是基於有些人必須具有足夠的投票權來取得控制權的觀點）。最後，破產是一個現有索賠權不相符合的情況，但是在一個全面性的合約世界裡，這種情況是可以被預期的，並且在合約中就可將此不相符合的情形移除，因此並不需要一個正式的破產程序。

以上這些議題將在以下的章節加以闡述。

第 5 章

財務合約與債務理論

　　前幾章已經說明了，如果代理人必須對重要的資產專屬性
投資進行投資決策，或者他擁有人力資本作為使用資產的必要條
件，則他應該擁有該資產。這一章將探討，如果代理人在有限財
富並且無法全盤收購資產的情況下，會有什麼影響。在這些條件
下，該代理人將不得不從外部投資者（或一些的投資者）來籌集
資金購買資產。但這將產生一個新的代理問題，代理人可能會表
現出機會主義的行為，因而剝奪了投資者原本可以從投資中得到
的更多報酬。

　　本章將研究投資者如何保護自己來對抗這種機會主義行為。
（我將不從買方－賣方的關係出發，而是將重點放在單一代理人
和單一投資者的情形）。一種可能性是讓投資者具有對資產採取
控制權的興趣，然而，如此一來投資者可能會濫用權力；例如，
投資者可能會出售資產，而不考慮代理人從經營中所創造的好
處。它將會顯示在某些情況下，投資者與代理人簽定以下形式的
合約會是更好的，那就是代理人向投資者借錢，並答應償還固定
的金額。如果代理人履行承諾，他將保留該資產的控制權。如果
代理人無法履行合約，則控制權轉移到投資者手中。換句話說，
不完全合約和財產權的理論延伸到有限財富的情況時，可以解釋
債務資金籌措的使用。

　　本章一開始將對阿吉翁與博爾頓（Aghion and Bolton 1992）的債務不完全合約理論的領先性研究進行介紹。我認為阿吉翁－博爾頓模型（Aghion–Bolton Model）解釋了控制權的轉讓，但並沒有對標準債務合約的使用進行解釋。第 2 節將基於哈特和摩爾（Hart and Moore 1989）模型，提出更能解釋標準債務合約的分析模型。相關的分析請參見博爾頓與沙爾夫斯坦（Bolton and Scharfstein 1990）的研究。第 2 節中的模型擴展為兩個時期並假設存在完美的確定性，而在第 3 節推展到多個時期的情形，其中第 3 節的討論主要建基於哈特與摩爾（Hart and Moore 1994a）的模型。動態的分析可以更深入了解，關於債務償還期限結構和抵押品的作用，來決定是否進行籌資。第 4 節引入不確定性到兩階段的哈特－摩爾模型（Hart–Moore model）中，而第 5 節將討論多個投資者在債務人預算限制上的影響。

　　本章附錄則介紹了另一種對債務合約的分析方法：成本高昂的狀態證明（the costly state verification, CSV）模型，由湯森德（Townsend 1978）提出，並由蓋爾和赫爾維格（Gale and Hellwig 1985）進一步發展。CSV模型，是一種全面性的訂約理論，已經成為對許多研究目的極為有效的分析模型，但我必須指出它仍不能解釋一些債務的特殊之處。1　因此在本章中所敘述的

1　而且只有在相當嚴格的限制條件下，CSV模型中的最佳合約才可以被解釋為債務合約，這也是其他有關債務的全面性合約模型所面臨的問題，參見英尼斯（Innes 1990）。如果可行的合約是非常多的（如同是在一個全面性的合約世界），需要很強的假設條件下，才能達到具有簡單債務合約形式的最佳合約。

不完全合約辦法，即使仍處於初期的發展階段，在長遠來看可能更具發展性。

　　這一章討論的是一個小規模的企業主公司，也就是封閉式的公司，沒有所有權和控制權之間的分離。第 6 章將討論如何擴展到大型的公開發行公司的案例。在這一章，以及在第二部的其他章節，相對於第一部分將減少對關係專屬性投資和套牢問題影響的關注。相反地，分析的背後理念是，代理人從經營或管理資產上可能可以收到私人利益，而他並沒有足夠的財富來支付創造這些私人利益的來源（即須購買資產）的想法。

1. 阿吉翁－博爾頓模型

　　重新回到第 2 章的表達方式，將有助於介紹阿吉翁－博爾頓模型（Aghion–Bolton Model）。假設只有一種資產，a1，和只有一位經理人，M1，而這位經理人使用該項資產。並且假設必須投入 K 的開支來構建資產，且經理人沒有自己的財富。經理人／企業主尋求（富有）投資者的資金（我假定經理人如同是一位企業主，E，投資者是一位資本家，C，以及將資產視為一個專案）。如同在第 2 章至第 4 章，未來的行動表示如 $a \in A$，而此行動相當複雜以至於無法在最初的合約中明確規範。因此，將由專案所有者（可能是企業主或投資者）選擇何種行動。然而，不同於第 2 章，在此不考慮關係專屬性的投資，而該專案能夠產生兩種好處：金錢利益$y(a)$，此可查核且可簽定合約；以及企業主的私人利益$b(a)$，而此無法查核確定也無法轉移。Y 和 b 兩者皆以貨幣計算，即使 b 其實不是以錢的形式表示（b 以美元或英

鎊來衡量其效用）。所有權是很重要的，因為在選擇行動 a 時會有利益衝突，此外因為企業主的財富有限，重啟談判並不一定可以解決這些衝突；也就是說企業主可能無法賄賂投資者，來選擇能夠極大化剩餘的行動（這與第 2 章所談的，重啟談判總會帶來事後剩餘極大化的結果是剛好相反的）。

可以帶來私人利益的例子，可能是讓一位企業主希望保住家族公司生意，即使它沒有很高的利潤，或是增加企業主的消費，或是避免解雇長期雇員可能造成負面效果的情況發生。

接下來為了簡化起見，我假設合約分配所有金錢上的報酬 $y(a)$ 給 C（也就是 C 收到該專案所產生的「股利」）。因此締約方的報酬為：

$$U_E = b(a)$$
$$U_C = y(a)$$

可以越來越明顯地看出，當事者希望制定一項合約能夠賦予 E 最大的自由來追求私人的目標，並對 C 的投資有所補償。不過其他形式的安排也是有可能的，這將在本章的後半部加以討論。在此我們並且假設資訊是對稱的而利率為零。2

先考慮最佳的狀態，也就是 E 沒有財富的限制，因此可以在事後進行任意的轉移支付（side payment）。3 根據這些條件，無論誰得到控制權，各方會討價還價到總盈餘 b + y 為最高的時

2　我提出進一步的技術假設，假設 A 是一個歐幾里德空間（Euclidean space）的緊密凸子集，且 y 和 b 對 a 是連續凹面的。

候，並將使用轉移支付來分配這筆盈餘。令

$$a^* = \underset{a \in A}{\mathrm{argmax}} \; \{b(a) + y(a)\}$$

為最佳的行動（假定為唯一）。

　　現在談談次佳的狀況，也就是 E 並沒有財富的狀況，首先考慮，當 E 可以擁有並可掌控該專案的情形下會發生什麼。

E 擁有控制權

　　E 擁有控制權指的是 E 擁有投票股權（附有投票權的股票），而 C 持有非投票股權（以及所有的股利）的情況下。在沒有重啟談判的情況下，E 將解決以下的問題：

$$\underset{\alpha \in A}{\mathrm{Max}} \; b(\alpha)$$

　　問題解以 a_E 表示（假設為唯一），則在沒有重啟談判的情況下，C 的報酬為：

$$U_C^E = y(a_E)$$

　　然而，重啟談判將舉行。為了簡化問題，假設在簽署合約

3　這不是對最佳的唯一可能的解釋。最佳的也可以是指 *a* 可以事前約定的情況。在現階段，以沒有財務限制作為基準可能是更方便的權宜之計。當然，假如 E 的財富沒有限制則他可以為自己的專案融資。

時，不論是事後和事前 E 都具有所有的議價能力。4 因此 E 將提供最佳的策略選擇 a^*，作為從 C 處得到$(y(a^*) - y(a_E))$的報酬。請注意這筆支付不為負數，因為依 a^*、a_E、$b(a^*) + y(a^*) \geq b(a_E) + y(a_E)$ 和 $b(a_E) \geq b(a^*)$的定義，$y(a^*) \geq y(a_E)$。兩方當事者的報酬將會是：

$$U_C^E = y(a_E)$$
$$U_E^E = b(a^*) + y(a^*) - y(a_E) \geq b(a_E)$$

顯然，如果 $y(a_E) \geq K$，E 的控制會達到最佳的結果，因為 C 可以收支平衡且高效率的行動將被選擇。（基於 E 有討價還價的能力，如果 $y(a_E) > K$，C 將採取一次付款的方式，支付 $y(a_E) - K$ 給 E）。有趣的案例就是當 $y(a_E) < K$ 時，最佳的結果是無法達到的。在這種條件下，可能有必要讓 C 擁有控制權。

C 擁有控制權

C 擁有控制權意指 C 擁有所有的投票股權，在沒有重新談判的情況下，C 必須解決下面的問題：

$$\underset{\alpha \in A}{\text{Max}}\, y(\alpha)$$

以 a_c 表示上述模型解（假設為唯一），則在沒有重啟談判之下 C 的報酬為：

4　如果只有幾位擁有很好想法的業主，但有很多擁有資本的投資者，這是一個相當合理的假設。

$$U_C^C = y(a_C)$$

而 E 的報酬為：

$$U_E^C = b(a_C)$$

事實上將會出現沒有重啟談判的結果，原因是任何其他行動產生 y 的價值會較 a_c 為低，因此 E 無法彌補 C 來使其採取行動，因為 E 手中並沒有財富。

顯然，締約方的報酬總和，在 C 控制的情況下，將較在 E 控制下來得小，因為 a 是在極大化 y 而不是（b+y）的情況下得出的。然而，C 的報酬將會比由 E 控制的情況下來得更高。從現在開始假設：

(5.1)　　$y(a_C) \geq K$

假如(5.1)條件不滿足，則該專案不會進行。

有趣的案例是在(5.1)條件嚴格符合時，在這條件下，讓 E 和 C 擁有某機率的控制權可能是最佳的。假設 E 和 C 是風險中立，E 將有 σ 的機率擁有該專案，而 C 有(1− σ)的機率擁有該專案，而 σ 是在 C 可以收支平衡的情況下所產生的：

$$\sigma y(a_E) + (1 - \sigma) y(a_C) = K$$

隨機控制很難加以解釋，但對此模型略加修飾可以獲得更多

的意涵。5 假設從專案，y，的收入取決於可查核的狀態 θ，而該
狀態是在簽定合約之後，但是在選擇 a 之前實現的。6 （私人利
益 b 獨立於 θ）。進一步假設：

$$y(a, \theta) = \alpha(\theta)z(a) + \beta(\theta)$$

其中 $\alpha > 0$，$\alpha' < 0$，$z > 0$。最佳的合約具有以下的形式，在
截點 θ* 並且 θ>θ* 時，E 具有控制權。θ* 值的決定為當 C 可以
收支平衡時的解。解釋截點 θ* 的直覺是，鑒於 $\alpha' < 0$，高的 θ
值表示那些選擇的行動對 y 的影響相對較小（因此 E 應掌控行
動），低的 θ 值表示那些行動的選擇對 y 的影響相對較高（因此
C 應掌控行動）。值得注意的是，假如對所有 $a \in A$，$\alpha'(\theta)z(a) +
\beta'(\theta) > 0$，高的 θ 值表示的是高利潤的狀態，當高利潤時 E 擁有
控制權。然而，對所有 $a \in A$而言，如果 $\alpha'(\theta)z(a) + \beta'(\theta) \leq 0$，在
此情況下當利潤低時則 E 接收控制權。7

5　隨機控制始終不是最佳的，此分析的重點在於所有的貨幣報酬都歸 C 所有
　的合約，但如果嚴格遵守(5.1)條件，則有其他的可能性，例如 C 可以保留
　控制權但給 E 一次移轉來作為補償，金額為 $y(a_c)$ - K，則 E 可以使用此移
　轉賄賂 C 更有效率地選擇 a。這種協定的優點是：行動是確定的而不是隨
　機的，如果 b 或 y 是嚴格凹面的，這將增加總剩餘。若 $b(a) = \lambda a$，$y(a) =$
　$Y - a$，$0 \leq a \leq \bar{a}$ 和 $\lambda > 1$，則隨機控制將是最佳的（雖然不是唯一最佳），
　（在這裡 b 和 y 不是嚴格凹集，所以隨機化的行動並不會降低剩餘），請
　參閱註解 7。

6　這是阿吉翁與博爾頓（Aghion and Bolton 1992）所考慮的情況，同時可參
　閱伯格洛夫（Berglof 1994）。

對Aghion-Bolton模型的評論

Aghion-Bolton模型顯示,其中一方是財富有限的情況(沒有關係專屬性的投資),在某些特定的狀態下最佳的結果是將控制權從該締約方轉移到另一方。Aghion-Bolton模型呈現了債務融資的一個關鍵面向:控制權的轉移。然而在其他方面,該模型呈現的債務特徵並不完全令人信服。

1. 債務合約的最基本功能之一是,當債務無法支付時是什麼因素會觸發控制權移轉的想法。換句話說,債務合約具有的形式:「我欠你 P,如果我付錢則我保有對我的事業的控制。如果我無法支付,則你得到控制(或者你可以強制我破產)。」然而,Aghion–Bolton模型中的合約

7　在整個Aghion-Bolton模型的分析,我提出簡化的假設,也就是假設 C 得到所有的報酬 $y(a)$。如果放寬這種假設就會出現兩個新的問題:第一,如果 E 得到的是 μ 部分的 $y(a)$,如果他可以控制的話,則在沒有重啟談判的情況下 E 將極大化 $μy(a)+b(a)$。但如此一來可能會增加 C 在重啟談判前的報酬(也就是與重啟談判後的報酬是一樣的,因為 E 擁有所有的議價能力)。理由就是,當μ > 0時 E 在他選擇的行動上投入某些權重的貨幣報酬,而此選擇的間接效果可能大於 C 在貨幣報酬份額降低所造成的直接影響。不過,這種效應的重要性值得商榷,因為 E 的興趣是在儘量減低 C 的事後收益(假設 E 從重啟談判中獲取所有的收益)。如果 μ 可以透過改變 E 的誘因而增加 C 的收益,E 可以在事後藉由宣布他將放棄貨幣報酬的份額來抵銷這個效果,也就是交還 μ 比率的收益給 C。第二個效果可能更為重要,那就是如果 E 分享貨幣報酬,他可以使用這些報酬賄賂 C 去選擇一個更有效率的 a 行動。在某些情況下,這會增加整體的剩餘,而這已經在註解 5 中討論過。

不具有此屬性，控制權的移轉是隨機的，或者視可以證
明的狀態 θ 條件來加以移轉，而不是視無法支付的條件
而定。

2. 與此相關的是，標準債務合約具有的屬性是在債務人利
潤低的時候，控制權從債務人轉移至債權人。然而，這
不必然是 Aghion-Bolton模型具有的含義。

　　下一節將討論可以嘗試處理這些問題的模型。然而，在繼續
討論之前，應注意的是上述各項對Aghion–Bolton模型的評論可
能根本不是弱點。Aghion-Bolton模型可能比標準債務合約更可
以解釋一般的情形，因為在實務中觀察到的合約確實是更為一般
化的安排。

2. 移轉模型（根據哈特和摩爾（Hart and Moore 1989）模型）

　　我現在考慮一個模型，在此模型中 E 的私人利益來自於移轉
未來現金流量的能力。假設在採取 a 行動前存在另一個時期，在
這一時期（時間點 1），該專案賺得貨幣報酬 y_1，但對此無法查
核確定。假設 E 可以移轉或「偷」y_1，也就是 y_1是潛在的私人利
益。然而，E 可能被說服不移轉 y_1成為個人的私人利益。

　　在時間點 1 之後是否繼續該專案，在選擇 a 行動時就要加
以確定。更確切地說，假設一個行動必須決定專案資產的某一比
率，$(1-f)$，須加以清算（參見圖5.1）。清算專案的部分$(1-f)$，
在時間點 1 產生可查核的收入$(1-f)L$，並在時間點 2 產生無法查
核的收入 fy_2。8 假設 E 也可以移轉 fy_2，因此該專案的延續價值

是另一個潛在的私人利益。

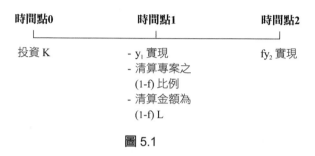

圖 5.1

　　假設 E 可以挪用 y_1 和 fy_2，當然這是相當極端的例子。但這裡要呈現的是 E 對現金流量具有自由裁量權的觀點，例如 E 可以使用這些現金只為了彰顯自己，而不是用來支付。而在 Aghion-Bolton 模型中，$(1-f)L$ 對應的是可查核的收入 $y(a)$，fy_2 則是私人利益 $b(a)$。

　　假設該專案於時間點 2 終止（屆時資產將沒有價值存在），且利率為零。同時假設業主擁有原始財富 w，且 w < K（w 可能

---

8 允許可以進行部分清算提供了在分析上的便利性，如果清算要不是 0 就是 1 的話，該模型呈現的是不連續的，這在數學上和經濟分析上會有些麻煩。雖然事後允許部分資產可以清算，但該專案事前是不可分割的。不過本分析可以很容易擴展到連續專案的情形。請注意我們假設要清算的比率 $(1-f)$ 在事前是無法約定的，理由是如果資產不是真正同質的，實不可能清楚知道清算資產的「百分之十」的意思。因此，一項合約指定 $f = \hat{f}$ 是無法強制執行的，因為它並不精確。另一種可能性是指定應清償足夠資產以實現指定的貨幣金額，但我們可能不清楚資產銷售是否將產生預期的金額，除非直到售出資產（如果到時知道金額無法實現則為時已晚）。

為零）。

在此以及下一節的分析，將考慮 y_1、y_2和 L 為完全確定的情形下進行。假設：

(5.2)　$y_2 > L$

(5.3)　$y_1 + y_2 > K \geq L$

(5.2)不等式所呈現的是，最佳效率的選擇為不進行專案清算。（所以依Aghion-Bolton的說法，最佳的行動為 $a^* = f^* = 1$）。不等式(5.3)表達的是該專案具有正的淨現值以及該資產會產生跌價的結果。

在此要注意的第一點是：沒有辦法讓 E 於時間點 2 收到的 fy_2移轉給 C。原因是雖然 E 曾答應給 C 任何 fy_2的部分，但 E 將不履行承諾而將 fy_2移轉到他自己的手中。在時間點 2 時 C 對於 E 將沒有任何影響力量，因為專案已經結束，而且資產將是毫無價值的。[9]

相反地，讓 E 將 y_1的部分支付給 C 是有可能的。在這階段，專案對於 E 來說還有些價值存在。如果不進行付款的後果是失去對專案的控制，因此 E 可能更願意進行支付。

這些提供了以下對債務合約的考慮。E 在時間點 0 借貸B $\geq$ K−w，並承諾在時間點 1 償還$\hat{p}$。如果 E 還款，他保有控制權，

---

[9] 我排除如果 E 沒有償還 fy_2則 C 可以讓 E 承認違約的情形，其中的理由是總有那麼一點不確定性的存在，讓 E 可以總是宣稱 $y_2 = 0$。

並有權繼續進行專案直到時間點 2。如果 E 沒有償還，C 有權終止該專案，在這種情況下 C 接收所有的清算收益。10

　　然而，C 有可能會選擇不行使清算權，也就是重啟談判可能發生。11　如同在Aghion-Bolton模型，假設 E 在任何事後的重新談判，與其在時間點 0 一樣，都具有所有的議價能力。

最佳債務合約的分析

　　為簡化起見，假設 E 可以在時間點 1 清算資產（沒有 C 的許可），以滿足債務支付 $\hat{p}$。12

　　由於 E 具有所有的議價能力，在時間點 1 時 C 收到的將永遠不比 L 高。13　特別是，假如 $\hat{p} > L$，E 將在時間點 1 不履行承諾，並且逼迫 C 在重新談判中降到 L 的水準。也就是說，無論在合約中如何選擇 $\hat{p}$，C 將收到：

$$(5.4) \quad P = Min\left\{\hat{P}, L\right\}$$

---

10 更複雜的合約，可以設想其中的清算收益，可以以事前確定的方式分割，允許這種情況的存在，並不會影響在完美確定的狀況下的分析。

11 假定投資者不能獨自經營並且實現報酬 y_1以及 y_2。我採取的觀點是，投資者必須雇用替代的經理人，但此同樣也可能發生移轉 y_1 和 y_2 的行為，因此投資者可以靠自己的力量做最好的選擇，將資產變現為 L。

12 不過 E 不能「偷」清算所得的收益。我同時假定 E 付給 C 的任何債務都是可加以驗證的。

13 我排除 C 可以奪取 E 的儲蓄（若$B > K - w$則 E 將有儲蓄）。

　　因為有相關的只有 P 而不是 $\hat{p}$，因此以下我將以 B 和 P 代表債務合約（這裡 P 為實際還款數），而 P $\leq$ L。

　　接下來的問題是：P 是以何種形式收到？鑑於(5.2)，E 具有盡可能以現金形式來支付 P 的誘因，並盡可能不以資產出售的方式，即清算的形式來加以支付。E 在時間點 1 的現金持有等於 B$-$(K$-$w)$+$y$_1$。因此，如果 B$-$(K$-$w)$+$y$_1 \geq$ P，E 可以以現金的方式支付所有的 P，且在時間點 1 不會發生清算。（f 比重的資產仍舊在 E 的手中，也就是該比重為 1）另一方面，如果 B$-$(K$-$w)$+$y$_1 <$ P，E 以現金支付超過 B$-$(K$-$w)$+$y$_1$，P 的其餘部分將由出售資產來加以支付；也就是 f 滿足：

(5.5)　$B-(K-w)+y_1+(1-f)L = P$

　　這兩個案例可以歸納如下：

(5.6)　$f = \text{Min}\left\{1, 1-\dfrac{1}{L}(P-B+K-w-y_1)\right\}$

　　因為 C 必須收支平衡，將選擇 B 和 P，以便：

(5.7)　$L \geq P = B \geq K-w$

　　將 P $=$ B 帶入(5.6)產生：

(5.8)　$f = \text{Min}\left\{1, 1-\dfrac{1}{L}(K-w-y_1)\right\}$

只要滿足以下兩個條件，該專案將持續進行。

第一，(5.7) 必須存在一個解，也就是：

(5.9)　$L \geq K - w$

第二，E 的參與限制式必須滿足；也就是說，E 的收益必須超過 w，他最初的財富。這最後一個條件可以寫為$B - (K - w) + y_1 - \text{Min} [B - (K-w) + y_1，P] + fy_2 > w$，其中給定$P = B$和式(5.5)，然後可以將之簡化為：

(5.10)　　$y_1 + fy_2 + (1-f) L > K$

也就是當考慮在時間點 1 發生某些清償的事實，專案有正的淨現值。請注意如果在(5.8)中 f = 1，即如果達到了最佳結果，(5.3)意涵著自動滿足(5.10)的條件。[14]

即使在完美確定的情況下，兩階段的模型還是非常簡單的，但它仍呈現了一些有趣的性質：第一，雖然該專案可能會繼續下去，但在均衡路徑上仍有清算的可能：在(5.8)中如果 f < 1，這將會發生，也就是如果$K - w > y_1$。第二，一些好的專案可能得不到

[14] 為了簡化起見，我假設 E 在債務談判中具有所有的議價能力，此分析的主要特點可以應用於 C 具有一些討價還價能力的情形，但詳細的內容會有些不同。C 的事後報酬現在取決於 y_2以及 L，因為 C 可以使用她的議價能力來獲得部分的 y_2。關於這一點，請參見哈特與摩爾（Hart and Moore 1989,1994a）。

資助。（當(5.9)或(5.10)條件不滿足時這種情況將會發生）。第三，如果L＞K－w，對(5.7)存在一系列的解決辦法，因此存在一系列的最佳債務合約。尤其是，雖然 E 只要求(K－w)的金額來資助專案，但他可以融資直到 L 的水準（我將會在下一節對於這種多重性的說法討論的更多）。

例 1 和例 2 說明了兩種低效率的情況：在時間點 1 時的事後效率不彰，和在時間點 0 時的事前效率不彰的情形。[15]

示例 1：假設K = 90，w = 30，y1 = 50，y2 = 100，L = 60。

設B = P = K－w，也就是 E 借60，並承諾在時間點 1 償還60。E 以現金支付的形式償還其中的50，剩下的10以資產銷售的方式償還（他將1/6的資產變現），在此情況下，無法達到最佳的結果。

在此值得對造成示例 1 的低效率原因進行討論，資產價值共為100但變現的只有60。因此，在最佳的狀態下不會發生清算：E 會說服 C 要延遲她的債務，並且在時間點 2 支付10。在次佳狀態之下，這種安排的問題是 E 的承諾不可信。不管 E 在事前說了什麼，C 都知道在時間點 2 時 E 將不履行承諾，並直接獲取100。因此 C 將採取不具效率的方法，也就是清算，因為這是她可以還款的唯一選擇。

---

15 此兩種效率不彰的類型也出現在Aghion-Bolton模型中。

示例 2：假設K = 90，w = 30，y1 = 100，y2 = 50，L = 30。

此專案顯然是有利可圖（它的投資成本為90但卻可產生150的收益），在最佳的狀態時將會得到融資資助，但在次佳的狀態之下就不會。原因是 C 要求60的貢獻，但 C 可以在時間點 1 獲得最高的償還是30。此外，即使 C 具有所有的議價能力，E 在時間點 1 的支付將不會超過50，因為在這個階段資產的價值只有50。基於此，C 將拒絕參加。

在示例 1 之所以會發生低效率的原因是因為，E 無法承諾將第二個階段的報酬y_2給予 C（以補償 C 同意不在時間點 1 將任何資產變現）。在示例 2 中，會產生效率不彰的原因是因為 E 不會承諾將第一階段的報酬y_1給 C 的緣故。

3. 多階段模型

在上述模型中無法考慮長期債務的角色，因為時間點 2 的報酬fy_2往往會加以移轉，而時間點 2 的債務償還是零。然而，長期債務在多階段模型裡變得可能。這一節描繪了一個延伸的多階段模型；另一個更詳細的模型（儘管略有不同）可以在哈特和摩爾（Hart and Moore 1994a）的論文中找到。[16]

時間點0	時間點1	時間點2		時間點T−1	時間點T
投資 K	- y_1 實現	- y_2 實現	- - - - -	- y_{T-1} 實現	- y_T 實現
	- 清算 L_1？	- 清算 L_2？		- 清算 L_{T-1}？	- 清算 $L_T = 0$？

圖 5.2

　　繼續假設完美的確定性和利率為零。考慮成本為 K 而報酬
為y_1，y_2，……，y_T的專案，如圖5.2所示。專案可以在時間點 t
被清算，其清算價值為L_t，t=1，2，……，T−1，而在時間點 T
時價值為零。設$L_0 \equiv$ K，並假設$L_0 \geq L_1 \geq L_2 \geq \cdots\cdots \geq L_{T-1}$（也就
是資產折舊）。此外假設以下概括了(5.2) – (5.3)而為：

$$(5.11) \quad \sum_{\tau=t+1}^{T} y_\tau > L_t \quad \text{for all } t = 0,\ldots,T-1$$

(5.11)條件式說明了在每個時間點會關注該專案之價值應該要超
過其清算價值（包括專案的一開始）。

　　因為有完美的確定性，若只專注在合約不會重啟進行談判，
（也就是毀約永遠不會發生的情況並不會失去一般性的應用。[17]

---

16 哈特與摩爾（Hart and Moore 1994a）發展出動態的債務理論，其假設 E 可
　以選擇退出，也就是從該專案撤出他的人力資本，而不是選擇奪取專案的
　報酬。E 可以使用這種威脅，迫使 C 做出讓步，所以 E 可以從專案中接收
　未來很大一部分的現金流量。（哈特和摩爾（Hart and Moore 1994a）之模
　型以及在本書第一部使用的模型之間是密切相關的，本書也假設在時間點
　1 時經理人可以撤回人力資本）。Hart-Moore模型具有一些優點：第一，
　在許多方面，撤銷的假設比轉移的假設更具吸引力。第二，該模型本身適
　合連續模型的設計，也很容易納入 C 擁有一些討價還價能力的想法。然
　而，它很難考慮不確定性的情形，因為我想要處理不確定性，至少簡單地
　說，我選擇了轉移模型。

17 證明部分請參見哈特與摩爾（Hart and Moore 1994a）。這個想法是，假設
　在時間點 t 重新談判發生在均衡狀態，則在時間點 0 時取代從時間點 t 重
　啟談判的部分合約；這產生一個重啟談判（或不會違約）的合約。

為簡單起見，分析重點在於最佳狀態的實現，也就是在均衡狀態不會出現清算的情況。考慮一個指定的還款路徑（P_1, P_2, ……, P_{T-1}, 0）的合約。（不失一般性，P_T可設等於零，因為 E 將轉移時間點 T 的報酬）。然後，由於 E 具有所有討價還價的能力，E 在時間點 1，……，T−1不會違約的條件為：

$$(5.12) \quad \sum_{\tau=t}^{T} P_\tau \leq L_t \quad \text{for all } t = 1,...,T$$

也就是在任何時間點未償還的債務總額不能超過該專案的清算價值。[18]

　　它還必須在 E 有能力償還債務P_1，……，P_{T-1}的情形下，這樣的條件為：

$$(5.13) \quad B - (K - w) + \sum_{\tau=0}^{t-1} y_\tau - \sum_{\tau=0}^{t-1} P_\tau \geq 0 \quad \text{for all } t = 1,...,T,$$

　　其中$y_0 \equiv P_0 \equiv 0$，也就是為該專案借來的金額，再加上來自該專案的現金總流量，必須至少不少於累積的債務償還款。基於$B = \sum_{\tau=0}^{T} P_\tau$（此是 C 收支平衡的限制條件），(5.13)可重寫為：

$$(5.14) \quad \sum_{\tau=t}^{T} p_\tau \geq (K - w) - \sum_{\tau=0}^{t-1} y_\tau \geq 0, \quad \text{for all } t = 1,...,T,$$

---

18 如果(5.12)條件無法滿足，E 將不履行承諾並重新談判將債務降到L_t，有關此之證明相當複雜並使用了歸納論證的分析，請參閱哈特與摩爾（Hart and Moore 1994a）。

結合(5.12)和(5.14)得出實現最佳結果的必要和充分條件為：

$$(5.15) \quad K - w - \sum_{\tau=0}^{t-1} y_\tau \le L_t \quad \text{for all } t = 1, \ldots, T,$$

此可重寫為：

$$(5.16) \quad w \ge K - \underset{t=1,\ldots,T}{\text{Min}} \left(L_t + \sum_{\tau=0}^{t-1} y_\tau \right)$$

一般情況下，會有一系列的還款路徑滿足(5.12)與(5.14)的條件（就如同在兩階段模型）。（甚至有更多的債務合約可以維持這些償還路徑，包括那些在均衡路徑上進行重新協商，例如，回購大量短期債務的合約）。特別是有一個最快的還款路徑，也就是 E 在每個時間點（包括時間點 0）的未償債務是最小的；最慢的償還路徑，在每個時間點 E 的未償債務是最大的；而其他的合約則在這兩者之間。最快的還款路徑在給定B= K−w之下，對所有 t 而言為：

$$(5.17) \quad P_t = \begin{cases} y_\tau & \text{if } \sum_{\tau=1}^{t} y_\tau \le K - w, \\[2mm] K - w - \sum_{\tau=1}^{t-1} P_\tau & \text{if } \sum_{\tau=1}^{t} y_\tau > K - w. \end{cases}$$

也就是，E 盡可能少借並且盡可能快的償還。19 最緩慢的還款路徑為在給定$\bar{B} = L_1$，以及

(5.18)　$\overline{P}_t = L_t - L_{t+1} \equiv l_t,$　$t = 1, \ldots, T-1.$

這裡 l_t 為該專案在時間點 t 和時間點 (t+1) 之間的資產折舊，也就是 E 盡可能借多並且盡可能緩慢地還款。（在每個時間點 E 的總負債是L_t；記得負債不能超過L_t，否則 E 將毀約）。

還款路徑可以提供對 (5.16) 條件的一些直覺解釋。為簡單起見，假設儘管該專案報酬 y_t 可以在一開始就小於折舊 l_t，一旦報酬超過折舊（這最終必須由 (5.11) 決定），在隨後的所有階段報酬都會超過折舊，換句話說：

(5.19)　當 $t \leq t^*$，存在 t^* 使得 $y_t \leq l_t$，以及當 $t > t^*$，$y_t \geq l_t$

很容易看出，當$t \leq t^*+1$，$L_t + \sum_{\tau=0}^{t-1} y_\tau$遞減，而在 $t \geq t^*+1$ 時遞增，並且在 $t = t^*+1$時達到最低值M。在這種情況下要理解 (5.16)，請注意沿最慢還款路徑 E 借款 L_1，並且以 l_t 的速度還款。在時間點 t^*之前，E 的現金流量 y_t 低於 l_t。E 怎麼支應還款呢？答案是 E 必須將原初借款的一部分放在（私人）的儲蓄帳戶，以支應短缺的部分 $(l_t - y_t)$。必要的儲蓄帳戶規模為：

$$\sum_{\tau=1}^{t^*} \left(l_t - y_t \right)$$

---

19 在哈特和摩爾（Hart and Moore 1994a）的文章中，速度最快的還款路徑的定義稍有不同。它假定 E 償還其債務之後仍繼續支付 y_t 給 C，然後在時間點 T 從 C 處接收一次的轉移，在此我忽略了這種可能性。

此暗示剩下的L_1（初始貸款）可以用來購買專案資產，債務能力（the debt capacity）為：

$$L_1 - \sum_{\tau=1}^{t^*}(l_t - y_t) = L_{t^*+1} + y_1 + ... + y_{t^*}$$
$$= \underset{t=1,\cdots,T}{\text{Min}}\left[L_t + \sum_{\tau=0}^{t-1}y_\tau\right]$$
$$\equiv M$$

換句話說，E 必須從初始的財富 w，對(K − M)的差距進行融資。而這正是(5.16)告訴我們的。

正如以上所指出的，存在著連續可行的還款路徑。但一旦考量（合理數量的）不確定性，多重性（多重選擇）通常會消失（請參見第 4 節）。另一種打破多重性的方式是，假設 E 和 C 有超出專案所可以提供的再投資機會。例如，假設 E 可以將額外的錢在利率為正的情況下再行投資（包括從該專案而來的現金流量），而在市場利率為零的情況下 C 可能再次投資。相當容易可以看出唯一的最佳還款路徑會是最慢的那一個，原因是這將賦予 E 最大的能力再行投資，並有益於總盈餘的增加。另一方面，如果 C 可以在正的利率之下再投資，而 E 面臨的利率為零，則唯一最佳還款路徑會是最快的那一個，因為這給了 C 再行投資的最大能力。有關詳細之資訊請參見哈特與摩爾（Hart and Moore 1994a）。

在沒有再行投資的情況下，(5.16)至(5.18)的條件可以用來進

一步深入了解何種的專案將可獲得融資，以及有關還款路徑的決定因素。

　　定義 1：如果對於所有 $1 \leq t \leq T-1$ 而言，L_t 是增加的，則資產壽命將變得更長或更加持久。

　　定義 2：如果對於所有 $1 \leq t \leq T$ 而言，$\sum_{\tau=1}^{t} y_\tau$ 是增加的，則該專案報酬將提前確定。

　　請注意第二個定義對於 $\sum_{\tau=1}^{T} y_\tau$ 而言也是符合的，也就是說，雖然報酬能更快實現，該專案的總價值可能是固定的。

　　現在可更便於使用(5.16) – (5.18)來建立以下的論述：

A. 如果專案資產變得更加耐久，那麼該專案更有可能進行（對所有 t 而言，(5.15)的右邊式子增加，因此(5.16)的右邊式子減少），最慢的還款路徑變得更慢（對所有 t = 1，……，T，$\sum_{\tau=1}^{T} \overline{P}_\tau$ 減少）。

B. 如果專案報酬提前實現，那麼該專案更有可能進行（對所有 t 而言，(5.15)的左邊式子減少，因此(5.16)的右邊式子減少），最快的償還路徑變得更快（對所有 t = 1，……，T，$\sum_{\tau=1}^{T} \underline{P}_\tau$ 增加）。

　　作為這一節的結論，考慮一些有關債務合約和期限結構決定因素的實證證據是非常有用的。[20] 實證證明長期貸款常用於房地產、租賃物的改善、機械設備等等。此外，長期債務通常用於

所有物：房地產抵押貸款。另一方面，短期貸款傾向於用在周轉資金的目的上，例如薪金需要、庫存的經費籌措，以及平滑季節性失衡。此外，由資產組成的抵押品通常用於，例如存貨或應收帳款。21

此分析符合實證證據，分析顯示假如資產是長期的，他們將支援長期債務，房地產和機械等高度耐用的資產就是明顯的例子。相反，如果資產是較短期的，例如庫存（即無法保持價值或相對容易加以處置者），或應收帳款，則債務可能是短期的。

對短期融資的證據也與結果 B 符合，也就是報酬速度越快，債務的期間越短（在最快還款路徑的情形）。公司為薪金、為採購庫存或為了平滑季節性失衡需求籌錢，通常是報酬可以較快實現的公司。

也有證據顯示業主將「股東權益」（equity）放入自己專案的金額，以及抵押的資產價值，是決定是否融資該專案的重要因素。22 這一結論或許並不稀奇，根據(A)的結果以及 w 是確定(5.16)條件是否滿足的重要變數來看，這正好符合本模型所示。

---

20 有關更多詳細的論述，請參閱哈特和摩爾（Hart and Moore （1994a））。

21 請參見鄧克爾伯格與史考特（Dunkelberg and Scott 1985 :表6, 7, 10, 12, 13）以及丹尼斯等人（Dennis et al. 1988 :表3.11）。

22 請參閱定期在商業銀行貸款期刊（Journal of Commercial Bank Lending）刊登的熱門專欄 「貸款給……」（Lending to ...）。此外請參考鄧克爾伯格與史考特（Dunkelberg and Scott 1985:表1, 2, 12, 13），丹尼斯等人（Dennis et al. 1988:表3.7），以及史慕冷等人（Smollen et al. 1977: 21）。更正式的有關債務水準決定因素的實證研究，請參閱隆恩與馬利茲（Long and Malitz 1985）以及惕特曼與韋素斯（Titman and Wessels 1988）。

最後，本模型可以解釋傳統的從業人員的智慧看法：「資產應與負債搭配」（assets should be matched with liabilities）。更準確地說，它已被證實負債（也就是償還債務P_1, P_2,……, P_T）應搭配報酬流量（y_1, y_2,……, y_T）（在最快還款路徑的情況時），或是搭配折舊率（l_1, l_2,……, l_{T-1}）（在最慢還款路徑的情況時）。[23]

我的意思不是說上述的證據很難加以解釋，或者是說其他的理論無法解釋它。不過，它也許是這個模型的一個賣點，也就是簡單而可追蹤，它可用於了解有關期限結構的基本事實。

4. 不確定性的情況

第 2 節與第 3 節呈現了完美確定性（沒有再行投資的機會）的情況，存在一連串可行的還款路徑，甚至更多類型的最佳債務合約。減少或消除無法從中取決問題的一種方法是引入不確定性。不幸的是，對於不確定性的情況還未有很好的理解，因此我將只簡短地加以討論。（這一節是根據哈特與摩爾（Hart and Moore 1989）的文章而來）。

回到兩階段的模型（第 2 節）。假設變數 y_1、y_2 和 L 在時

---

23 這裡有一個重要的提醒，這裡的分析著重在均衡還款路徑上。如前所述，在一個可以不失一般性的形況下，在確定性模型中可以側重於沒有重啟談判的債務合約。然而，其他可以重啟談判的合約，也可能產生相同的跨期分配，例如合約由大量的短期債務組成並且依期購回。因此，以實證證據的分析來看，此分析其實解釋的是還款路徑的到期結構，而不是債務合約本身的到期結構。

間點 0 時並不確定，但在時間點 1 時各方都可認知到這些變數。
（假設整個過程都是在資訊對稱的情況下）。然而，雖然 y_1、y_2
和 L 是可觀察到的但卻是無法查核驗證的，所以無法撰寫狀態依
存債務合約（state-contingent debt contracts）。此外，假設當事
雙方皆是風險中立者。以下為(5.2)–(5.3)的一般化表達：

(5.20)　$y_2 \geq L$　機率為 1

(5.21)　$E\left(y_1 + y_2\right) > K$

（這裡 E 表示的是期望運算因子）。

債務合約以$(B, \hat{P})$表示，其中$B \geq K-w$為借款金額，$\hat{P}$ 為在
時間點 1 時所欠的金額。因為所有的不確定性是在時間點 1 時解
決的，因此方程式(5.4)和(5.6)仍然適用。C 收支平衡的條件為：

(5.22)　$E\left[\text{Min}\left\{\hat{P}, L\right\}\right] = B$

此為對 L 之期望值運算。E 會參與的條件是$E\,[B-(K-w)+y_1-\text{Min}\,(B-(K-w)+y_1，P)+fy_2] > w$，其中$P = \text{Min}\{\hat{P}, L\}$。給
定(5.16)和(5.22)條件下，此可以簡化為：

(5.23)　$E\left(y_1 + fy_2 + (1-f)L\right) > K$

也就是當考慮一些清償會發生在時間點 1 的事實，該專案具
有正的預期淨現值。另一種理解(5.23)的方式是，E 的報酬（其

原始財富 w 的淨額）加上 C 的淨報酬，等於專案的預期淨現值；因為 C 收支平衡，E 的（淨）報酬為$E[y_1 + fy_2 + (1-f)L] - K$。

我現在提出兩個例子說明。在第一個例子中，最佳的設定在於$B = K-w$。在第二個例子中，最佳的設定在於$B > K-w$。這些示例與確定的情況時是剛好相反的，在確定的情況下，$B = K-w$和$B > K-w$通常是兩個最佳的結果（如果$L > K-w$）。

示例 3：假設$K = 90$，$w = 50$和兩個可能的狀態：

狀態 1：$y_1 = 50$，$y_2 = 100$，$L = 80$。
狀態 2：$y_1 = 40$，$y_2 = 100$，$L = 30$。

考慮合約$B = K-w = 40$和$P = 50$。在狀態 1 下，E 支付50。在狀態 2，E 會重啟協商並將付款降到30。C 的平均報酬為40，因此 C 收支平衡。在這兩個狀態下 $f = 1$，即達到最佳的結果並且沒有效率不彰的問題。

現在考慮$B = 40 + \alpha$ 和 $\alpha > 0$的合約，在狀態 1 下 C 將完全償還（只要$\hat{P} \le 80$），但在狀態 2 只能收到30。因此，為了能讓 C 收支平衡，$\hat{P}$ 必須等於$50 + 2\alpha$。（C 因此可以收到$1/2(50 + 2\alpha) + 1/2\ 30 = 40 + \alpha$）。但在狀態 1 時，E 的財富只有$50 + \alpha$（50為專案的收益再加上自時間點 0 保留的 α），所以在狀態 1 時將會發生清算而無法達到最佳的結果。

下面的例子顯示當$B > K-w$ 時可能是最佳的。

示例 4：假設K = 20，w = 10，以及兩個可能的狀態:

狀態 1：$y_1 = 0$，$y_2 = 20$，L = 20。
狀態 2：$y_1 = 0$，$y_2 = 40$，L = 10。

現考慮B = K−w = 10，$\hat{P}$ = 10的合約。在這兩個狀態下，C從清算中接收10。（E 沒有現金）。在狀態 1 時，f = 0.5。在狀態 2 時，f = 0。E 的預期報酬等於E(fy_2) = 0.5 (0.5) 20 = 5。

現在考慮合約 (B, $\hat{P}$)，其中B > 10 和 $\hat{P}$ ≤ 20。在狀態 1 時 C將收到 $\hat{P}$，在狀態 2 時收到 10，C 收支平衡 ($\hat{P}$ = 2B−10)。在狀態 1 時 E 支付超過B−10（他剩餘的財富），而 f = 1−B/20（所以 B 是銷售資產而得的）。在狀態 2 時 E 支付超過B−10，而 f = (B−10) / 10（所以20−B為出售資產而得）。C 收支平衡而 E 的預期收益= E (fy_2) = (1/2)(1−B/20)20 + (1/2) [(B−10) / 10] 40 = 3B 2−10，當B = 15時達到最大值。（在此 $\hat{P}$ = 20）。因此最佳的合約是B = 15，$\hat{P}$ =20，E 的預期報酬為 12.5。

基本上，這裡說明了 E 在時間點 0 時若有一些財富留下，那麼這將允許他在時間點 1 時「購回」資產，從而大大減輕了在狀態 2 下效率不彰的問題。（基於 $y_2 = L$，在時間點 1 時清算並不重要，這不會造成社會成本）。

未來的研究應該探討在不確定性情況下最適的債務合約的一般性質，而困難之處是它是否應局限在合約的形式 (B, $\hat{P}$) 上，似乎並不是很明確。例如，若 E 接收某些部分的清算收益來鼓勵 E 與 C 以「更有效率的方式」重啟談判，可能是最佳的安排。24

另一個想法是，讓 E 擁有該專案，但賦予 C 有權在指定的價格選擇購買 E。25 對未來的研究而言，釐清當不確定性存在時的可行合約是重要的，不過很難。

5. 多位投資者和強化預算約束力

　　到目前為止的分析都只考慮只有一位投資者的情況，但在現實生活中往往會有多位。這可能是因為，沒有投資者是擁有豐厚的資金可以獨自提供該專案的融資資金，或者因為沒有投資者願意獨自承擔融資的風險（如果投資者是風險趨避者）。但是有多位投資者的另一個原因是：強化對 E 的預算約束力。26

　　要理解這種想法，在此先返回到第 2 節與第 4 節的兩階段模型。在一位投資者的情況下，即使他可以支付他的債務，業主可能會選擇違約不還款，以便能夠重啟談判債務並將支付降到 L。不幸的是，這種違約策略可能會造成事前不希望發生的影響後果。尤其是，它對投資者從該專案得到的報酬設了一個上限，並且可能阻止投資者在某些專案上的融資。27

24 這種想法是由黑瑞斯與拉維夫（Harris and Raviv 1995）所加以發展的。

25 例如，假設K = 300，w = 260，以及三種狀態。在狀態 1 時（機率為 1/10），$y_1 = 10$、$y_2 = 200$、L = 105。在狀態 2 時（機率為2/5），$y_1 = 10$、$y_2 = 20$、L = 80。在狀態 3 時（機率為1/2），$y_1 = 50$、$y_2 = 200$、L = 200，則（B, P）合約並不能達到最佳的結果。然而，以下的選擇權所有合約則可以達成：E 將260投入專案並且在所有狀態下都是所有者。然而，C 擁有以120購買專案資產的選擇，根據此種合約，C 將在狀態 3 行使她的選擇權，而且清算的行為將不會產生社會成本，此外 C 在此合約下收支平衡。

26 強化預算約束力的概念是由柯爾奈（Kornai 1980）提出。

　　在文獻中有些學者已經指出，多位投資者可能會使違約策略不那麼具有吸引力（可參考如博爾頓與沙爾夫斯坦（Bolton and Scharfstein 1994）的文章）。[28] 其基本的想法是，多位投資者可能讓重啟談判更不容易進行，因為搭便車、套牢問題加上資訊不對稱，促使企業主可能傾向單純地選擇支付 P，即使P > L。

　　要理解這一點的簡單方法是，考慮該案件有 N 位投資者，每位擁有P/N。假設 E 違約並以下的方式，「不接受就拉倒」（take it or leave it）來建議投資者：「我建議至少你們有 M 位可以同意降低債務到（略高於）L/N，否則破產和清算將接踵而至。」而每位投資者理性因應如下：「我若決定減免債務，對於同意減免的關鍵數 M 而言並不是關鍵的。（只要少量的干擾，任何投資者成為關鍵投票的機率，當N→∞時顯示將趨於零，這裡假設M/N介於 0 和 1 之間）。若我認為至少 M 位投資者會減免，我最好是不寬容，因為 E 必須付給我全額的P/N。如果我想關鍵數 M 位投資者將不會寬恕減免，當然我若寬恕則絕對沒有任何好處，還可能造成不利，我的破產索賠會是L/N而不是P/N。」

---

27 以第 2 個例子為例，但假設$y_2 = 70$。在沒有重啟談判的情況下，債務合約償還P = 60，並且達到最佳的結果：E 可以負擔還款並且寧願還款而不願清算，而 C 則可收支平衡。相較之下，E 將違約並且逼迫 C 將金額降到 30，而 C 在此預期下將拒絕為該專案融資。

28 另一個相關的想法呈現於德沃特里龐與馬斯金（Dewatripont and Maskin 1990）的研究。

　　基於上述的邏輯，沒有債權人將接受 E 的提議，E 嘗試減少
債務的行動將會失敗。而更甚者，E 將支付全部的欠款 P。[29]

　　不幸的是，數量甚多的債權人造成的不僅是對違約策略的嚇
阻，也嚇阻了具正面意義的重新談判。考慮第 3 個示例，在狀態
2 中 E 無法支付他的50債務。在沒有重新談判之下，清算會發
生，而所造成的社會成本為$y_2 - L = 70$。重新談判可以讓債務降
至30，並取得一個更高效率的結果。然而，它可能難以說服多位
的債權人將債務從50減少到30，原因類似於上述所討論者。每個
債權人會爭辯說，她即使決定減免也可能無法確定她的這個舉動
是否是重啟談判成功的關鍵。如果債權人期望其他足夠的債權人
可以減免，那麼對他而言還是選擇不減免比較好（也就是套牢或
搭便車），因為這樣她可以獲取50/N的全額支付。另一方面，當
然沒有任何理由在重新談判失敗時採取減免的行動，因為每位債
權人都以相同的方式認為，結果從整個社會層面來看，理想的重
新談判就這麼失敗了。[30]

---

29 有關將此想法模型化的研究，請參閱阿嘎沃（Aggarwal 1994）、戈納
　　與夏夫斯坦（Gertner and Scharfstein 1991）、霍姆斯特姆與內勒巴夫
　　（Holmstrom and Nalebuff 1992）、毛勒斯與普斯特李威（Mailath and
　　Postlewaite 1990），以及羅伯（Rob 1989）。業主可能採取的策略之一
　　是，提議要求一致接受他的提議，即設M＝N，從而使每一名債權人都
　　是關鍵的一票。不過，要許多債權人一致是很難實現的：它只要一位的
　　（「瘋狂」）債權人與其他人有不同的想法（例如債權人可能會認為專
　　案的清算價值遠超過 L），或是透過不同的議程，就能打敗一致同意的提
　　議。

　　所以存在多位投資者的情況會造成成本但也帶來效益。多位投資者的好處在於對違約策略的嚇阻，但對重新談判卻也造成不利的影響。31　考慮這些優缺點，或許可以發展一種最適的債權人數量的理論。32

　　到目前為止，我已考慮多位投資者提供相同索賠的情況。

---

30 實務上，債務的重啟談判不是總是失敗的，不過基爾森等人（Gilson et al. 1990）的一項研究，針對在紐約與美國證券交易所（New York and American Stock Exchanges）掛牌，並且在1978-87年期間發生嚴重財務危機的公司進行的研究顯示，超過50％的公司最後還是失敗了，而債權人人數越多者似乎越容易失敗。同時請參見基爾森（Gilson 1991）以及阿斯奎思等人（Asquith et al. 1994）的研究，有關財務窘迫的調查請參見強恩（John 1993）。促使債務談判更容易的一種方法是，在最初的債務合約中規定只要多數債權人同意則可以減少債務水準（即多數人的意見約束少數人之意）。（結果是美國1939年信託合約法（Trust Indenture Act of 1939）規定，在美國若對公共債務採取如此之舉動是違法的）。這種安排的問題是，當有大量的債權人時，沒有個別的債權人有強烈的動機「聰明」地（也就是花費收集有關該公司的財務狀況）投票，或者甚至是投票了，她的投票也不太可能影響結果。因此，無法確信債權人有此能力可以區別非自願的違約（此時應鼓勵債務免除），以及應該加以制止的策略性違約之間的不同。

31 有關對多位債權人將遏制違約策略的討論，我假定如果 E 被清算，則他將失去對專案的控制權。然而，違約債務人在資產清算出售交易中買回專案（近於 L）並非罕見。如果 E 可以選擇這個策略，則他面臨的是較寬鬆的預算約束，而不論有多少的債權人。

32 在槓桿收購（leveraged buy-out）交易的情況，增強預算約束力帶來的益處可能大過於發生的成本。在這些交易中購買一家公司，往往由現任管理階層透過對投資者發行大量的債務來進行。這種交易的功能是，管理階層有強烈的動機來努力工作，因為如果他們不這樣做就有可能破產。槓桿收購交易在1980年代的美國特別受到歡迎（請參閱傑森（Jensen 1989））。

另一個有趣的研究，如德沃特里龐與悌若爾（Dewatripont and Tirole 1994）和伯格洛夫與瓦契頓（Berglöf and Thadden 1994）等的研究，著重在多位投資者與不同類型索賠之下的分析。以下將對此簡要介紹。

6. 相關文獻

與上文直接或間接相關的財務訂約文獻可謂相當可觀，不幸的是，在此限於篇幅而只能提及少數的貢獻者與研究主題。文中曾提及博爾頓－沙爾夫斯坦（Bolton-Scharfstein 1990）的研究，而本書發展的模型在許多方面類似於哈特－摩爾（Hart-Moore 1989）的模型；主要的區別在於對無法償還債務的處罰是債權人扣押未來的財務而不是清算現有的資產。[33]　我也提到唐森以及蓋爾－赫爾維格（Townsend and Gale-Hellwig）有關高代價驗證狀態的模型，有關此之詳細分析請參見本章之附錄。CSV模型是基於全面訂約的觀點，但同時分享了哈特－摩爾模型以及博爾頓－沙爾夫斯坦模型的看法，也就是債務人支付他的債務，只是因為不如此的話他將受到懲罰。

雖然本章之大部分的分析關注的是債務水準而不是債務到期日結構，不過本章卻也研究了在報酬和清算價值確定的特殊情況下的還款路徑架構。有關債務到期結構略為不同的分析，請參見戴蒙（Diamond 1991）一些有趣的研究。戴蒙以一個兩階段模

---

33 內爾（Neher 1994）探討了在一個新創事業投資動態模型下，債權人可以透過保有未來財務的做法來要脅債務人。

型，結合了資訊不對稱和不完全合約的觀點，分析短期和長期債務之間的抵換關係。他認為假如企業主知道專案是有利可圖的，則企業主會以短期債務融資，當之後有新資訊時再重新融資，而如果企業主知道專案是無利可圖的，則他將使用長期債務。原因是，高品質（high-quality）的企業主準備承受的風險是，萬一有關該專案獲利能力的新資訊是不利的，該專案將得不到重新的融資，而低品質（low-quality）的企業主則不準備承擔這種風險。34

　　戴蒙分析方法的一個好處是明確點出了最佳合約以及最佳的還款路徑。（相較於在第 3 節中完美確定的模型分析，存在許多的最佳合約，其中大部分是沿著均衡路徑進行談判）。然而，並不清楚若將該模型延伸至多時期模型是否是容易的。

　　本章簡要地考慮了多位投資者在加重利用預算來約束業主方面所扮演的角色，而本分析考慮的是債權人都是同質的情況，另一種可能性是考慮投資者有不同索賠權的情況。兩篇很有意思的論文探討了這個主題，分別是德沃特里龐與悌若爾（Dewatripont and Tirole 1994），以及伯格洛夫與瓦契頓（Berglöf and von Thadden 1994）。狄瓦垂朋與泰羅提出了一個有關公司利潤可加以驗證但公司主的努力卻無法驗證的一個模型。他們認為兩個外部投資者以不同比例持有債權和股本是最佳的結果。（債權持有者與股份持有者之間的區別在於他們對於可查核的利潤擁有不同

---

34 有關代理人可以使用其擬訂的合約來傳遞他的屬性的訊息，也可見於阿吉翁與博爾頓（Aghion and Bolton 1987）和赫曼霖（Hermalin 1988）的研究。

的索賠權）。基本的觀點是，如果這兩個投資者持有相同比例的債權和股本，投資者將會對業主過於軟弱，也就是他們不會有足夠的干預介入。尤其是，如果第一階段的利潤較低時，他們不會清算公司，因為持續經營的價值可能會超過清算的價值（如同股東，他們看到了可能帶來的收益也看到了可能的損失）。相反地，如果一位投資者持有債權而公司在第一個期間違約了，控制權現在轉移到這位投資者，她將會急於清算（因為她看不到持續經營可能帶來的好處）。其結果是，企業主將被迫作出讓步，也會有強烈的動機來避免違約。

伯格洛夫與瓦契頓的研究，顯示了類似的分析來解釋，為什麼一個公司的短期和長期債務應分配給不同的投資者。在其分析中，短期債權人扮演了在狄瓦垂朋與泰羅的模型中激進的債權人的角色，而長期債權人則扮演了被動股東的角色。

我以兩個未來研究的方向來結束本章。第一，本章討論的模型以相對簡單的方式描繪了股權。一家公司的利潤是無法驗證的，在這種情況下股權持有者收到的只是因為她有套牢業主能力的報酬。（例如，在哈特和摩爾（Hart and Moore 1989）模型中，如果 $\hat{P} = \infty$，實際上擁有資產的投資者，在時間點 1 時協商明確的付款以換取不被清算），或該公司的利潤至少在一定程度內可以查核（如同Aghion-Bolton模型），在這種情況下投資者的報酬可以在合約上指定付款的形式。在實務上，股權持有者經常得到可觀的以股利來呈現的報酬，而此股利既不是明確談判而來，也不是由合約來加以指定。（股利是由經營階層酌情支付的）。若能延伸本章來解釋這類股利支付的分析將是非常可取

的，並可以提供股權融資（equity finance）更有趣的角色。（第6章提供了有關股權融資的進一步討論）。

第二，本章所發展的模型具有局部均衡的性質，除此之外，視專案資產的清算價值為外生的。然而在現實中，清算價值，也就是專案資產的轉售價值，將取決於其他業主和投資者的財政狀況，因為他們都是對該公司資產的潛在買家。由此產生的互動和回饋效應亦曾在兩篇非常有趣的論文，分別在施萊弗和維什尼（Shleifer and Vishny 1992）以及清瀧和摩爾（Kiyotaki and Moore 1995）的研究中出現。施萊弗和維什尼顯示了，順景氣產業（cyclical industry）的公司將減少對債務融資的依賴，因為當他們發生財務困境時，潛在的買者，也就是在同一行業的其他公司，也可能同樣會發生財務困境，因此清算價值會變得很低。清瀧和摩爾則指出回饋效應可能會導致需求波動的加劇：需求的減少和資本商品價格的降低，可能會再次導致在需求上的減少，結果是公司之抵押品價值的減少使得公司很難借資來進行更進一步的投資。

上述施萊弗和維什尼、清瀧與摩爾的研究，是邁向財務訂約一般均衡分析的重要一步，在此研究主題上還有許多工作值得開拓。

附錄

昂貴的狀態證明方法

本附錄將描述CSV方法的一個簡單版本。考慮一位風險中立的企業主 E，沒有初始財富，但想要投資一個成本為 K 的專案。這位企業主尋求一位風險中立的投資者 C 的資金支持。如果進行投資，可在時間點 1 創造收益 ỹ，而在此期間 E 知曉 ỹ 的實現價值，但 C 並不知道，也就是說在時間點 1 存在資訊不對稱。但是，如果 C 以花費成本 c 來「查核」E，可以消除此資訊不對稱的問題。為簡單起見，假設利率為零，此外假定在時間點 0 時資訊是對稱的，ỹ 的概率分布 F 具有密度函數 f 也介於$[\underline{y}, \overline{y}]$。問題是：這個投資會進行嗎？（圖5A.1表示了時間的進程）。

時間點0　　　　　　　　　　　　　　**時間點1**

投資 K　　　　　　　　　　　　　　預期實現報酬 y？

圖 5A.1

為人熟知的揭露原則告訴我們，可將注意力放在時間點 1 時，E 誠實公告 y 的合約或機制（參見弗登伯格與悌若爾（Fudenberg and Tirole 1991:ch.7））。根據 E 的宣告，合約明定是否應該採取查核的行動，以及 E 必須給 C 多少的金額。

合約(A1)：一個（確定型的）合約確認查核函數$B:\mathbb{R}+\to\{0,1\}$，且分享規則為 $s:\mathbb{R}+\to\mathbb{R}$，$s:\mathbb{R}+\times\mathbb{R}+\to\mathbb{R}$，解釋如下。E 於

時間點 1 宣告 y^a。若$B(y^a) = 0$，不會有查核發生，而 E 交給 C 共 $s(y^a)$，保留剩下的 $y-s(y^a)$。如果$B(y^a) =1$，C 查核 E（查核成本為 c，由 C 支付），C 則收到 $\bar{s}(y^a, y)$，其中 y 是查核價值（inspected value）。在這情況下，E 為自己保留 $y - \bar{s}(y^a, y)$。

　　簡化合約(A1)如下所示。由於目標是鼓勵說實話，若 $y^a \neq y$，設 $\bar{s}(y^a, y) = y$，則可達最佳的結果。也就是 E 得不到任何東西如果檢查發現他撒了謊。因此 E 只在謊稱 y^a 滿足$B(y^a) = 0$的情況時才會撒謊。定義：

(5A.1)　　$\hat{B} = \{y \mid B(y) = 0\}$ 為無查核區域

　　　　　$\bar{B} = \{y \mid B(y) =1\}$ 為查核區域

　　有關說實話（或激勵相容）的限制之下：(1) E 不應宣布$y^a \in \hat{B}$不同於真正的$y \in \hat{B}$；(2) E 不應宣布$y^a \in \hat{B}$不同於真正的$y \in \bar{B}$。

　　(1)意味 s(y) 是一個常數，否則每當 $y \in \hat{B}$，E 將宣布的 y 將極小化 s(y) 對 $\hat{B}$ 之微分（因為 E 收到 $y-s(y^a)$，且此並沒有被查核）。(2)意味著對 $y \in \bar{B}$ 而言，$\hat{s} \geq \bar{s}(y,y)$，因為否則 E 將宣布 y $\in \hat{B}$而不是 $y \in \bar{B}$。

　　最後，對所有 $y \in \hat{B}$，s (y) $\leq$ y，對所有$y \in \bar{B}$，$\bar{s}(y, y) \leq$ y，因為否則 E 不會說實話。

　　當 $\bar{s}(y, y) \equiv s(y)$ 時，上述意見可以總結如下：

(5A.2a)　$s(y) \equiv \hat{s}$ on $\hat{B}$,

(5A.2b)　$\hat{s} \geq \bar{s}(y,y) \equiv s(y)$ on $\bar{B}$,

(5A.2c)　　$s(y) \leq y$ for all y.

最佳的合約是$(s(y), B(y))$的機制，滿足(5A.2a) － (c)的條件，也就是極大化 E 的報酬：

(5A.3)　$\int (y - s(y)) \, dF(y)$

並受限於 C 需要收支平衡的條件：

(5A.4)　$\int (s(y) - cB(y)) \, dF(y) \geq K$

這裡要提醒的是，查核成本在若且為若$B(y) =1$條件時，已經包括在 C 的報酬之中。

下一個命題陳述的是，最佳的合約有一個非常簡單的形式。它的特點是 E 欠 C 的金額為 s*，如果$y \geq s*$，E 支付此金額並不被查核。如果 $y < s*$，E 被檢視且 C 接收全部的 y。如果「查核」被解釋為「破產」，則最佳的合約具有還款 s* 的標準債務合約的特性。此命題已在蓋爾和赫爾維格（Gale and Hellwig 1985）的研究中證明。

命題A1：假如專案持續進行，也就是存在機制滿足(5A.2)與(5A.4)條件，則最佳合約具有以下形式（忽略零集合）：對某些 s*，$\hat{B} = \{y \mid y \geq s*\}$，$\overline{B} = \{y \mid y < s*\}$，對 $y \in \hat{B}$，$s(y)=s*$，對 $y \in \overline{B}$，$s(y) = y$。

命題A1是CSV理論的主要結果，並且解釋了債務融資的使用。不過，此命題和CSV方法本身都必須符合各項的資格。

1. 命題A1是在只有可以確定的合約的假設下發展的，然而顯而易見的是，隨機規畫可能可以改善分析的方法。現考慮一個簡單的例子，y 有兩個值，機率為 σ 時為 $\bar{y}$，機率為(1−σ)時為 $\underline{y}$。並假設 $\underline{y} < K$，$\sigma\bar{y} + (1-\sigma)\underline{y} > K$（此可推論至 y 為連續的情況）。在 $\bar{y} > s^* > \underline{y}$ 區間，最佳的確定性合約將指定付款 s^*。因此，當 y = y 時，查核發生的機率為 1。現在考慮以下之隨機規畫合約：

合約(A2)：E 宣布 $\bar{y}$ 或是 $\underline{y}$。如果 E 宣布 $\bar{y}$，他支付 s^* 給 C。如果 E 宣布 $\underline{y}$，則有(1−ρ)的機率不被查核，並且支付 y 給 C；另有 ρ 的機率他被檢查並支付所有一切給 C。機率 ρ 的選擇是由以下條件產生：

(5A.5)　　$\bar{y} - s^* = (1-\rho)(\bar{y} - \underline{y})$

(5A.5)可確保隨機合約滿足說實話的條件限制。在狀態 $\bar{y}$，E 準備宣布 $\bar{y}$，因為他對於說真話和宣稱是在狀態 $\underline{y}$ 之間是沒有差別的。另一方面，在狀態 $\underline{y}$ 時 E 必須說實話，因為他付不起 s^*。

此隨機規畫合約相對於確定性債務合約，具有柏拉圖優勢（Pareto superior）。E 在兩個狀態（在 $\bar{y}$ 狀態下為($\bar{y} - s^*$)，在

狀態 $\underline{y}$ 為零）都收到相同的收益，而 C 接收相同的總收益（在 $\bar{y}$ 狀態下為 s*，在狀態 $\underline{y}$ 為 $\underline{y}$），但在狀態 $\underline{y}$ 下有$(1-\rho)$的機率可避免查核成本的發生。很明顯地，s* 可以進行調整以便使 E 和 C 都比在確定性合約中更好。

隨機合約的主要問題是他們無法與債務一樣容易被加以解釋。（對於隨機合約的一般分析，請參見幕克赫基與方（Mookherjee and Png 1989））。(5A.5)中的合約比起債務合約似乎更接近（隨機）的審計方案。我會在以下的第 5 點回到這個議題加以討論。

2. 以上所述的CSV模型設計，假設 C 可以承諾一個特定的查核規則，且沒有事後重啟談判的可能。若要查看為什麼這很重要，請考慮下面的例子。假設業主的報酬 $\tilde{y}=100$（機率為 1），查核成本 c = 20。按照CSV模式，業主承諾支付90的債務合約可以強制執行。原因是，業主在事後願意支付90而留下10，這比違約而什麼也沒得到要好。然而，這是在假定投資者的威脅導致查核成本的發生，而且可能採取沒收業主資金的行動是可信的的情況下。假設業主交出80以上而不是許諾的90，則投資者（除非她需要保持聲譽）會選擇不查核該公司，因為因此而得到的利益小於20的查核費用。所以在沒有承諾不進行修改或重新談判查核決定的情況下，投資者可以強制業主要支付的最多為80。

在上面的例子中，重新談判的分析是相對比較簡單的。然而當業主的報酬 是不確定時，問題變得更為複雜。原因是業主繳出的金額是其總報酬的一個信號。在許多的信號模型（signalling model）中，可以有多個事後的均衡，以各種方式來解釋信號的

意涵。雖然模型的修正可以消除一些均衡點，但對最佳的事前合約的分析很快變得相當複雜（參見蓋爾和赫爾維格（Gale and Hellwig 1989））。

3. 現實中債權通常與股權併存，作為對一家公司的財務索賠。然而CSV模型似乎並不能解釋股票股利和（外部）股權的存在。重點是在非破產的狀態，E 總是只支付到足以滿足債權人為止；從不留給其他索賠人任何分文（當然除了他自己之外，以這層意義來看 E 是百分之百的股權持有人）。當然，在破產階段在外股東什麼都沒得到，因為連滿足債權人都可能不夠用。（正如所指，在文本中所述的債務不完全訂約模型對於股利的解釋也相當困難。然而，他們符合股權是正的價值的看法，因為股權持有者可以行使他們的權力來清算公司以便從業主手中提取支付）。

4. 在CSV模型中，查核成本 c 在驗證狀態為何時扮演重要的角色。但 c 是什麼？它是稽核的成本、還是破產程序的法律成本，還是什麼？這一點很重要的原因是，該模型的結果若是有趣的則 c 必須相當大，否則可以透過隨時進行查核而接近最佳的結果。但是稽核的費用似乎不大，實務上（直接）的破產費用也並不是很大，相關之討論請參見華納（Warner 1977）。

5. 也許最重要的是，該模型是基於全面性合約／機制的設計來檢視這個世界。這種觀點認為，締約方在時間點 0 坐下來協商，並寫下對每個未來可能發生的情形以及每個締約方的義務，並且可以重新協議的合約。本附錄已經呈現了在一組簡單的假設下，最佳的合約可以被解釋為債務合約。但是，這似乎是一個非常籠統的結果。在更多期的情況，人們會期望合約可以指定查核

應在那些時期舉行，如同是（可能是隨機的）過去發生事件的函數。此外，在多期的設計之下，沒有理由認為查核應與終止該公司的業務連結在一起，也就是查核只是公司活動中正常的行為。

　　換句話說，當CSV模型加以擴展時，似乎更接近最佳的查核理論或是稽核理論，而不是債務或破產理論。

第 6 章

公開發行公司的資本結構決策

　　在前一章我討論了從投資者處融資的企業主所撰寫的最佳化合約，我假定企業主從經營一家公司獲得顯著的（私人）好處，並且分析了控制權如何在企業主和投資者之間配置，以及在投資者可以收支平衡的情況下，賦予企業主最大的自由來追求自己的目標。

　　在這一章我將擴展到對大型的公開發行公司進行分析。雖然私人公司和公開發行公司之間在經濟上並沒有很明顯的分別，但公開發行公司賦予管理階層控制權，使他們有機會享受私人利益，不過這可能不是最重要的問題所在；此外，假使大公司管理階層的工作都是相當例行性的情況下，或許不必要給予管理階層控制權來激勵他們開展關係專屬性的投資，或是成為具有創意的經理人。1 我認為關鍵問題可能在於，該公司的投資者如何設計財務結構，以便能夠限制經理人在追求其本身的目標時，不會損及投資者的利益。例如，經理人可能會支付自己過高的薪水以及優渥的消費；他們可能會執行那些無利可圖但卻可增加自身權力的投資；或者他們可能會拒絕放棄職位給那些可以讓公司經營更好的人士。（相較之下，投資者的興趣則在於利潤或淨市場價

---

1 對有些企業主而言，創新和創造力可能極為重要。

值）。2

　　如果是單一投資者，則很清楚應該如何處理這問題：給投資者所有的控制權，也就是讓她成為是100%的所有者。（請參見Aghion-Bolton模型，當企業主的效用無關緊要，或者是投資者擁有所有議價能力的情況）。然而，本章假定投資者的財富有限，所以公司有很多小投資者。3　這將產生兩個新的課題，是第 5 章所討論的私人公司所沒有的。第一，那些擁有公司而為數眾多的小股東，因為太小而且為數眾多以至於無法每天行使控制權。基於此，他們將每日的剩餘控制權委派給董事會，董事會再委派給經理人。換句話說，借用伯利和米斯（Berle and Means 1932）所提出的著名用語，這就是所謂的所有權和控制權的分離。4

　　第二，分散的股東很少或甚至沒有動力去監督管理，原因是監督是一項公共財（public good）：如果一位股東的監督改善了公司的表現，所有的股東因此受惠。但監督是昂貴的，每個股東都希望搭便車，希望別的股東進行監督。不幸的是，所有股東都如此認為的最終結果是，監督幾乎不會，甚至根本不會發生。

　　有時這種搭便車的問題，可以透過收購大量股權並接管公司

2　有關管理目標的討論，可參見如鮑莫爾（Baumol 1959）、馬利斯（Marris 1964）、傑森（Jensen 1986），以及威廉森（Williamson 1964）。

3　投資者也可能會是小型投資者，因為他們是風險趨避者而希望持有可以分散風險的投資組合。

4　更準確的描述可能是所有權與有效控制權或管理的分離，這個觀點主要是在於股東以投票權的方式保留了最終的控制。

的方式（或以某種其他方式獲取控制權）來加以克服。然而，接
管機制無法總是運作的很好。5 結論是，許多例子顯示，公開發
行公司的經理人或董事會可以追求自己的目標，在很少或沒有外
界監督的情況下，可能因此犧牲了股東的權益。6

　　本章的研究在於一家公司的所有者，在所有權和控制權分離
的情況下，如何約束經理人的行為。一種可能性是提供管理階層
激勵方案，然而雖然激勵方案可能可以激勵管理階層努力工作，
但在減少經理人營造自己的帝國或放棄控制方面卻不太有效。原

5 其中一個原因是，競標人可能必須與被併公司的股東分享很大一部分的接
管收益，因為：(1)少數股東可以藉著持有股份來賺取資本收益，此請參見
葛羅斯曼與哈特（Grossman and Hart 1980）；或者(2)出價的舉動可能釋放
公司價值被低估的訊息，因而可能引起競購之爭，所以競標人可能無法彌
補事前發生的投標費用。其他阻止競標人的因素包括管理階層從事各項防
禦措施的能力（訴訟、毒丸計畫（poison pills）、引進員工持股計畫）；
邀請白色騎士（white knights）行使競標並提供這些投標人非公開的資
訊；或者，在最後一刻，執行競標人已經規畫的接管計畫。證據確實顯
示，成功的接管行動，關鍵大部分在於被併公司的股東身上，而不在於主
導收購的公司；請參閱布蘭德利等人（Bradley et al. 1988）以及傑瑞爾等
人（Jarrell et al. 1988）的研究。有關收購的進一步討論，請參閱第 8 章。
6 本書並沒有區分管理階層和董事會，也就是董事會在扮演監督經理人，確
保經理人確實地運作上是被忽略了。在許多情況下，這是一個合理的假
設。董事會成員經常由現任經理人挑選，並且挑選那些忠於他們的人士擔
任。此外，董事會成員通常不是該公司的主要股東，因此很少有這個動機
要來發揮積極的作用。另一方面，無疑偶爾還是會發生一些引起廣泛注意
的案例，那就是董事會確實採取了干預的行動，並規範了管理階層。關於
這些議題，請參閱梅西（Mace 1971），范西爾（Vancil 1987）以及韋史巴
赫（Weisbach 1988）。

因是，如果管理階層對權力、營造帝國和優厚待遇，具有強烈的
興趣，可能需要非常大的賄賂才可說服經理人放棄。對於投資者
而言，可能更適合去強制管理階層控制他們營造自己經營帝國的
傾向，而在資本結構中使用債務則是達到這個目的的一種方法。
此外，債務是一項比激勵方案更靈活的手段，因為它提供經理人
可以根據市場對公司前景評估的敏感度，採取可能的決策選擇。

　　此章藉由兩個簡單的模型來說明債務的制約作用，在此兩個
模型中存在資產上的利益衝突，應該用管理來加以控制。在第一
種模型中，重點在於經理人是否應該隨著時間的推移縮小他自己
的帝國範圍。第二種模型則在於思考，經理人的帝國可以到達何
種規模的相關問題。考慮這兩種模型的理由是，在分析上資產的
清算和擴張的情況是不同的。在第一個模型中，短期債務是非常
重要的，而在第二個模型，長期債務則扮演更重要的地位。本章
將對此有簡短的討論，更深入的討論則在本章的附錄，並在其中
討論了可以合併這兩個模型的一個特例。

　　此章的章節結構如下。第 1 節介紹一些模型背後的假設，模
型的建構則在第 2 節至第 4 節陸續鋪陳。第 5 節說明即使這裡
建構的模型是非常簡單和模型化的，卻可以解釋一些有關資本結
構的實證發現。第 6 節則比較本文與其他資本結構理論文獻，在
描述「誘因」（incentive）或「代理」（agent）方法上的異同。7　大
部分的文獻忽略了代理問題，強調債務在賦稅上的好處，或側

7　有關資本結構的文獻整理，請參閱黑瑞斯與拉維夫（Harris and Raviv
　　1991）。

重於股東和債權人之間的利益衝突，而不是著重在討論投資者
和管理階層之間的利益衝突。8　我認為，只有考慮到投資者和管
理階層之間的衝突，才可以解釋為什麼公司會發行優先順位債券
（senior debt，或稱高級債券），以及為什麼未能償還債務會導
致以破產的形式加以處罰的結果，也就是為什麼債務與強化預算
的約束力之間具有相互的關聯。

1. 模型簡介

本章所發展的模型在幾個層面上來看不同於那些在第 5 章介
紹者。在正式分析本章之模型之前，值得在此先陳述一些關鍵的
假設：

1. 假設公司擁有為數眾多的小投資者；也就是其股權和債
   權是分散的。

2. 假設資本結構的決定是基於極大化投資者的預期報酬，
   而不是在投資者收支平衡條件下極大化經理人的效用，
   並且假設經理人的效用至少與他能在其他地方得到的一
   樣高。

3. 此分析考慮的是極端的例子，在經理人的控制下，經理

8　有關股東和債權人之間的衝突，請參閱詹森與梅克林（Jensen and
　　Meckling 1976）。探討投資者與管理階層之間衝突的論文，包括葛羅斯
　　曼與哈特（Grossman and Hart 1982）、詹森（Jensen 1986）以及史塔茲
　　（Stulz 1990）。這一章的分析主要基於哈特（Hart 1993）以及哈特與摩爾
　　（Hart and Moore 1995）的研究。

人的效用隨著資產而增加，並且完全獨立於他的貨幣補
償（他的薪資）。

4. 假設經理人無法轉移所有公司的利潤為自己所用，所以
（流通在外）股權在均衡狀態下具有正的市場價值。

　　上述四個假設雖然強烈，但作為研究一間公開發行公司的
開始似乎是合理的。首先呈現的是投資者為財富有限的想法。請
注意這種假設有效地排除了與債權人重啟談判的情形（因為搭便
車的問題；請參見第 5 章第 5 節的討論）。因此，如果一家公
司發生債務違約，它會自動進入破產程序。第二個假設呈現的理
念是，相對於投資者，經理人的喜好是相對不重要的。第三個假
設是為了簡單起見，激勵方案基本上在激勵經理人方面沒有發揮
作用，此讓分析可以著重在將債務作為約束經理人行為的情況。
最後的假設讓此章的模型，在某些方面比第 5 章所介紹的Hart–
Moore模型更加豐富，因為（流通在外）股權具有正面的市場價
值。

　　在分析的過程中，讀者將會在更好的基礎上來了解這些假設
的作用，並判斷它們的限制（或不是）所在。

2. 模型 1

　　第一種模型考慮了在哪些情況下公司應進行清算。如同其他
在本章中所使用的模型，它基本上是基於邁爾斯（Myers 1977）
的模型發展而來。

考慮一家公司擁有資產，並考慮三個給定時期的資產（請參見圖6.1）。

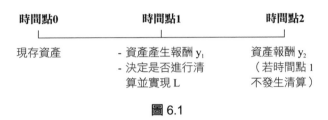

圖 6.1

在時間點 0 該公司選擇了財務結構，在時間點 1 資產的報酬為 y_1，在這個時候假使公司清算則可產生 L 的收益（y_1已經實現）。L 代表該公司的資產以其他方式使用的價值。在某些情況下，此模型允許公司的資產在他處使用的話，可能更具價值的可能性。[9]

如果該公司不清算，在時間點 2 資產將產生進一步的報酬 y_2。此時該公司結束並且將收益分配給投資者。

不同於上一章，清算是零或一的選擇（註：也就是在清算或是不清算中二選一），更正式化的設計應該是考慮連續出售資產的情況。

假設該公司由一位經理人管理，經理人的目標為極大化在其控制下的資產。在模型 1 中假設經理人沒有擴展公司的可能，且

---

9 在第 5 章的Hart-Moore模型中，假設清算是永遠不具效率的。然而，在當前的分析中在計算效率時排除了經理人的私人利益，如果將此私人利益考慮在內，則在本模型中清算是不具效率的。

經理人的唯一目標是避免清算。此外，一旦實現這一目標，他不
會進一步使用公司的資金。10

　　假設在時間點 1 時，y_1、y_2 和 L 的不確定性都可解決，並且
資訊皆是對稱的，同時假設利率為零，投資者皆為風險中立。

　　在最佳狀態的世界，訂約沒有成本，則投資者與經理人簽署
合約如下：

　　合約 1：清算　若且為若 $y_2 < L$。

　　換句話說，清算若且為若當公司清算價值（對投資者而言）
比持續經營要更高時，這種合約在時間點 0 產生最佳的公司現
值：11

(6.1)　$V = E\,[y_1 + \text{Max}\,\{y_2, L\}]$。

　　本分析著重一種次佳的情況，也就是 y_1、y_2 以及 L，雖然可
觀察到但卻不可驗證，因此不能成為可以加以強制執行的合約。尤
其是，合約 1 不能強制執行，因為法院並不知道是否 $y_2 < L$。12

────────────

10 這區分了模型 1 與傑森（Jensen 1986）提出的「純自由現金流量模型」
　（pure free cash flow model）的不同。（模型 3 提供了傑森類型的分析）。
　在純粹的自由現金流量模型中，經理人總是可以進一步利用公司的資金，
　所以會浪費投資者的報酬，而這些資金並沒有抵押給債權人。因此，自由
　現金流量模型中的股權價值為零。相較之下，讀者不久將會看到在模型 1
　中，股票的價值可以是正的。注意這不是兩個分析之間關鍵的不同之處，
　因為在極端的傑森假設之下，主要的結果仍然成立。

11 基於簡化的假設，經理人只對權力有興趣而不是在錢，因此可以忽略支付
　給經理人的薪資，除此之外還假設經理人沒有初始財富。

　　我將財務結構所扮演的角色，視為是可以取代可強制執行的合約。雖然 y_1，y_2 以及 L 無法查核驗證，但支付給投資者的數額是可核查的（向投資者作出的任何付款皆是公開的事件）。因此在時間點 0 可以發行證券，而此證券可以根據支付的金額索賠。假設公司發行短期債券，到期日為時間點 1，而長期債券的到期日為時間點 2，公司除了發行債券也發行股票。同時假設這兩類的債券為優先順位債券，也就是在時間點 1 時公司發行的新債權，需先待時間點 0 的債券持有人已完全付清之後才可支付。

　　如上文所述，我同時還假定如果該公司在時間點 1 拖欠其短期債務，那麼此將引發破產，並導致清算。13

　　設想在時間點 1 當 y_1、y_2 以及 L 的不確定性解決之後，經理人所面臨的形勢。設 P_1 是時間點 1 所欠之債款，P_2為時間點 2 的欠款；也就是，P_1 和P_2 分別是短期和長期債務的面值（當然，在時間點 0 因為違約風險的緣故，這些債權的交易金額將小於面值）。考慮到違約導致破產和控制利益的損失，經理人從來不會自願違約。如果 $y_1 \geq P_1$，經理人將在時間點 1 向債權人支付 P_1，並保留 $y_1 - P_1$ 作為公司在時間點 2 的分配。因此原始股東和債權人的總報酬為 $y_1 + y_2$，其中債權人收到P_1 + Min $\{p_2, y_1 - P_1 + y_2\}$，而股東分配到其餘部分。

---

12 在時間點 1 時如果發生清算，必須驗證 L 是一回事，而在沒有清算發生的情況下驗證它是另一回事。請參見第 5 章註解 8。

13 我忽略了更複雜的破產系統，也就是嘗試保留公司存續價值的情況。這種機制是本章第 7 章所要探討的主題。

下一步假設 $y_1 < P_1$。如果$y_1 + y_2 \geq P_1 + P_2$，在時間點 1 經理人仍然可以避免違約，做法是發行到期日為時間點 2 的次級順位債券（junior debt；或稱次級債券），金額為（$P_1 - y_1$），並且可以在時間點 2 以所得 y_2 一起支付次級與優先順位債券。因此，股東和債權人的總報酬為 $y_1 + y_2$，其中優先得償債權人收到$P_1 + P_2$，股東收到其餘部分。（次級債權人投入$P_1 - y_1$並得回$P_1 - y_1$）。然而，如果 $y_1 < P_1$和$y_1 + y_2 < P_1 + P_2$，則經理人無法避免違約，清算將會發生。在這種情況下，債權人的報酬是Min $\{P_1 + P_2, y_1 + L\}$，股東則接收其餘部分。

以 R 表示原始股東和債權人的總報酬，則上述的討論可以歸納如下：

$$(6.2)\quad R = \begin{cases} y_1 + y_2 & \text{若 } y_1 \geq P_1, \\ & \text{或 } y_1 < P_1 \text{ 以及 } y_1 + y_2 \geq P_1 + P_2, \\ y_1 + L & \text{其他} \end{cases}$$

在此順道一提可能造成低效率結果的兩種情況：有時，即使 $y_2 > L$，經理人也會採取清算策略，因為P_1和P_2比 y_1 和 y_2 更大。有時，即使 $y_2 < L$，他將持續保有公司，因為P_1和P_2比 y_1 和 y_2 來得小。

我現在可以來討論最佳的資本結構。假設該公司的資本結構，也就是P_1和P_2是在時間點 0 決定，以便能極大化公司在時間點 0 的市場價值，也就是所有初始證券持有人的總預期報酬：E[R]。這看起來似乎是違反直覺的，資本結構通常由管理階層

（或董事會）決定，而我假定管理階層感興趣的是自身的帝國經營，而不是市場價值。這個假設可以透過兩種方式來給予適當的理由。第一，資本結構可以是在時間點 0 時，公開發行之前，由原始的所有者來加以決定，所有者希望能夠極大化在發行債券和股權之後的總收益。第二，可以想像該公司在時間點 0 前的資本結構都是以股權呈現，而在時間點 0 時出現了敵意收購（hostile takeover）的威脅，迫使管理階層選擇新的資本結構以便將時間點 0 的市場價值最大化。（敵對的投標人現在出現了，但可能不會在時間點 1 出現，所以管理階層必須將本身加以 「債券」化，以便在未來可以採取行動，因為股東在未來可以將公司賣給出價者）。[14]

在 y_2 和 L 沒有事前不確定性的情況下，資本結構的選擇很簡單。如果 $y_2 > L$，最佳的選擇為 $P_1 = 0$。[15] 如果 $y_2 < L$，最佳的選擇是將P_1設的很大。（P_2在兩種情況下是不相干的）。股東

---

14 這兩種情況當然是特別的，我相信此分析也適用於管理階層選擇財務結構是為了最大化自身福利的情形。在目前的三時期（three date）模型中，導致不太重要的沒有債務的結果。（管理階層顯然不願處在債權人的壓力之下）。然而，在考慮更多時間區段的模型，經理人可能出於自願發行債券，因為這可能是投資者擔心如果經理人在將來採取不適當行動，可能稀釋了他們的股權的情況下，籌集資金的唯一途徑。

將分析延伸到當惡意接管競標有一個固定的獲利的情況下，債務具有約束的功能（而不是假定現在競標的機率為 1，在時間點 1 時的機率為 0 的情況）。在這些情況下，債務具有約束功能的模型討論，請參閱崔貝爾（Zwiebel 1994）。

15 之前曾提及如果避免了清算，則經理人無需使用公司資金的假設。因此，在不希望清算發生的事實之下，將P_1設成非常低（零）不會產生成本。

的報酬率是$V_0 = Max \{y_1 + y_2, y_1 + L\}$，實現最佳的結果。

如果 y_2 和 L 都不確定，事情變得更加有趣（y_1是否不確定或許不是那麼重要）。為了簡化，把重點放在其中的向量(y_1, y_2, L)，假設只有兩個值：(y_1^A, y_2^A, L^A)以及(y_1^B, y_2^B, L^A)，個別的機率分別為 π^A 與 $\pi^B = 1 - \pi^A$。

很顯然，如果 $y_2^A \geq L^A$，$y_2^B \geq L^B$，在時間點 1 沒有債務的情況下，可以實現最佳的結果；如果 $y_2^A \leq L^A$，$y_2^B \leq L^B$，在時間點 1 有大量債務的情況下，可以實現最佳的結果。有趣的案例是當 $y_2^A > L^A$，$y_2^B < L^B$（反之亦然），在此將之畫分為三個次案例。

1. $y_1^A + y_2^A > y_1^B + y_2^B$。在這裡可以達到最佳的結果，例如設$P_1 = y_1^A + y_2^A$，$P_2 = 0$，也就是短期債務設為等於該公司在狀態 A 的總價值。原因是在此次案例 1 中，低報酬的狀態同時也是該公司應關閉的狀態。因此，公司可以在狀態 A（借款 y_2^A），但不是在狀態 B 時避免違約，而這是有效率的結果。

2. $y_1^A + y_2^A \leq y_1^B + y_2^B$，$y_1^A > y_1^B$。設$P_1 = y_1^A$，而$P_2$很大時，可以達到最佳的結果。原因是在時間點 1 的報酬很低的狀態，也是該公司應關閉的狀態。因此，公司可以在狀態 A（支付 y_1^A），但不是在狀態 B（因為它不能借更多）時，避免違約，這也是有效率的結果。

3. $y_1^A + y_2^A \leq y_1^B + y_2^B$，$y_1^A \leq y_1^B$。在這情況下，無法達成最佳的結果。給定任何的$P_1$、$P_2$值，若且為若 $y_1^B < P_1$以及$y_1^B + y_2^B < P_1 + P_2$（參見(6.2)），在狀態 B 會發生違約。不過這些不等式暗示了$y_1^A < P_1$以及$y_1^A + y_2^A < P_1 + P_2$，因此違約也會發生在狀態

A。在狀態 B 時清算是有效率的，但不可能發生清算，而在狀態
A 時清算是沒有效率的，不過也不會發生清算。因此，選擇是落
在，要不兩個狀態時都清算或都沒有清算之間。設P_1非常大的情
況下，可以達到最佳結果，而此優於第二個情況，即設$P_1 = 0$ 的
情況，若且為若

$$(6.3) \quad \pi^A L^A + \pi^B L^B > \pi^A y_2^A + \pi^B y_2^B$$

也就是，若且為若預期的清算價值，超過了預期的繼續營運的價
值。

　　以上完成了在兩種狀態情況下，最佳資本結構的分析。這
與完美的確定狀況的主要區別，在於內部解的出現：債務水準可
能的最佳選擇是採取中間值（次案例 1 和 2），而不是零或無窮
大。此外，高債務有時會導致效率不彰的清算，較少的債務有時
會阻止有效的清償（見次案例 3）。16

　　值得思考的是將財務結構作為控制管理的方法，與使用
激勵方案的方式有哪些不同。如前所述，因為 y_1、y_2與 L 是無
法核查確定的，狀態或有激勵方案（state–contingent incentive
schemes）是不可行的。此外，在假設經理人喜好權力更勝於金
錢的前提下，給予經理人清算的激勵方案是沒有效率的。然而，
以下的激勵方案可能會很有用：該公司的資本結構包括股權但沒
有債務，經理人不被允許籌集新資本，而經理人除非他支付股東
至少P*的股利，否則他會在時間點 1 被解雇。

　　但是請注意，這類方案產生清算的規則如下：

$$清算 \Leftrightarrow y_1 < P *$$

此等同於選擇債務水準在$P_1 = P*$，$P_2 = \infty$時所得的結果。然而在一般情況下，若能在更靈活的資本結構下可做得更好，特別是設$P_2 < \infty$時（參見次案例 1）。原因是當$P_2 < \infty$時，清算規則為：

$$清算 \Leftrightarrow y_1 < P_1 \text{ 以及 } y_1 + y_2 < P_1 + P_2$$

是否清算受到 y_2 與 y_1 的影響而定，也就是在時間點 1 時，債務選擇的提供與經理人能力的結合，是否採取再次融資顯然會受到收益 y_2 的影響，這是上述簡單的獎勵方案不可能有的結果。[17]

3. 模型 2

模型 1 考慮的唯一問題是，公司是否應該收手。在這些條件下，短期債務是最重要的（啟動清算），而長期債務就比較沒那麼重要。模型 2 允許擴展的可能性，這提供了長期債務作為調控新資本流入的一種手段更多有趣的角色。[18] 不幸的是，很難結合清算和新的投資於一役，因此模型 2 使用更簡化的假設（見以

---

16 在這一階段，重新與債權人談判是不可能的假設是值得加以檢討的。如果要採取相反的觀點，如同第 5 章所述重啟談判是沒有成本的，則發現$P_1 = \infty$是最佳的選擇（假定資本結構是在投資者報酬最大化之下的選擇）。原因是在$P_1 = \infty$時，投資者有權在清算具有效率的情況時堅持採取清算措施；同時，在清算不具效率時，他們總是可以重新協議來降低P_1。因此，假設重啟談判是昂貴的，此假設在模型 1 中發揮了非常重要的作用。

17 這裡假定投資者將不會提供有關 y_1、y_2 以及 L 的訊息，而訊息將會是另一種方式使得清算規則對 y_2 具敏感性。請參閱摩爾（Moore 1992）。

18 模型 2 主要是基於哈特與摩爾（Hart and Moore 1995）的研究。

下的假設 1）。這種假設意味著將短期債務訂為零是達到最佳結果的設置，在均衡時不會有清算發生，因此分析重點可以放在長期債務上。

時間點與之前一樣，除了在時間點 1 公司可能進行新的專案投資（參見圖6.2），該專案成本為 i，時間點 2 的收益率為 r。在時間點 0 時，變數 i 和 r 為不確定，但該不確定性在時間點 1 獲得解決。

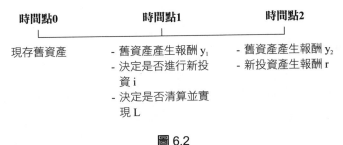

時間點0	時間點1	時間點2
現存舊資產	- 舊資產產生報酬 y_1 - 決定是否進行新投資 i - 決定是否清算並實現 L	- 舊資產產生報酬 y_2 - 新投資產生報酬 r

圖 6.2

經理人建立自己帝國的傾向，導致他如果可以的話，總是想進行投資，就正如經理人想要不惜一切代價避免清算，所以也想不惜一切代價進行投資。唯一能阻止他的是，無法籌集資金。然而，如同在模型 1，一旦得到融資進行投資，經理人就不須進一步使用公司的資金。

假設不能從投資的收益 r 來發行請求權，也就是說專案融資被排除在外。19　我也假定在$P_1 = 0$時是最佳的，這樣在均衡時沒有清算發生。

假設 1：$y_1 < i$ 和 $y_2 \geq L$，機率為 1。

假設 1 表示，經理人無法利用時間點 1 的盈餘來融資進行投資，將公司清算也是沒有效率的。這假設對於成長型的公司可能不適用，因為至少在開始階段，必須注入新的資本來刺激成長。

命題 1：鑑於假設 1，設$P_1 = 0$ 時，該公司在時間點 0 的市場價值最大。

以下是對證明過程的簡單說明，而有關詳細的證明資訊，請參見哈特與摩爾（Hart and Moore 1995）。在選擇任何$(P_1 + P_2)$，最好是能以零替代P_1，以$(P_1 + P_2)$替代P_2。原因是一個零值的P_1，使清算（不具效率）的可能性變小。此外，零值的P_1使得經理人更不容易投資在一個不好的專案，因為鑑於 $y_1 < i$，經理人必須進入市場，在這種情況下只有優先順位債券的總數，$P_1 +$

---

19 如果專案融資是可能的，新投資案可以融資成為一個單獨實體，其價值可在時間點 1 由市場加以評估，而且債務水準可能設的非常高，以防止經理人利用現有資產的資金資助來補貼投資。以下幾種情況可能不屬於是專案融資。第一，i 可能是所謂的增量投資（incremental investment），也就是對現有之資產進行維修或改善的投資，最後的報酬 $y_2 + r$ 只是（單個）專案的整體報酬。第二，它可能是相同的管理團隊針對舊資產和新的專案之間，利用轉移定價來重新分配兩者之間的利潤。最後，即使專案專屬融資（project-specific financing）是可行的，但不太清楚經理人是否願意融資一個不在其帝國一部分的投資案，因為它將無法享有控制該專案而產生的私人利益〔關於這一點，請參見李（Lee 1993）〕。

P_2，對於決定他可以籌集的資金數額是有重要影響的（見以下導出(6.4)式的推論）。

當$P_1 = 0$且沒有清算發生時，模型 2 的分析是相對比較簡單的。如果經理人投資，其中P_2抵押給老（優先得償）債權人，公司的總收入為 $y_1 + y_2 + r$。因此，該公司在時間點 1 可以借的最高款項是 $y_1 + y_2 + r - P_2$。結果是，經理人將會投資若且為若

(6.4)　$y_1 + y_2 + r - P_2 \geq i$

如果符合(6.4)的條件，在時間點 0 投資者的總報酬 R 為：

(6.5)　$R = y_1 + y_2 + r - i$

其中在時間點 0 債權人收到P_2，而股東接收其餘部分。（新債權人則是得到全額支付）。

如果不滿足(6.4)的條件，在時間點 0 投資者的總報酬是：

(6.6)　$R = y_1 + y_2$

請注意在模型 2 中造成效率不彰的兩個來源。有時候即使 $r < i$，經理人也會投資，因為 $y_1 + y_2$ 相對大於P_2。有些時候即使 $r > i$，他將不會投資，因為 $y_1 + y_2$ 相對小於P_2。（後者稱為債務積壓（debt overhang）問題；請參見邁爾斯（Myers 1977））。

　　現在可以很直接地來分析在模型 2 中的最佳資本結構。如果 i 與 r 沒有事前的不確定性，則很容易達到最佳的結果。如果 $r > i$，設 $P_2 = 0$，始終滿足(6.4)條件並且也進行投資，這是有效率的。相反，如果 $r < i$，設 P_2 非常大，(6.4)條件不滿足而投資從未發生，這也是有效率的。

　　如果 r 和 i 是不確定的，則事情變得更有趣。為了簡化，假設 (y_1, y_2, r, i) 只有兩個值：(y_1^A, y_2^A, r^A, i^A) 和 (y_1^B, y_2^B, r^B, i^B)，機率分別為 π^A 和 $\pi^B = 1 - \pi^A$。[20]

　　如果 $r^A \geq i^A$ 和 $r^B \geq i^B$，而在沒有債務的情況下達最佳結果，或是在 $r^A \leq i^A$ 和 $r^B \leq i^B$，具有很大債務的情況下達於最佳結果，但這些都不是那麼重要，有趣的是在當 $r^A > i^A$ 和 $r^B < i^B$ 時的情況，以下分為兩個次案例加以解釋：

　　1. $y_1^A + y_2^A + r^A - i^A > y_1^B + y_2^B + r^B - i^B$。也就是，該公司的淨市場價值和新專案的獲利能力是完美（正向）相關的。在這裡可以將 P_2 設於 $y_1^B + y_2^B + r^B - i^B$ 以及 $y_1^A + y_2^A + r^A - i^A$ 之間，並達到最佳的結果；在狀態 A 但不是在狀態 B 時，滿足(6.4)的條件，只有在狀態 A 時發生投資，而且是有效率的。

　　換句話說，將債務水準設在介於在狀態 A 時公司的最大化淨價值，以及在狀態 B 時的最大淨價值之間，提供了經理人足夠的餘地在狀態 A 時來資助有利可圖的新投資，但會阻止在狀態 B

時進行無利可圖的投資。

　　2. $y_1^A + y_2^A + r^A - i^A \leq y_1^B + y_2^B + r^B - i^B$。也就是，該公司的淨市場價值和新專案的獲利能力是完美（負向）相關的。P_2的任何選擇都無法達到最佳的結果，原因是：

$$y_1^A + y_2^A + r^A - P_2 \geq i^A \Rightarrow y_1^B + y_2^B + r^B - P_2 \geq i^B$$

　　所以要在狀態 A 時投資就必須在狀態 B 時投資，否則不可能會有任何投資發生。因此，要不選擇在兩種狀態下都不投資（設P_2非常大的狀況下），要不選擇在兩種狀態下都進行投資（設$P_2 = 0$）。優先選擇第一種的條件是若且為若

$$\pi^A(r^A - i^A) + \pi^B(r^B - i^B) < 0$$

也就是若且為若新投資的預期淨報酬為負值。

　　從這第二個模型得到的意涵補充了第一個模型所能提供的，如果管理階層有興趣的是建立自己的帝國，對投資者來說，危險在於管理階層會嘗試透過發行證券籌集資金，來進行無利可圖的新投資專案。優先得償的長期債務，透過抵押長期收入的一部分來支持，可以減少管理階層來進行如此操作的能力。但是，太多的長期債務，可能會抑制經理人開展那些有利可圖的新專案。

　　本章聚焦在包含某固定數量之優先順位債券的「簡單」資本結構。但不難看出，在某些情況下更複雜的證券組合是有用的。請考慮模型 2，並假設 $y_1 \equiv 0$ 和 $y_2 \equiv r$（也就是從現有資產

的報酬與從新投資而來的報酬始終相同），則透過以下方式可以
實現最佳的結果。該公司發行大筆於時間點 2 到期的優先順位債
券 K，並且在條款註明公司可以進一步發行新的同等的債務金額
K（所以未償還的債務總額成為2K）。任何債務超出這個範圍則
屬次級順位債券。

基於這種資本結構，公司在時間點 1 可以籌資的最大金額為
$1/2(y_2 + r)$。為達此目的該公司可以通過發行金額K的新債，並且
將時間點 2 的收入 $(y_2 + r)$ 分配給舊的和新的債權人。（因 K 非
常大，因此該公司在時間點 2 破產）。因此，該公司投資的條件
現在因 $y_2 = r$ 而為：

$$投資 \Leftrightarrow \tfrac{1}{2}(y_2 + r) \geq i \Leftrightarrow r \geq i$$

但這正是最佳的結果，此外，它很容易證明，資本結構若單
純（固定金額）以優先順位債券組成，就無法實現最佳的結果。

更複雜的證券組合不但具有理論旨趣，在實務上也常出現
（參見瑞固霖（Ragulin 1994））。不幸的是，更複雜的證券組
合分析超出了這本書的範圍，在這方面的一些研究進展，讀者可
以參考哈特和摩爾（Hart and Moore 1995）。複雜證券結構的存
在，並不會偏離本章的主題：債務在限制管理階層的自利行為
上，扮演重要的角色。

4. 模型 3

假設 1 有助於簡化模型 2，但它排除了一個有趣的經濟案例，傑森（Jensen 1986）特別強調了這點。如果 $y_1 > i$，該公司擁有自由現金流量（free cash flow），而且可能利用此來進行無利可圖的投資（即當 $r < i$ 時可能會進行投資）。在這種情況下，短期債務可能會迫使經理人利用自由現金流量來支付。

請注意這短期債務所扮演的角色，與在模型 1 時並不相同。在模型 1，短期債務的使用可能引發了清算，而不是為了抑制擴張。

我在附錄中分析了短期債務的這個新角色，為了達到這個目的，我將合併模型 1 和模型 2。然而，合併模型一般是很困難的，所以先提出兩個可以簡化模型的假設。首先，假定經理人面對的是無限的新投資專案（而不只是一個），並且這些投資專案皆是無利可圖，也就是每個投資專案都是 $r < i$。（事實上，為簡化起見，r 設為零）。第二，假定 $y_2 > L$，也就是清算始終是不具效率的（如同假設 1）。在這些假定之下，債務的選擇由以下因素決定。為了儘量減少經理人可以使用來投資已無利可圖專案的資源，P_1 和 P_2 應設的很高：盡可能接近 y_1 和 y_2。然而，為了儘量減少因 y_1 或 y_2 的影響而引發不具效率的清算機會，P_1 和 P_2 應設的較低。對這種互抵現象的解決方案將呈現在本章的附錄。

有一點值得將來參考的是，如果 y_1 和 y_2 是確定的，則可以在模型 3 中透過設定 $P_1 = y_1$ 和 $P_2 = y_2$ 來達到最佳的結果。

5. 資本結構的模式

在建構完一些簡單的債務－股權（debt-equity）選擇模型之後，接下來我考慮了這些模型如何提供在實際資本結構選擇上的意涵。文獻上已有大量的針對資本結構選擇方面的實證研究，雖然不是所有的實證研究都有一致的看法，但一些典型的事實已然浮現。我會在下面討論這些事實。

典型的事實是：獲利的公司有較低的債務；那些有很高比重之有形資產的公司，債務越高；具有穩定現金流量的公司擁有較高債務；債務－股權置換（debt-for-equity swaps，或稱以債換股）提高了股票價格；股權－債務置換（equity-for-debt swaps，或稱以股換債）有較低的股價；只有發行股權的公司，會有較低的股票價格。21

我認為所有這些事實可以由上文所述的模型來解釋，但這些事實並不全是這些模型的必然結果。在某些情況下，利用模型的推演也會出現一些逆轉的情況。一些人可能認為這種模糊不定的情形，是以代理人觀點分析債務理論的一個弱點，然而我懷疑，這項特徵也出現在其他的資本結構理論。也就是說，如果對參數值和資訊結構做出「合適」的假設，其他的理論也會出現結果逆

---

21 有關這方面的討論，請參閱黑瑞斯與拉維夫（Harris and Raviv 1991）、馬賽利斯（Masulis 1988）、邁爾斯（Myers 1990）、阿斯奎思與慕林斯（Asquith and Mullins 1986）、凱斯特（Kester 1986）、隆恩與馬利茲（Long and Malitz 1985）、馬賽利斯（Masulis 1980）以及惕特曼與韋素斯（Titman and Wessels 1988）。

轉的情形。我認為相對於其他理論,代理人分析方法的優點之一是可以解釋其他理論不能解釋的:為什麼公司發行「強勢」的債務,也就是發行優先順位債券,並且在違約時引發破產。

以下考慮獲利和債務之間的關係:

模型 1 可以解釋為什麼獲利的公司(尤其是那些具高 y_2 者)有較低的債務。假設有兩種類別的公司,第 1 類公司的 $y_2 >$ L,第 2 類公司的 $y_2 <$ L,並且已知哪些公司是在哪一個類別。同時假定第 1 類公司比第 2 類公司獲利更高,而這可能是因為 L 不會在不同類別的公司間變化很大,但是 y_2 則會的緣故。則對第 1 類公司而言,最佳的設定在$P_1 = P_2 = 0$,因為清算是不具效率的。另一方面,獲利相對較低的第 2 類公司,最佳的選擇是將 P_1訂得比較高,因為清算是具效率的。因此,獲利能力和債務水準之間呈現負向關係。

然而,在假設上的小變化可能讓獲利能力和債務水準之間呈現正向關係。假設第 1 類公司的利潤比第 2 類公司的較低,因為 L 會在不同類別的公司間變化很大,但是 y_2 則不會。換句話說,假設獲利公司可以獲利是因為他們有較高的清算價值,而不是因為他們關注公司的價值。在這種情況下,高債務水準將會迫使經理人透過清算來放棄控制(一般而言,就是透過出售資產的方式)。

模型 2 無法預測獲利能力和債務之間的明確關係。如果一家公司的獲利能力是指新投資的價值,對獲利公司而言,較低的債務是最佳的選擇。(如果在確定的情況下,r > i,則最佳的設定為$P_1 = P_2 = 0$)。然而,如果獲利能力指的是舊投資的價值,

則對獲利公司而言較高的債務是最佳的選擇。在次案例 1 兩種狀態的情況，即 $r^A > i^A$、$r^B < i^B$、$y_1^A + y_2^A + r^A - i^A > y_1^B + y_2^B + r^B - i^B$，最佳的$P_2$落在 $y_1^B + y_2^B + r^B - i^B$ 以及 $y_1^A + y_2^A + r^A - i^A$ 之間，而在 $y_1^B + y_2^B$、$y_1^A + y_2^A$ 時遞增。更多關於這方面的討論，請參見哈特和摩爾（Hart and Moore 1995）。

　　模型 3 給出一個相當明確的預測，獲利能力和債務應呈現負向關係（債務由債務－股權比例（debt-equity ratio）加以衡量）。假設 y_1，y_2 增加一倍，如果 L 也增加一倍，則債務增加一倍，因為同次性（homogeneity）的關係（詳細資訊請參見附錄）。然而，如果 L 增加比例少於一倍，由於低效率的清算所產生的成本上升，最佳債務水準的增加也會小於一倍的增量。因此，當經營價值相對於清算價值上升時，債務－股權比例下降。

　　接下來考慮的事實是，資產的很大一部分為有形資產的公司，擁有的債務也高。如果有形資產與高清算價值之間有所關聯，模型 1 則可清楚地解釋這一事實。其他條件相同的情況下，較高的 L 使清算更具吸引力，所以提高了最佳的P_1與P_2。（在 y_2 < L 或滿足（6.3）的條件之下，更能得到如此的結果）。

　　模型 2 對於債務和有形資產之間的關係則著墨不多，因為沒有明顯的指標來代表有形資產。

　　模型 3 如同模型 1，支持了債務和有形資產之間存在的正向關係。如果資產的清算價值增加，高債務的成本則下降，這之間有時可能會發生不具效率的清算。然而，高債務水準的好處是可以阻止再投資於無利可圖的專案，因而最佳的債務水準上升。詳細情況請參見本章附錄。

接下來考慮債務和現金流量穩定性之間的關係,明白這一點的最佳方法是考慮模型 3。一開始先考慮 y_1 和 y_2 是具確定性的情況之下,則最佳的設定在於 $P_1 = y_1$,$P_2 = y_2$。現在考慮在時間點 1 時,現金流量是不確定的情況,此狀況會有兩個效果。一方面,在 y_1 較高時為了減少經理人浪費投資的能力,必須提高債務。另一方面,為了減少在 y_1 較低時發生不具效率的清算的可能性,債務必須下降。根據本章附錄所示,隨參數的設定,兩種效果都可能會居主導地位,因此最佳的債務水準也可能會升或跌。

所以理論可以解釋為什麼具有穩定現金流量的公司有更多的債務,但它也可以呈現相反的解釋。

以下將移轉到事件研究的範圍,我將聚焦於第一項,也就是債務-股權交換通常會抬高股票價格的事實。(非常類似的分析可以應用於其他的事件研究)。我也將基於模型 1 的討論來加以論述,當然其他的模型也可以獲得類似的結果。接下來的大部分討論聚焦在,資本重整(recapitalization)或置換(swap)的背後推動力,來自於對抗敵意接管(hostile take-over)的威脅。

以債換股通常會抬高股價

假設經理人在時間點 0 之後隨即獲得私人資訊,敵意接管正迫在眉睫。(例如它出現在時間點1/2)。為簡化起見,假設市場上認為這是極不可能發生的事。但是,如果管理階層藉由資本重整透漏了這個訊息,市場當然會加以反應。

此外假定原因不詳(例如歷史性的原因),公司由100%的

股權所組成，除非管理階層能說服市場它將持續有效地經營該公司，否則敵意收購可能會成功。（這個想法是管理階層如果是有效率的則是安全的，因為收購需花費成本）。

　　假設已知公司的 $y_1 = y_2 = 100$，$L = 150$，如圖6.3所示。在時間點1/2前，管理階層沒有採取任何行動，市場參與者會認為，如果投標失敗，管理階層將不會在時間點 1 清算，因為該公司並沒有流通在外的債務，並沒有壓力要如此做。[22] 因為有如此的期待，股東將交付給投標者而使收購接管成功。

　　為了防止這種結果，管理階層必須在時間點 0 之後隨即發行債券，並且在時間點 1 採取有效的行動。可以採取的方法是使用以債換股策略。[23] 例如，假設管理階層發行新的短期債券並承諾 250（也就是說，$P_1 = 250$ 和 $P_2 = 0$），並使用發行債券的所得回購股票。因為 $y_1 < P_1$ 和 $y_1 + y_2 < P_1 + P_2$，新的債務將使公司在時間點 1 時違約並且清算，而此為有效率的結果。因此，挫敗了敵對接管，管理階層也保住了控制權直到時間點 1。

時間點0	時間點$\frac{1}{2}$	時間點1	時間點2
經理人獲悉 惡意競爭者 已然出現	惡意競標？	$y_1 = 100$ $L = 150$	$y_2 = 100$ （若沒有清算）

圖 6.3

---

22 假設後來出現另一位投標人的機會是微乎其微的。

23 我假定在接管競標已經宣布之後，採取這種置換措施已經太晚了。

對股權價值的資本重整，影響的是什麼？在資本重整之前股權價值為（大約）$y_1 + y_2 = 200$（假使接管被認為是一個極不可能的事件）。之後該公司的總價值是 $y_1 + L = 250$。考慮到所有新債務所籌集的資本拿來用於回購股票，250皆累算給原始股東。因此，資本結構調整的影響是，提高股權50的價值。24

所以，模型 1 與以債換股會抬高股價的明顯事實是互相一致的。不過，根據不同的資訊結構，模型 1 也可預測以債換股可能會減少股權的價值。

以債換股也可能壓低股價

假設 $y_1 = 100$，$L = 80$，而 y_2 有兩個可能值，$y_2^A = 100$，$y_2^B = 60$，機率分別為 π^A 和 $\pi^B = 1-\pi^A$。假設事前的 π^A 非常接近 1，而 π^B 非常接近零。但是，想像一下管理階層在時間點 0 之後隨即接收到私人訊息，也就是狀態 B 一定會發生。（在事前收到此資訊的可能性微乎其微）。市場很快就會知道這個訊息，例如在時間點期 1/4 時知道。此外，與前面的例示不同，大家都已經知道敵對的競標人已準備好在時間點 1/2 發出收購要約。再次，

---

24 以上的示例，在採行以債換股行動之前，該公司的資產結構皆為股權，而此觀點可以應用在，若公司擁有一些無風險債務的情形；在這種情況下，敵對接管的威脅可能導致該公司採取更多的債務。然而，如果有不確定性和這家公司握有風險性債務，問題會變得更加複雜。原因是競標者可能不敢出價，因為他必須與債權人分享接管所帶來的一些利得。關於這一點，請參見尹色列（Israel 1991）以及諾華斯與津各萊斯（Novaes and Zingales 1994）。

假設該公司由最初的所有股權所構成。資訊結構如圖6.4所示。

時間點0	時間點$\frac{1}{4}$	時間點$\frac{1}{2}$	時間點1	時間點2
經理人獲悉有關狀態之訊息	經理人之訊息成為公開	惡意競標？	-y_1 實現 -清算？	y_2 實現（若沒有清算）

圖 6.4

　　在事前假使缺乏狀態 B 即將發生的訊息之下，狀態 A 是很有可能發生的，也就是管理階層不會有偏離由股權所構成的財務結構的動力。（在這種情況下它會調整其估計的 π^A 更接近1）。關鍵在於純粹以股權結構的公司，沒有壓力要在時間點 1清算。但是，由於 π^A 接近於 1，這一結果是有效率的，所以管理階層在時間點 1/2 避免了被接管的威脅。因此，市場事前對初始股權的估價大約是 $y_1^A + y_2^A = 200$。

　　不過，管理階層知道市場將會很快速了解到壞狀態 B 才是真實的情況。基於此，管理階層的工作將陷於險境，除非它可以發行債券並在時間點 1 清算，因為在狀態 B，清算是有效率的手段。[25]　對此管理階層可以採取的行動是進行以債換股的措施，例如它可以設$P_1 = 180$。也就是保證在狀態 B 的情況下於時間點1 清算，進而在時間點 1/2 給予敵對接管一擊。

---

[25] 我假設發行債券是在市場於時間點1/4時知曉真實狀態之前，或是在時間點1/2發生投標之前。（時間點1/4和時間點1/2可能會彼此非常接近）。

當然，基於這種資訊結構，管理階層的資本重整信號已然顯示，他知悉不利狀態的資訊，尤其是狀態 B 將會出現。但是，新的債務是無風險的（因為 $y_1^B + L^B = 180$）並且售價訂為180。因為所有這一切歸屬於原始股東，宣布資本重整時的股權價值也是180。這表示資本重整即使符合投資者的利益，股權價值將從200往下降，資本重整所揭露的有關狀態的壞消息，抵銷了增加債券的好處。26

因此，模型 1 可以解釋的不只是以債換股通常會抬高股價的情況，也說明了以債換股也可能會壓低股價的事實。

6. 其他資本結構理論

如前所述，很多關於資本結構的文獻不會從代理理論的觀點來加以探討。事實上，自莫迪格利安尼和米勒（Modigliani and Miller 1958）提出著名的資本結構與市場價值無關的定理，文獻往往著重在賦稅、資訊不對稱或不完全市場等來試圖解釋，決定資本結構的因素，而不是在代理問題上的研究。在這一章的末尾，想簡要地討論為什麼我認為代理觀點是重要的，特別是為什麼一家公司的管理階層，和其投資者之間利益的衝突，是理解資本結構的關鍵。我認為委託代理的研究方法，可以解釋為什麼公司發行優先順位債券，以及為什麼無法償還債務會導致以破產的

---

26 為服務股東而採取的管理行動可能導致股票價格降低的看法，是因為行動揭露了有關公司的壞消息；請參閱施萊弗和維什尼（Shleifer and Vishny 1986b）。

形式來加以處罰。有關這方面更詳細的討論可以參見哈特（Hart
1993）。

　　利用模型 1 作為分析工具將有助於討論的進行，在此保持所
有模型 1 的假設，但不包括經理人是自利的假設。換句話說，假
設現在經理人可以獲取無控制權情況下的利益，則對該公司是否
於時間點 1 清算並沒有不同分別（假設經理人是可靠和誠實的，
對錢具有「正常」的興趣）。在資本結構皆以股權呈現的情況
下，要達到最佳的結果，則須設定經理人的獎勵方案如下：

(6.7)　　$I = \theta(d_1 + d_2)$

　　其中 d_1、d_2 分別是在時間點 1 與時間點 2 支付給股東的股
利，θ 為一個小的正數值。重要的是此會促使經理人最大化公司
的價值（因為 θ 很小，對股東而言幾乎是不需成本的）。如果經
理人持續經營公司至時間點 1，他會收到的利得為：

(6.8)　　$\theta(y_1 + y_2)$

　　而如果進行清算則可收到：

(6.9)　　$\theta(y_1 + L)$

很明顯可以看出，只有當 $y_2 < L$ 時，經理人將採取清算並達到最
佳的結果。

　　透過完全股權資本結構與適當的經理人補償方案，可以達到
有效率的結果，其他資本結構通常會導致不具效率的結果。這從
之前模型 1 的討論可以清楚看出，經理人無法避免清算的條件
是，如果：

(6.10) $y_1 < P_1$ 和 $y_1 + y_2 < P_1 + P_2$

　　但是如果P_1以及$P_2 > 0$，當$y_2 > L$可以滿足(6.10)條件，也就
是在較寬鬆的假設之下，即使是在不具效率的情況下，有些狀態
還是會出現清算。

　　相同的論述應用於模型 2 顯示，債務也是有代價的，因為它
可能抑制（無私）經理人執行一些有利可圖的投資專案（債務積
壓問題）。

　　到目前為止的結論是，如果管理階層不是自利的，公司不應
發行任何債務。然而，到目前為止我一直忽略稅的議題。在最先
進的資本主義經濟體，債務的利息收入較股利收入具有優勢，往
往有人認為這解釋了為什麼公司發行債券的原因。事實上，文獻
上很多文章是基於這個觀點來發展最佳資本結構的理論：債務是
很好的，因為它減少了公司的稅，但壞處是它可能會導致不具效
率的清算（當(6.10)條件滿足時的情況）。

　　然而，稅本身不能解釋為什麼公司發行本章所討論的不同
類型的債權。[27] 如果經理人不是自利的，如果該公司只發行可
延遲的實物支付（payment-in-kind, PIK）形式的債券，則可以實
現最佳的結果。[28] 換句話說，該公司會在時間點 1 欠高額的P_1，

在時間點 2 欠高額的P_2，但經理人會被賦予權力可以延遲償還部分的P_1（如果 $y_1 < P_1$）。這種安排的好處是，如果P_1很高，則該公司可以得到所有的稅務優惠，也就是以利息支出而不是分配股利的方式作為所得的支出；但同時，當$P_1 > y_1$時經理人可以透過延遲支付（P_1-y_1）來避免不具效率的清算。此外，如果經理人是依激勵方案 (6.7) 所示，若清算真的是有效的，則無私的經理人不會延遲。（d_1與 d_2現在應被解釋為對債權人和股東的合併付款）。29

　　類似的推論應用於模型 2，說明了稅收方面的考慮不能解釋為什麼公司會發行優先順位（長期）債券。尤其是，如果經理人最初僅發行次級順位債券（也就是允許公司在未來發行較此優先得償的優先順位債券），則該公司可以獲取所有債務的稅務優惠，同時能夠在之後透過發行新的優先順位債券，來集資以便進行好的投資專案（即該公司避免債務積壓的問題）。

　　在現實中，公司發行了大量的無延遲優先順位債券。30 在此似乎可以下一個結論，那就是其他的原因，而非只是稅的因素，

---

27 接下來的討論，我忽略了個人所得稅的因素，這意味著米勒（Miller 1977）提出的問題並不會出現。

28 實物支付債券（PIK）提供了經理人以現金或其他證券支付利息的工具，這在1980年代的美國曾被廣泛應用在槓桿操作（LBOs）上。請參閱圖法諾（Tufano 1993）以及布洛等人（Bulow *et al.* 1990）的研究。

29 1989年之前，美國對於公司能夠使用PIK債券來減少應納所得稅的限制很少。不過自1989年之後，收入協調法案（Revenue Reconciliation Act）已對此加以限制。請參閱布洛等人（Bulow et al. 1990）的研究。

影響資本結構。

接下來考慮不對稱資訊在解釋債務上的作用。邁爾斯與馬魯夫（Myers and Majluf 1984）認為經理人若擁有公司獲利的私人資訊，則可能更願意發行債券而不是股票。若要借用模型 1 來理解他們的論點，假設經理人於時間點 1 得知 y_2，而市場要到時間點 2 時才知曉。此外假設某些（原因不明）的歷史原因，公司有短期債務$P_1 > y_1$。在這些條件下，若經理人知道 y_2 是高的，而經理人是大股東或是原始股東的代表人，將會發行債務而不是股權來償還P_1。原因是，考慮到市場低估了公司持續經營的價值，經理人偏好以借款而不是發行股票的方式籌集資金，因為若是發行股票則會稀釋原始股東的股權（包括他自己的）。

然而請注意這種效應有可能會不存在，如果經理人的激勵方案如(6.7)所示（且禁止他持有額外的股份）。在這些條件下，他的總獎勵僅取決於該公司的事後總價值，$y_1 + y_2$ 或 $y_1 + L$，而不是股東和債權人之間的分配。因此，經理人不再有任何誘因發行債券，而是採取發行股票的方式。[31]

---

30 史密斯與華納（Smith and Warner 1979）以1974年 1 月至1975年12月間，在美國證券交易委員會註冊並發行債務的公司中，隨機抽取了87個樣本，其中超過90%的公司在發行債券時附帶限制發行更多債券的條件。雖然這種債務合約在1980年代期間有下降趨勢，但現在仍很常見到在發行新債券時，規定對發行更多債券的一些限制。請參閱萊恩與波爾森（Lehn and Poulsen 1992）。

31 這一觀察同時也出現在迪布維格與詹達（Dybvig and Zender 1991）的研究。上述討論並沒有充分討論邁爾斯－馬魯夫（Myers-Majluf）模型（或其他債務不對稱資訊理論），更全面的討論請參閱哈特（Hart 1993）。

最後，考慮公司發行債券其目的是為了讓市場更「完全」（complete）的觀點（例如請參見Stiglitz 1974，以及Allen and Gale 1994）。此背後的觀點是除了股票之外，風險趨避型態的投資者還想持有其他取決於公司利潤的有價證券。（註：在缺乏一套完整的Arrow-Debreu的證券集合，也就是市場是不完全的情況下，債券的發行可以提供風險趨避型投資者的需求）。該公司可以透過發行具風險性的債券以及股票來迎合這類的投資者，從而可以提高其市場價值。

然而作為資本結構理論的一種，該模型也有兩個困難點。第一，它還不清楚為何公司必須發行這些更複雜的債權；其他交易商在市場中可以而且也採取發行這種「衍生性」（derivative）的債權。第二，如果這些債權的目的只是為了豐富現有的投資機會，為什麼向債權人付款失敗會引發公司的違約和破產，也就是為何該公司不發行優先股（preferred shares），承諾支付固定之金額，當該公司不支付股東股利時，可以實際上支付較少金額？如果經理人是無私的，優先股與風險性債券都提供相同的報酬；然而，採用優先股的優勢是可以避免因破產而產生的不具效率的成本。

本章可以總結如下。稅、資訊不對稱、不完全市場，毫無疑問都是影響公司資本結構的重要因素。然而，這些因素不能單獨解釋為什麼債券有些是屬於優先順位債券，也不能單獨解釋為什麼無法償還債務時，會以破產的方式遭到處罰，也就是為什麼債務與強化預算之約束力有所關聯。[32] 本章發展的理論確實解釋了這些事實。如果允許債務可以延遲償還，在模型 1 經理人不會被

迫清算，或是在模型 3 中被迫由自由現金中支付。如果債務是次級順位債券，在模型 2 和 3 經理人可以在時間點 1，透過發行比現存之次級債券優先的優先順位債券的方式，來融資無利可圖的投資。

結論是，儘管委託代理方法可能無法描繪整個故事，但似乎是任何資本結構理論的重要部分。33

---

32 有些作者認為，即使管理階層是無私的，公司也可以利用優先順位債券，作為在產品市場或是與工會協商中的策略行為；請參見鮑德溫（Baldwin 1983）、布蘭德與路易斯（Brander and Lewis 1986）以及佩羅惕與施皮爾（Perotti and Spier 1993）。雖然策略效應可能是重要的，但若是說這就能夠解釋為何公司會廣泛使用（優先順位）債券，或是解釋債券為何在不同國家、行業，或隨著時間推移而呈現不同的情形，這會令人很驚訝。關於後者，請參閱拉詹與津各萊斯（Rajan and Zingales 1994）。

33 在本章我所介紹的模型有一個弱點，那就是沒有解釋為什麼公司會發放股利。在這些模型中，管理階層總是喜歡保留利潤和使用它來建立一個更大的帝國。（股東在時間點 2 收到「清算」的股利，但此只是因為假設該公司屆時會結束營業）。解釋公司為何會發放股利的一種方法，是將股東是完全被動的假設放寬。管理階層可能會支付股利，以阻嚇大股東或接管競標人干預公司的事務，事實上，在第 5 節有關以債換股的討論就呈現了這個特性。發展一種令人信服的股利行為模型，會是將來非常重要的研究議題。

附錄

短期債務的另一個角色：模型 3

模型 3 結合模型 1 和模型 2；也就是考慮投資和清算都可發生的情況。以下為假設：

假設A1：$y_2 > L$之機率為 1。此外，在任何數目 i 之下，經理人進行新的投資專案，其成本為 i，收益率為 $r = 0$。

在此假設之下，短期債務的作用是強制經理人付出自由現金流量而不會引發清算。

考慮一旦在時間點 1 不確定性已經解決時，經理人所面對的情況。如果 $y_1 \geq P_1$，經理人可從盈餘中投資 $y_1 - P_1$。不過他能夠透過借貸進行更多的投資，而最多可以借到 $y_1 + y_2 - P_1 - P_2$。因此，他最大的投資金額如下：

$$I = \text{Max} \{y_1 - P_1, y_1 + y_2 - P_1 - P_2\}$$

由於投資是完全不具生產性的，則最初的證券持有者的報酬為：

$$R = y_1 + y_2 - I = \text{Min} (y_2 + P_1, P_1 + P_2)$$

下一步假設 $y_1 < P_1$，在時間點 1 若 $y_1 + y_2 \geq P_1 + P_2$，則經理人可以避免違約的發生。在這種情況下他將投資 $y_1 + y_2 - P_1 -$

P_2，而投資者的利潤將為$P_1 + P_2$。另一方面，如果 $y_1 + y_2 < P_1 + P_2$，將會發生違約，公司將遭到清算。

考慮以上所有的情況，投資回報將可呈現如下：

$$(6A.1) \quad R = \begin{cases} \text{Min } (y_2 + P_1, P_1 + P_2) & \text{若 } y_1 \geq P_1, \\ P_1 + P_2 & \text{若 } y_1 < P_1 \text{ 以及 } y_1 + y_2 \geq P_1 + P_2, \\ y_1 + L & \text{若 } y_1 < P_1 \text{ 以及 } y_1 + y_2 < P_1 + P_2. \end{cases}$$

接下來分析模型 3 的最佳資本結構。若是 y_1、y_2 和 L 並沒有事前的不確定性，則很容易達到最佳的結果。若設$P_1 \geq y_1$，$P_1 + P_2 = y_1 + y_2$，則經理人無法投資，因為缺乏自由現金流量，但他可以避免清算的發生（可能透過借款的方式）。

當有不確定性時，事情變得更複雜。假設 (y_1, y_2, L) 簡化為兩個數值組合 (y_1^A, y_2^A, L^A) 和 (y_1^B, y_2^B, L^B)，機率各為 π^A 和 π^B，而 $\pi^B = 1 - \pi^A$。如果 $y_1^A + y_2^A = y_1^B + y_2^B$，可以透過設置$P_1 \geq$ $\text{Max}(y_1^A, y_1^B)$，$P_1 + P_2 = y_1^A + y_2^A$ 來求得最佳結果。原因是，在確定的情況下，缺乏自由現金流量，但經理人可以在較低的 y_1 狀態下透過借貸來避免清算的發生。所以在不失一般性的情況下可假設如下：

$$(6A.2) \quad y_1^A + y_2^A > y_1^B + y_2^B$$

接下來則可以考慮以下兩個情形：

1. $y_1^A \leq y_1^B$

在此情況下，若設$P_1 = y_1^B$，$P_2 = y_1^A + y_2^A - y_1^B$，則可以實現最佳的結果。在狀態 A，經理人透過借款$y_1^B - y_1^A$來支付時間點1的債務。在狀態 B 時，經理人可以利用當前的盈餘來償還P_1。在此兩種狀態下，經理人都能夠避免破產，但會缺乏自由現金，也不具有可以進行新投資的借款能力。

2. $y_1^A > y_1^B$

在此情況下無法實現最佳的結果，原因在於在狀態 A 時的情形為

$$y_1^A + y_2^A \leq P_1 + P_2,$$
$$y_1^A \leq P_1$$

然而在狀態 B，公司會面臨破產。在此公司有兩種基本的選擇，第一，選擇P_1和P_2，以便在這兩個狀態下避免破產，但在狀態 A 可以進行一些投資。第二，選擇P_1和P_2，使得在狀態 A 下沒有投資發生，但該公司在狀態 B 時會發生破產。

避免破產。考慮第一種選擇，也就是在這兩個狀態下都可避免破產的情形。有兩種方法可以達到這個目標。一是設定$P_1 \geq y_1^A$，$P_1 + P_2 = y_1^B + y_2^B$，在狀態 B 經理人透過借款$y_1^B + y_2^B - P_1$來避免清算的發生，而在狀態 A 之下可以進行投資($y_1^A + y_2^A - y_1^B - y_2^B$)，也就是：

$I^A \equiv$ 狀態 A 之下的投資 $= y_1^A + y_2^A - y_1^B - y_2^B$

$I^B \equiv$ 狀態 B 之下的投資 $= 0$

而初始證券持有人的預期報酬為：

$$R = \pi^A(y_1^A + y_2^A - I^A) + \pi^B(y_1^B + y_2^B - I^B) = y_1^B + y_2^B$$

第二個方法是設 $P_1 + P_2 = y_1^A + y_2^A$，可是選擇$P_1 = y_1^B$，所以經理人在狀態 B 時可以償還他的債務而不需借款。在這種情況下：

$$I^A = y_1^A + y_1^B,$$
$$I^B = 0,$$
$$R = \pi^A(y_1^A + y_2^A - y_1^A + y_1^B) + \pi^B(y_1^B + y_2^B) = y_1^B + \pi^A y_2^A + \pi^B y_2^B.$$

當投資產生較低價值（完全無利可圖）時，也就是當$y_2^A <$ y_2^B時，第一個方法優於第二個方法。

觸發破產。下一步考慮的是第二個選擇，也就是在狀態 B 時觸發破產的情形。在這些條件下，最佳的設置是$P_1 = y_1^A$，$P_2 = y_2^A$以避免在狀態 A 時發生鬆懈的情形。此時初始證券持有人的報酬為：

$$R = \pi^A(y_1^A + y_2^A) + \pi^B(y_1^B + L^B)$$

以上第二個情形的最後一步是對避免破產與觸發破產的報酬價值 R 進行比較，而對第二個情形的整體陳述如(6A.3)–(6A.5)所

示。（要得到模型 3 整體的結果，必須結合(6A.3) – (6A.5)與第
一種情形，也就是與情況 $y_1^A \leq y_1^B$ 有關）。

(6A.3) 如果 $y_1^A > y_1^B, y_2^A < y_2^B$，$y_1^B + y_2^B > \pi^A(y_1^A + y_2^A) + \pi^B(y_1^B + L^B)$,
設 $P_1 \geq y_1^A, P_1 + P_2 = y_1^B + y_2^B$ 可得最佳結果。

(6A.3)呈現的是債務的多寡應該是讓公司，在狀態 B 時可以
透過借款以避免破產，而該公司在狀態 A 時，具有足夠的債務能
力來進行無利可圖的投資。

(6A.4) 若 $y_1^A > y_1^B, y_2^A > y_2^B$，$y_1^B + \pi^A y_2^A +$
$\pi^B y_2^B > \pi^A(y_1^A + y_2^A) + \pi^B(y_1^B + L^B)$,
設 $P_1 = y_1^B, P_2 = y_1^A + y_2^A - y_1^B$ 時可達到最佳結果。

(6A.4)表示最佳債務水準之設置應該是在公司可以在狀態 B
時，藉由盈餘來支付短期債務以避免破產，但在狀態 A 時，公司
擁有自由現金流量來進行無利可圖的投資。

(6A.5) 若 $y_1^A > y_1^B$ 以及 $\pi^A(y_1^A + y_2^A) + \pi^B(y_1^B + L^B) >$
$\text{Max}\left\{y_1^B + y_2^B, y_1^B + \pi^A y_2^A + \pi^B y_2^B\right\}$,
則在 $P_1 = y_1^A, P_2 = y_2^A$ 時有最佳解。

(6A.5)呈現的是債務水準的決定應該是，在狀態 A 時公司自
盈餘中支付債務以避免破產，但在狀態 B 時選擇破產。

我們對模型 3 的分析到此結束。

從第 5 節中可得出兩個結果。若要查看該模型 3 支持債務

和有形資產之間的正向關係，我們考慮第二種情形下的兩狀態案例 ($y_1^A > y_1^B$, $y_1^A + y_2^A > y_1^B + y_2^B$)。當$L^B$增加，它使得(6A.5)變得更有可能發生，而不是(6A.3)或(6A.4)。因為在(6A.5)的$P_1 + P_2 = y_1^A + y_2^A$，雖然它不比在(6A.3)以及(6A.4)的 $y_1^A + y_2^A$ 來的大，得到的結論是當L^B增加時，P_1+P_2也增加。

接著考慮的是債務和現金流量穩定性之間的關係。首先從 y_1 和 y_2 為確定情況的案例開始，則它最佳的設置是讓$P_1 = y_1$，$P_2 = y_2$。現在設 $y_1^A = y_1 + \delta$，$y_1^B = y_1 - \delta$，$y_2^A = y_2^B = y_2$，$\pi^A = \pi^B = 1/2$，$L^A = L^B = L$，而$\delta > 0$。則根據(6A.3) − (6A.5)，如果 $1/2y_2 - \delta > 1/2L$，在這兩個狀態下，最佳的選擇是避免破產的發生。其中一種方法是令$P_1 = y_1 + \delta$，$P_2 = y_2 - 2\delta$。在這種情況下，不確定性的增加減少了債務。另一方面，如果 $1/2y_2 - \delta < 1/2L$，在狀態 B 時最理想的做法是，透過讓$p_1 = y_1 + \delta$，$P_2 = y_2$（參見(6A.5)）來引發破產。在這種情況下，不確定性的增加會讓債務總額隨之增加。

第 7 章

破產程序

　　前兩章分析了未公開發行公司（第 5 章）以及公開發行公司
（第 6 章）的財務結構，有人認為債務可以在約束這兩類公司的
管理階層或是企業主上發揮重要的作用。在第 5 章的Hart-Moore
模型中，債務迫使企業主將資金支付給投資者，而不是給自己。
第 6 章中各類的模型顯示，債務迫使管理階層出售資產，並具有
限制經理人投資在無利可圖但可以增加自己權力的功能。

　　考慮一家具有債務的公司，在有些情況下，例如可能是一件
意外事件的衝擊，導致公司無法償還債務，也就是這家公司（實
際上）破產了。問題是：在破產狀態會發生什麼情形？（以另一
種方法來說，在第 5 章與第 6 章所談的清算價值，L，背後的事
實是什麼？）。這正是本章討論的主軸。

　　本章一開始討論的是正式破產過程的必要性與目的（第 1 節
和第 2 節）。第 3 節介紹在西方現有的破產程序，特別是在美國
和（相對較小篇幅的）英國。在美國兩個主要的破產程序「第七
篇」和「第十一篇」（註：此為Chapter 7 of the US Bankruptcy
Code以及Chapter 11 of the US Bankruptcy Code）。「第七篇」
規範破產公司變賣以換取現金。相較之下，「第十一篇」則規範
允許公司的重組。不幸的是，一般對此兩個過程都普遍感到不
滿意。有些人批評「第七篇」可能導致健康的公司遭到清算。
「第十一篇」則被批評過於繁瑣，並偏向由現任管理階層主導

重組。同時「第十一篇」也有另一個缺陷，因為它將破產公司應該如何處理，以及誰該得到什麼的決定權混為一談，導致大量討價還價的情形發生。

第 4 節將回到破產程序的討論，試圖結合「第七篇」和「第十一篇」的議題，而這曾由菲力浦‧阿吉翁（Philippe Aghion），約翰‧摩爾（John Moore）和我在其他地方提過。[1]（此程序明顯採用了盧西恩‧貝博恰克（Lucian Bebchuk）的觀點；請參見貝博恰克（Bebchuk 1988）。在阿吉翁－哈特－摩爾（Aghion-Hart-Moore; AHM）所提出的破產程序中，債權轉換為股權，然後由新股東付諸表決是否要清算或重組。第 5 至 7 節討論AHM實際上會碰到的一些困難，以及如何解決，最後並提供一些結論建議。

如前所述，本章的形式與本書的其他章節非常不同。在本章沒有模型，推論也以非正式的形式進行。本章嘗試將理論的觀點應用在實際的問題上，並藉此來判斷理論模型的成功與否。

1. 需要正式破產程序的必要性

從第 5 章提出的一位債務人和一位債權人的案例，開始進行討論是很有幫助的，可以看出違約是資產控制權從債務人轉移

---

1 參見阿吉翁（Aghion et al. 1992，1994a，1995），此程序也出現在 'The Insolvency Service, the Insolvency Act 1986: Company Voluntary Arrangements and Administration Orders, A Consultative Document' (1993)之附錄 E（Appendix E）。

給債權人的事件；也就是，債權人成為資產的新擁有者。在這個簡單的例子裡，不太需要正式的破產程序。破產程序的目的在確保當違約發生時，所有權和控制權的轉移，如此而已，也就是債務合約得到維護。在此之後，債權人應該有權決定是否要變賣資產，或重啟談判，協議與企業主之間的債務合約以便保有資產。[2]

當有許多債權人時，事情變得更為複雜（如第 6 章討論的情況）。問題是在這種情況下，不是很清楚什麼是「將所有權和控制權轉讓給（所有）債權人」的意思。在沒有正式破產程序的情況下，法律規定債權人在違約發生時有兩個主要的補救辦法：第一，關於有擔保的貸款，債權人可以保有作為貸款抵押品的資產。第二，在無擔保的貸款，債權人可以起訴債務人並請警方執行法院的判決，例如出售債務人資產（參閱貝爾德與傑克遜（Baird and Jackson 1985））。

當債務人的資產不足以支付他的負債時，困難就出現了（這是最可能的情況，否則為什麼債務人會破產？）。之後，債權人便以相當浪費社會資源的競賽來爭取保有抵押，或獲得對該債務人的判決。[3] 同時，或許更重要的是，這場競賽可能會導致必須拆解債務人的資產，如果這些資產以整體呈現，要比拆解之後來

2　但是黑瑞斯與拉維夫（Harris and Raviv 1995）認為國家應提供破產程序，即使是在單一債務人與單一債權人的情況，其目的是要重新分配債務人和債權人之間的協商力量。

3　請參見傑克遜（Jackson 1986）。透過競爭追求第一是個負和遊戲（negative sum game），因為贏輸抵消，每個人都花費資源來玩這個賽局。

得更有價值的話，這將對所有的債權人造成損失。

　　基於債權人的集體利益，最好的方式是將債務人的資產循序漸進地加以處置，而這正是採取正式破產程序的理由。

　　到目前為止，並不意味正式的破產程序必須由國家，而不是由當事各方自己來進行。在合約簽定不需成本的世界裡，債務人和債權人會預見到無法償債的可能，和隨之而來的集體行動的問題，並在原始合約中規範，在違約狀態時應該如何處理，特別是否應該重組或清算公司，以及它的價值應該在各索賠人之間如何分割。

　　在實務中，交易成本可能大到使得債務人和債權人都無法設計自己的破產程序合約，特別是在債務人取得新資產並產生新債權人的情況。相反地，當事人可能願意根據「標準型式」（standard form）提供不同狀態的破產程序，不過這必須長時間觀察，才能對最佳標準型式的破產程序的性質做出結論。問題是，令人滿意的、最佳的破產程序理論，必須同時考慮合約為什麼不完全的問題，以及如何可以克服合約不完全的問題。本書第 2 章至第 4 章揭示了第一個問題，但並未對第二個問題進行討論。特別是在第 2 章至第 4 章所論述的合約不完全性，是在法院無法觀察到，但締約方可以觀察到的變數所造成的結果。法院是合約不完全性的原因，而不是解決方案的來源。4

4　有關這方面的進一步討論，請參見哈特（Hart 1990）。此外有關分析法院
　在填補不完全合約方面所扮演的角色，可參閱艾爾斯與格特納（Ayres and
　Gertner 1989）。

　　因此，最佳的破產程序並不是從基本原理推演得出，而是提出有效的破產程序應該滿足的一些目標，同時描繪實現這些目標的破產程序，解釋為何在這裡提出的程序是實際的，並且也可避免一些現有破產程序的缺陷。此外在這裡提出的破產程序十分簡單自然，將來可能會顯示它在合理的破產程序裡是最佳的。5

2. 破產程序的目標

　　如上文所述，這裡不會從基本原理來進行分析，然而經濟理論顯示以下是破產程序的理想目標：

1. 一個好的破產程序應該實現事後有效率的結果（也就是最大化收益總價值的結果，此以金錢來衡量並由既有的索賠者收到）。6

2. 一個好的破產程序應保留（事前的）債務約束的角色，也就是可以在破產時懲罰管理階層的力量。但是，破產也不應迫使管理階層，因為要儘量避免它而不惜任何代價，例如將公司資產「豪賭」。

5　如果採用了該破產程序，建議不應該是強制性的，應該允許任何想脫離者離開，並且設計自己的破產程序。

6　「外部的」因素被排除在效率的定義之外，也就是它假設重要的利益和成本都已納入公司的價值，例如沒有包括維持在當地就業的外部效益。如果有外部因素，的確可能需要政府採取行動，但若是使用破產法律來處理這種外部性是錯誤的手段。應該有更好的一般就業補貼來拯救工作，而不是扭曲破產程序以便為了讓壞公司繼續存續。

3. 一個良好的破產程序應保持絕對優先的索賠，也就是最優先順位的債權人應當先付清之後，再將剩餘發給次順位的債權人，依此類推（最末者為普通股股東）。

有關這些目標的簡要說明如下：目標 1 只是反映在其他事情不變的情況下，多勝少的事實；尤其是，如果可以提供更高的事後總價值，在確保絕對優先索賠的情況下（即目標 3），每個人都將變得更好。目標 2 的動機相當清楚，也就是第 6 章所分析的債務懲戒作用。一般認為債務具有限制或約束管理階層採取符合債權人利益行動的功能。如果管理階層無法償還債務而破產程序又太輕放他們，例如在重組過程中對管理階層較為友善，這會違背事前債務約束的角色。

需要目標 3 有幾個原因：第一，如果合約商定的債務優先結構在破產程序中經常遭到破壞，人們可能不願意借錢給公司，因為他們的索賠權利沒有受到保護。第二，公司內部和外部對享有破產權力之間的差異，可能導致不具效率的競租（rent seeking）行為，一些人會賄絡管理階層故意破產，而其他一些人會試圖防止破產（參見傑克遜（Jackson 1986））。第三，第 6 章的第 2 個模型顯示，管理階層可能發行優先順位債券，承諾不會投資沒有利潤的專案。如果索賠的優先權利無法執行，則這承諾的效力將大打折扣。

雖然 1 至 3 的目標是吸引人的，但不是全沒有問題。研究破產的學者特別對目標 3 提出質疑，批評者辯稱，如果股權持有者在破產程序中得到很少甚至沒有，則當一家公司接近破產時，管

理階層以股權持有者的名義，將採取風險大但效率低的行為。因為雖然一切順利的話股東獲益，如果情況很糟則損失的是債權人（參見懷特（White 1989））。

這個推論認為管理階層是代表股東，因此是站在維護股東權益的立場，但這個論點可能適用於小規模的業主管理公司（owner–managed company），對大型的公開發行公司而言則值得懷疑，而第 6 章曾經提出公開發行公司的經理人是自利的假說，可能更為合理。在這些情況下，可以促使管理階層不會在破產過程中採取激進的做法，以防止他們從事高度風險的措施來保有他們的工作，而這已經涵蓋在目標 2 之下。

甚至在小規模的業主管理公司，偏離絕對優先償還的結構是否有助於減少破產的影響，還是非常不清楚的。比較好的方法可能是以優先順位債券的形式，給經理人或業主「黃金握手」（golden handshake）（或黃金降落傘（golden parachute））。[7]

基於以上所述，假定目標 1 到 3 是希望可以達成的目標。然而以下建議的破產程序，可以加以修訂以便允許偏離絕對優先償還的規範，如果這被認為是一個好主意的話。

但這三個目標可能也會有互相衝突的情況發生。例如，如果現任管理階層具有特殊技能，則事後效率（目標 1）可能會留用破產公司現任的管理階層。但是若了解這一點，則管理階層可能

7　此外，為了防止管理階層延遲申請破產太久，它可能必須賦予債權人更大的權力，來推促公司採取自願破產的行動。有關債權人推動公司進入破產的誘因討論，請參閱米歇爾（Mitchell 1993）。

不具有太大的誘因來避免破產，也就是不會達到目標 2。8

有鑑於此，最佳的選擇可能是希望能夠合理地平衡上述三個目標，特別是目標 1 和 2 之間的合理平衡，以下討論的過程必須將此銘記在心。雖然我認為這個推論分析是令人滿意的，但如果平衡被認為是錯誤的，破產程序也可以加以調整，對此將會在下文進一步討論。

3. 現行的破產程序

本節討論現有的破產程序。世界各地雖然有很多不同的破產程序，它們主要分為兩個類別：現金拍賣（cash auctions）和結構性協商（structured bargaining）。接下來將依序討論，並特別著重在美國和英國的應用。

現金拍賣（例如在美國的「第七篇」或在英國的清算）

在現金拍賣中，受託人或接管人監督該公司的資產出售。這些資產往往分割出售，換句話說，該公司被清算（關閉）。然而，有時公司以持續經營的方式出售。出售收益根據前索賠人絕對優先順序分配（通常為有擔保的債務，之後是各種優先順位債券、無擔保債務、次級順位債券，最後為股權）。

在完美的資本市場世界，現金拍賣（據推測）將是理想的破產程序（請參見貝爾德（Baird 1986））。誰能使公司獲利就能

---

8 目標 1 和目標 2 之間衝突的分析，請參見貝爾科維奇（Berkovitch et al. 1993）。

夠從某些來源獲得現金（商業銀行、投資銀行、股票市場），並提出標價。投標人之間的完全競爭將會確保公司以真正的價值售出，公司的資產也可在它最高價值時加以使用；也就是，如果持續經營的價值超過其清算價值，該公司將會持續經營。

實務上，對現金拍賣的有效性普遍抱持懷疑的態度，認為交易成本、資訊不對稱和道德風險，讓競標者難以籌集足夠的現金來讓一家公司持續經營（即資本市場並不完美）。因此，可能在拍賣時會缺乏競爭，並可能無法保持公司的整體性。結果將會是以零散分割的方式標售，或以較低的價格售出。

在此值得討論造成不完全競爭資本市場的交易成本。假設一家大型公開發行的公司，例如通用電氣（GE），如果預期的現值是1000億美元，是否有任何競標人準備提供這麼多的現金？這個問題的答案很可能是：沒有。有人以現金標售的方式投標，實際上意圖將GE私人化。（這除非投標人本身代表一家公開發行公司才行）。競標人的意圖可能是在標得GE之後再公開發行，但同時競標人須承擔的風險是，如此一來可能會影響GE的公司價值。當然，競標人為了彌補這個風險，往往透過以較低的價格投標。結果有兩方面的影響：第一，持續經營的投標可能會不敵以分割投標的方式標售GE的資產，因為後者可以透過多位投標人而達到風險分擔的效果。第二，無論誰勝誰負，收到的現金將會較低。9

在此應該強調的是，這裡所說的交易成本並不是與管理階層擁有私人公司價值的訊息（此市場無法驗證它）有關，而是與能夠組成合適的投資者來承擔新公司風險的困難度有關。10 但是，

請注意有現成的承擔風險者：前索賠人（畢竟是之前的風險承擔
者）。如果投標人透過提供他們在破產後的新公司證券的方式，

---

9 因為衝擊到破產公司的因素可能影響的是整個產業，也就是同樣也可能衝
　擊到同產業內的可能買家，因為衝擊可能是全面性的。因此，同業本來的
　買家也可能面臨財務壓力，讓現金收購的融資問題更為加劇。請參閱施萊
　弗和維什尼（Shleifer and Vishny 1992）。

10 有一些實證支持，要找到投資者投入現金來購買一家公開發行的公司實在
　是成本不斐的想法。其中的實證證據來自於有關首次公開發行（initial public
　offerings, IPOs）的研究。李特（Ritter 1987）調查公開發行的成本可量化
　為兩個部分：直接費用（direct expenses）和價格低估（underpricing）。他
　採取的樣本為1977-82年期間由美國投資銀行推動的首次公開發行公司，他
　發現根據首次公開發行的類型，這兩種費用加總平均為證券發行市場價值
　的21%至32%。價格低估效果可以歸因於發行人／投資銀行的風險規避行
　為，並結合了各種形式的不對稱資訊參見（Rock 1986）。

　　第二個實證證據來自有關手段的考量。當一家公司財務面臨困境時，往
　往會試圖說服其債權人重新談判他們的索賠條件，例如透過延長債務償還
　期或者以債換股的方式。問題是，為什麼債權人往往選擇面對這些問題並
　進行協商，而不是推動破產和清算? 如果現金競標可創造最大價值，也就
　是說如果投標人可輕易地籌集現金購買該公司，採取後面這項策略是理性
　的。（想要重啟談判的可能原因之一是，在美國大多數的破產是依據「第
　十一篇」，而不是「第七篇」，而債權人可能刻意避免「第十一篇」的事
　實。然而，這並沒有解釋在其他「第十一篇」並不存在的國家）。

　　第三個有關的證據來自公司融資的另一個領域：接管（take-overs）。
　接管其他公司有時會提供股東現金和證券來替換現有股份。事實上，
　1993年美國所有合併和收購案件在 1 億和10億美金之間的有55%是以非現
　金的方式進行（參見Merrill Lynch Business Advisory Services, Mergerstat
　Review）。非現金收購比現金收購更難以評估，所以人們可能會預期，
　特別是在有爭議的情況時，投標公司會比較願意直接提供現金。事實上這
　些投標公司也並非是因為籌集資金困難而因此選擇非現金收購。（有可能
　是其他原因促使公司採取非現金的投標，譬如課稅以及資訊不對稱的原
　因）。

來直接接觸這個族群，將可以減少交易成本。這在「第七篇」只有現金拍賣中是不允許的，但卻是以下所述之破產程序的主要功能（如同「第十一篇」）。11

　　上述的推論或是在註解10中所討論的實證研究，都沒有討論到有關資本市場不完善的缺陷。基於此，不論資本市場完善或不完善，誠希望採用的破產程序可以運作良好。稍後所述的程序就具有這種靈活性。其中一個版本是包含允許對該公司的現金和非現金投標的拍賣。如果資本市場是完美的，公司將會售予願意付最高價錢的競標人。此外，此競標人沒有比提供現金更好的方式，因此這個結果將完全與只有現金拍賣的結果相同。另一方面，如果資本市場是不完美的，此程序可以提供優於以現金拍賣可以實現的結果。

結構性談判（例如美國的「第十一篇」或英國政府）

　　由於對現金拍賣是否有效的關注，若干國家已發展透過結構性談判的替代方案。這些程序背後的基本想法是，根據預先決定的規則，鼓勵該公司的索賠人對公司的未來進行協商，尤其是對

---

11 管理階層的私人資訊也可能導致融資的問題。例如，假設GE的管理階層知道公司的價值為1000億美金，但市場卻不知道。管理階層可能無法籌集到1000億現金來出價，而該公司可能因此無效率地被售出。不幸的是，這一問題在破產法律制度中並沒有明確規範（也不清楚法律如何可以解決這個問題）。如前所述，破產法律制度的理由是處理債權人之間的集體行為（collective action）問題，而即使只有一個債權人的情況下，此資訊不對稱的問題依然會發生。

是否應該清算或重組，以及價值應如何分割的問題。具有指標性的結構性破產過程在西方的美國為破產法「第十一篇」，而英國政府當局也基於類似的理念進行，法國、德國和日本的破產程序也類同。

　　「第十一篇」的細節相當複雜，但基本元素如下所示：債權人擁有債權（也就是在破產過程中的任何公司資產皆被凍結；沒有債權人允許持有或變賣公司的資產）。索賠人根據他們擁有的求償權分類（擔保或無擔保抵押，高級或次級債券）；委員會或受託人被委任代表每個類別。法官則監督委員會的協商來決定行動計畫和畫分公司的價值。在過程中，現任管理階層通常仍舊經營公司。該過程的一個重要部分是，只要是多數委員會同意就可以執行計畫，一致的同意並不是必須的。12

　　英國政府在1986年建立「破產法」（Insolvency Act），如同是「第十一篇」的英國版本。英國政府當局和「第十一篇」之間的重要區別是，英國的管理員（為破產管理人）在破產過程中接管公司，而不是由現任的管理階層繼續經營該公司，此外有關投票規則方面也有相當多的差異存在。到目前為止，英國的這項行政管理費用很少被使用。

　　在過去幾年，「第十一篇」一直受到很多的批評。其中包括

---

12 具體而言，對於必須得到同意的計畫，若以價值計算則它必須得到三分之二大多數的同意，若以人數計算則每個債務類別以簡單多數同意的方式，股權部分則以三分之二多數股權同意的方式，雖然在某些情況下某個債務類別就可以強制執行計畫（強制破產規定（cram-down provision））。

參與者和評論家聲稱它是非常耗時的，並牽涉明顯的法律和行政管理費用，造成破產公司價值相當大的損失。該法並且（相對而言）對管理階層比較友善，法官在執行時有時還會濫用了他們的權力。13

　　毫無疑問，「第十一篇」有很大的修改空間，根據它的程序加以改善，並已做出若干的建議。然而，有兩個基本問題深植在所有的結構性協商過程而無法修補。「第十一篇」想要一次解決這些問題：該如何處置公司，以及當發生索賠權力重組時誰應該得到什麼。

　　問題 1：重組後的公司並沒有客觀的價值。因此，很難知道在破產之後，每個類別的債權人有權接收的比重是多少。即使對金額和每個債權人的資格都沒有爭議，真實的問題仍舊存在。結果可能造成大量的討價還價的事情發生。

　　問題 2：也許更嚴重的危險是，對該公司的未來做出錯誤的決定。投票機制在事前就已約定，這意味著那些報酬不受到結果影響的人士（此有可能因為他們皆充分受到保護，或因為他們並不享有任何東西），最終可能控制了關鍵票數。

　　問題 1 很好理解，文獻已有相當的討論。14 對於問題 2 文獻上也有些討論，但分析上相對較少，以下的例子有助於說明。

---

13 關於這些議題的相關文獻，請參見卡特勒與薩默斯（Cutler and Summers 1988）、吉爾森（Gilson 1989, 1990）、洛普奇與惠特福德（LoPucki and Whitford 1993）與魏斯（Weiss 1990, 1991）。

　　示例 1。假設公司欠高級債權人（優先順位債權人）100
（美元或英鎊），該公司的清算價值是90。假設公司持續經營
六個月，它的價值平均為110（假設利率為零）。然而，這裡存
在不確定性：如果事情順利的話，它的價值為180；如果情況很
糟，公司價值只有40。（180和40的平均值是110）。顯然，可以
達到公司價值極大化的選擇是繼續經營，因為110超過90的清算
價值。但是，高級債權人並沒有興趣支持這個做法。如果事情進
展順利，該公司價值為180，而高級債權人得到的是公司欠他們
的100；但如果情況很糟，他們就只得40。這些數額的平均值是
70，少於高級債權人可以從即時清算獲得的90。

　　在此示例中高級債權人可投票立即清算公司，而不是進入
可能會讓該公司持續經營的冗長談判。事實上在有效率的結果中
有足夠的價值可以全額付清高級債權人的，也就是110，此超過
100的優先順位債券金額。在付清高級債權人之後，投票權留給
了次級債權人（次級順位債權人）和股東（他們的錢可能拿不回
來），之後次級債權人可以有效決定公司的未來。

　　事情可能有另一種發展，示例 2 呈現示例 1 的變異情況。

---

14 請參見羅伊（Roe 1983）以及貝博恰克（Bebchuk 1988）的研究。Macy's
　　公司破產案件提供了有關問題 1 的顯明例子。高級債權人聲稱重組公司所
　　可能帶來的價值很小（暗示他們應該得到它很大的部分），次級債權人
　　和股東則持相反的立場。請參見Patrick M. Reilly and Laura Jereski, 'Macy
　　Strategy Seems to Sway Senior Creditors', Wall Street Journal, 2 May 1994, at
　　A4; Laura Jereski and Patrick M. Reilly, 'Laurence Tisch Leads Dissent on Macy
　　Board', Wall Street Journal, 29 March 1994, B1。

　　示例 2。除了假設持續經營的價值比較低，設為120而非180
之外，其餘假設如同示例 1。因此，持續經營的公司價值平均為
80（120和40的平均值）。

　　在此示例中的次級債權人和股東無權得到任何東西，因為最
好的結果是清算公司變現為90，此少於優先順位債券。所以次級
債權人和股東不應該決定公司的未來。然而，「第十一篇」的規
則確實規定他們擁有投票權，因此他們可能會採取持續經營的主
張（因為他們可能看到120的潛在好處）。15　如果次級債權人和
股東有足夠的票數來否決清算計畫，則高級債權人最好的選擇可
能是賄賂他們要接受它，但這會違反絕對優先得償的規矩，最壞
的情況是公司可能不具效率地持續經營。16　如果投票權留在高
級債權人手中，則他們會對公司的未來做出正確的決定。17

---

15 這除非透過強制破產的程序，請參閱貝爾德與傑克遜（Baird and Jackson
　1985）。根據強制破產規定，次級索賠人的投票權將被取消，理由是他們
　不能在清算中得到任何好處。然而，強制破產程序是靠不住的，除此之
　外，它要求司法部門能夠精確評估出公司的清算價值。

16 實證研究顯示並不支持符合絕對優先得償的原則，這表示次級債權人的
　確擁有足夠的力量來迫使高級債權人讓步，也就是在示例2中所述在相
　關實務運上的問題，此請參閱法蘭克斯與托洛斯（Franks and Torous
　1989）。在示例 1 中所述的問題則沒有太多實證支持，然而，破產管理人
　時常提及（並且寫下）這個問題，所以若是不認真的對待它似乎是一種
　錯誤。此外，高級債權人希望儘快完成破產程序，而次級債權人則希望
　脫離破產泥沼，想必對他們來說存在一些價值因素，這些因素似乎見諸
　於Macy's 公司破產的案例，相關之討論請參見Patrick M. Reilly and Laura
　Jereski, 'Media and Marketing: Macy May Seek Shorter Period for Extension',
　Wall Street Journal, 18 February 1994, at B2。

　　此時值得一問的是，為什麼各類的索賠人針對示例 1 和示例 2 中所述的效率不彰的情形進行協商。也許最重要的原因是，大公司經常有許多的索賠人（債券持有人、交易債權人（trade creditor）和股東），足讓有關效率不彰的談判過程變得非常艱難和漫長（起因於存在索賠人之間的搭便車、套牢的問題，以及資訊不對稱的問題）。

　　考慮示例 1，高級債權人可能投票清算公司的情況。如果次級債權人和股東可以賄賂高級債權人不採取清算的方法，就可以避免這種結果。例如，他們可以用90至100之間的價格賄絡高級債權人。然而，若是不同的次級債權人和股東越多，所需的時間也會越長，也就越難以彼此合作來提出這個要求。（每個次級債權人將希望其他次級債權人來賄賂高級債權人）。結果是無法達成協議，或者是需要漫長的談判過程（有可能是消耗戰）。18

---

17 值得一提的是，在英國還有另一項破產程序，稱為行政接管（Administrative Receivership）。根據行政接管，高級債權人以及通常被稱為「浮動管控」（floating charge）者，此通常為一家銀行，在公司破產時有權委任接管人。接管人負責公司的營運，並決定是否要關閉公司，或是維持公司持續經營並在之後將之出售。接管人的首要職責是對銀行負責，而接管增加了公司持續經營而不是進入清算的機會。然而此處的接管同樣面臨了在示例 1 中所述的問題，尤其是該銀行只有固定的索賠權，這意味著它可以賺的會有一個上限。結果是銀行可能不支持讓一個好的公司持續經營，因為它看不到潛在的獲利。此外，即使銀行決定以一個繼續經營的公司形式出售，它也可能沒有動力來推高售出的價格，因為對銀行而言報酬是有上限的。結果造成可以留給次級債權人的已經所剩不多。

18 這裡讓談判變困難的因素，類似於當有許多債權人時造成破產失敗的原因。請參閱第5章有關套牢以及搭便車問題的討論。

　　類似的問題出現在示例 2，高級債權人必須集體決定向次級債權人表示，必須彌補他們以便決定不採取追求重組的行動。然而示例 2 達成協議的可能性可能比較高些，因為高級債權人的人數相對較少，所以減少了共同合作協商的問題。

　　「第十一篇」結構性破產程序，透過多數人對少數人具有約束力的關係，減少了上述協議問題的嚴重性。（與破產外協商不同的是，在此全體一致的決議不是必須的，這減少了搭便車與套牢的行為）。然而，即使在這種情況下，可能還是無法達成一個有效率的結果，例如因為資訊不對稱的問題。假設在示例 1，次級索賠人不能確定該公司的清算價值是否真的是90而不是更低的價值，而高級債權人知道真正的價值，則次級債權人可能會相當理性地虛報低價（low ball），提供高級債權人小於90的價錢來試圖彌補，以便他們不會採取清算的行動。在這種情況下，如果真正清算價值是90，高級債權人會拒絕次級債權人的提議，將會因此失去一個可以讓該公司持續經營的寶貴機會。19

4. 另一種可以選擇的破產程序

　　前面的討論可以歸納如下。現有的破產程序有缺陷的原因有兩個：兩者皆假設完全的資本市場（如在美國的「第七篇」），或是它們將公司應該如何處理，以及誰應得到什麼的兩個問題混為一談（如美國的「第十一篇」）。我現在將描繪的破產程

---

19 有關在資訊不對稱情況下之協商的一般討論，請參閱弗登伯格與悌若爾（Fudenberg and Tirole 1991: ch.10）。

序（AHM程序）不會受困於這些缺陷，而這個程序的關鍵在於將一群不同索賠權（和因此不同目標）的人轉移到性質相同的股東，然後將公司的未來由簡單的投票方式來表決。AHM程序同時也可避免在分配利益這塊餅上討價還價，因為它使用制式的方式配置保留絕對優先權的股份。（該方式由盧西恩・貝博恰克（Lucian Bebchuk）提出，請參見貝博恰克（Bebchuk 1988）的研究）。[20]

　　然而這個提案的背後理念比細節更為重要，雖有幾個版本的破產程序，但所有這些都具有相同的基本哲學。此處列出兩個版本，他們之間的不同主要在於對擔保債務的處理，以及對法官或破產管理人在負責該過程中所扮演的角色。版本 1 的精神比較接近美國「第十一篇」；版本 2 則比較接近英國的行政接管（它也相似美國舊版的「第十章」）。如果這項建議獲得通過，適合某一特定國家的版本將取決於該國的體制結構和法律傳統。（將版本 1 和版本 2 混合應用也是可能的）。

版本 1

　　首先，公司聲明（或被迫）破產後，該公司的債務將被取消。然而該公司的債權人不想空手而去；如下文任務 B 所述，他們通常會成為大股東，而重要的是該公司從破產中重新成為一個「新」的完全股權（100%由股權構成）的公司。

---

20 但是，AHM程序並沒有逃避對金額和索賠權優先得償順序的爭議，法官和法院將在解決這些爭端上扮演重要角色，正如他們平常正在做的一樣。

作為個人，例如一位法官，被任命來監督整個過程。法官有兩個緊迫的任務：(A)為新的完全股權公司徵求現金和非現金的出價；和(B)分配該公司股票的權利。這些任務可以並存執行，並且在之前設定的時間內完成：三個月可能是合理的。21

任務 A：尋求投標

法官在為期三個月內為公司徵求投標書，不過與標準的拍賣不同，個人可以使用現金或非現金的方式競標。在非現金的競標，有人將提供破產後公司的證券而不是現金；因而，一個非現金競標具有組織重整或資本重組而讓公司持續經營的可能性。以下是一個非現金競標的一些例子：

1. 原來的管理階層建議保有他們的工作，並提供索賠人破產後的股份。
2. 新的管理團隊可能提出同樣的財務安排。
3. 另一家公司的經理人可能會建議購買破產的公司，提供其公司的股票作為支付工具。
4. 管理階層（舊的或新的）可能在該公司的資本結構中增加一些債務。一種做法是安排銀行把錢借給破產後的公司（這筆貸款申辦可以成功的條件是競標必須成功），並提供索賠人該公司的現金和股票的組合。另一種方式是提供索賠人破產後的公司股票和債券。

---

21 此程序並不一定以此特別的時序進行，若有需要可以加以調整。

　　請注意，為了讓投標過程運作良好，重要的是潛在的投標人對公司的前景擁有合理準確的資訊。處理破產案件的法官，其工作的一部分就是確保（慎重的）投標人，在投標過程的三個月期間可以接觸公司的公開說明書等資訊。

任務B：配置權利

　　在法官可以分配新的完全股權公司的股份權利之前，他必須首先確定該公司的索賠人有哪些人，並且釐清有多少人以及債權的優先事項。這是一個艱苦的工作，必須在正在進行的破產案中完成。

　　因此，它應該是法官的工作來確定 n 類別的債權人以及被拖欠的總金額$D_1, \cdots, D_n$。其中第 1 類具有最高級的索賠權，第 2 類是次於最優先得償的次一級的索賠權，依此類推。該公司的股東形成第 $(n+1)$ 個類別，次於其他所有的索賠權。

　　在確定這些類別之後，法官可以繼續分配新（完全股權）公司股份的權利。如果公眾知道「真實」的價值 V（也就是可核查確定的價值），那麼就很容易釐清每個類別 i 基於絕對優先得償順序的（貨幣）總數。不幸的是，非現金競標的出價並不客觀。（這就是為什麼根據「第十一篇」會有這麼多討價還價的情形發生）。因此為了分配股權，採用了貝博恰克（Bebchuk 1988）所提的破產程序。貝博恰克的分析優點在於，儘管 V 無法客觀知曉是已知的事實，仍可達到絕對優先得償的順序。

　　貝博恰克的方法是把股權分配給高級債權人，並提供次級債權人購買股本的選擇權。更精確地說，最高級的類別（類別 1）

配置100%的公司股權（所以如果在該類中個別的債權人被欠的金額為 d_1，她可收到 d_1/D_1 的公司股票）。然而，在次一級的類別（類別 2）提供投資者選項可以購買類別 1 債權人D_1的股份，也就是欠類別 1 債權人的數額。（所以如果在類別 2 個別債權人的債權為 d_2，她收到可以購買（最多）d_2/D_2 比例的公司股票選擇權，價格則為 $(d_2/D_2)D_1$）。同樣，類別 i 投資者 $(3 \leq i \leq n)$ 可選擇從比其高級的債權人以價格 $(D_1 + D_2 + \cdots\cdots + D_{i-1})$ 購買。最後，賦予股東（類別 $(n + 1)$）以價格 $(D_1 + \cdots\cdots + D_n)$ 購買股票的選擇權。（請注意規則是高級債權人必須肯放棄他們的股票，如果他們的股票被買了，他們不能堅持持有）。

下面的例子可以說明分配的過程。假設 $n = 2$，並且有五位高級債權人，公司欠每位高級債權人的款項為200。次級債權人則有十位，公司欠每位各200，以及100名的前股東，每個人都擁有一份的股本。然後在「新」的公司，每位高級債權人將獲得20股。此外，每個次級債權人將給予購買金額高達十股而每股股價10的選擇權（如果所有次級債權人行使他們的選擇權，則高級債權人會出售1000股）。而每位股東會賦予以每股30的價錢購買一股的選擇權。（如果所有股東都行使他們的選擇權，則次級和高級債權人會售出3000股）。22

如此則完成了法官的第二個任務：任務 B。

一旦三個月到期，法官揭露在任務 A 中所進行的投標，每個人都可以作出自己的價值評估（可能來自一些外部專家，如投資銀行的幫助；然而索賠人可以自由地忽略提出來的任何建議）。在這個時點，會給予選擇權持有者一段時間，例如一個月，來行

使他們的選擇。在此期間可以有一個股權以及選擇權的市場,雖然破產過程並不取決於此。

在第四個月月底,某些選擇權將被行使,而一些則不會行使。(那些不行使者將失效)。在過程中的最後一步是該公司的股權持有者(也就是那些在第 4 個月月底持有公司股權的人),從各種現金和非現金的投標中投票決定要選擇哪一個。(投票是依據一股一投票權的基礎來進行表決,請參見下文)。一旦完成表決,得標者開始履行,公司從破產過程中重生。

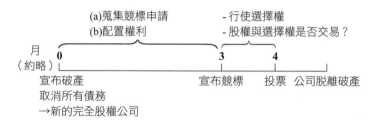

圖 7.1

---

22 這裡要提醒的,並不是所有的選擇權持有者皆會以同樣的方式行動。例如,假設一位次級債權人行使選擇權,以100的價格購買十股股票(假設沒有其他人行使選擇權)。之後她支付的100被用來購買每位高級債權人權益的10%,高級債權人只剩下90%的股權,次級債權人現在則擁有10%。另舉一例,假設一位股東行使選擇權以30的價格購買一股股票(假設沒有其他股東和次級債權人行使選擇權)。首先,這30其中的20用於購買每位次級債權人1%的選擇權,10則用於購買每位高級債權人1%的股份。高級債權人最終擁有99%的股權,而股東擁有1%。更多關於這方面的討論,請參閱貝博恰克(Bebchuk 1988)的研究。

　　圖7.1總結了整個程序的時程。請注意，當所有索賠人的意願與投票權（大致）對應的時候，無論投票權是來自前債權人或前股東（這些人已經買下了債權人的債權），他們現在都是股東，具有投給最高價值標的的投票意願。

　　在此值得回到以數值來解釋的例子，以便理解投標與選擇權之間的相互作用。假設在 3 個月後最好的出價者認為公司價值少於1,000，則再沒有人會想要行使他們的選擇權（次級債權人將不想要支付1,000而得到比這更少價值的東西，原股東也不想支付3,000），最後高級債權人將擁有所有的股權。下一步假設最好的出價者認為公司的價值超過1,000，但小於3,000，則次級債權人會選擇向高級債權人購買，但原股東不會想要行使他們的選擇權。最後，如果最好的出價超過3,000，那麼原股東將向這兩個類別的債權人購買。

　　從這個例子可以清楚看出，即使沒有客觀的對公司價值的估價，選擇權如何保留了索賠的絕對優先得價原則。

　　在版本 1 中，法官在破產過程中的功能是監督。他負責破產程序，但他不會在破產期間經營該公司。事實上，這份工作很可能落在現任的管理階層手中。（根據美國「第十一篇」，要求法官對於公司重大的投資和融資決策進行批准）。然而在版本 2，對於破產程序的監督者賦予了更大的功能。

版本 2

　　版本 2 與版本 1 的區別有兩種主要方式。23 第一、有擔保的債務留在原處。第二，破產進程的監督主管需要經營該公司一段

時間。

對有擔保債務的處理。在版本 1 中，所有的債務轉換成股權（不論有擔保或無擔保）。這是具有相當吸引力的，因為它清理了資產負債表。但它的缺點是債權人接收了證券，但他們可能並不真想要持有。在版本 2 只有無擔保債務轉換成股權：擔保的債務保留在原處。也就是當破產開始時，評價是針對具有擔保的債權開始評估。如果評估的價值發現比有擔保的債權人的債務來得高，則債務保留在原處。如果發現要少一些，則只保留具擔保的債務部分；差距的部分視成是無擔保的債權，也就是將之轉換為股權。24

請注意這個較小規模的以債換股的置換讓公司變成有償付能力的公司。（當然，完整的以債換股置換具有相同的功能）。原因是假使公司的評估價值至少不會低於它的有形資產價值，則

---

23 版本 2 為根據阿吉翁等人（Aghion et al. 1995）的研究而來。

24 與此相反，在版本 1 擔保債務視成如同其他優先順位債券，也就是它被轉換為股本。更精確地說，在版本 1 中有擔保債權人之擔保品將被評價，如果鑑定的價值大於債務，則債權人的所有債務都被視成是優先得償的債務（所以她收到的是股票）。如果鑑定的價值小於債務，則視該債權人擁有高級和次級債務的混合 （所以她收到股票和選擇權）。在這兩個版本 1 和2中，預計有擔保的債權人沒有擁有沒收抵押財產的權利 （除非該財產顯示對公司的重組是不必要的）。原因是扣押可能導致公司的資產，在先到先贏的行為之下不具效率地遭到拆解。（請注意這也是當前美國破產法律制度所採取的立場，請參閱 貝爾德（Baird 1992））。然而，在版本 2 中允許有擔保的債權人在四個月破產期間結束之後，若公司仍然無法還債，沒收抵押品似乎是合理的。

人們會比較有信心。然而,一個不能先驗判斷的是剩下的公司價值,也就是更加含糊不清的持續經營的價值。因此如同版本 1,在版本 2 中所有的無抵押債務轉換成股權。(在版本 2 中,最高級(無擔保)債權人直接接收股權,而居次要地位的債權人和原股東接收選擇權來購買股票)。

破產管理人的功能。在版本 2 中,破產管理人在四個月期間持續管理公司。也就是,她將取代現任管理階層,或者更確切地說,董事會成員。(然而如果她希望的話,她可以保留某些內部董事或經理人)。

破產管理人有兩項主要職責。第一,她有一項主要的義務就是以股東和選擇權持有人的共同利益行事,在她任期期間追求公司價值的最大化。[25] 第二,她有責任為未來的公司擘畫出一項計畫(或一些計畫),在第 3 個月月底結束時提交給股東(在選擇權行使之前)。[26] 對該計畫的性質並無任何限制,例如,該計畫可能是要重組公司,或許是新的管理階層和/或新的財務結構(這種情況下股東會收到公司新的證券);變賣它作為持續經營;或關閉公司並分割出售它的資產。事實上,一項計畫的提出就像現金或非現金的出價。該計畫將在第 4 個月月底召開的股東會議提出(在行使選擇權之後),只要多數決就可執行。(破

---

25 這可以透過兩種方式確定。第一,股東和選擇權持有者受託的責任義務可以加諸於破產管理人身上。第二,給予破產管理人相關的激勵方案。

26 破產管理人將以公司的資金支付,與根據當前英國破產法對接管人或行政人員的支付方式是相同的。

產管理人也可向股東提出多個計畫，看看哪一個得到最多的支持）。

此與版本 1 最大的不同在於，免除了正式的拍賣。不過破產管理人也可以舉行競標，如果她認為這樣會增加公司的價值，但她沒有義務需要如此做。27　同樣地，如果要舉行競標，破產管理人也有權決定誰可以獲得公司的資訊，而競標的資訊也須提交給股東。從這個層面來看，破產管理人處於類似於具有償付能力的公司的董事會，思考如何出售公司。

在版本 2，破產管理人也有權採取其他行動。例如，在前三個月她能賣一些或甚至全部公司的（無擔保）資產，如果她認為有必要如此做的話。（若該公司的未來充滿不確定性，並且威脅到了客戶或供應商的基礎，則這可能是重要的）。此外，她有權籌集新資本或釋放營業賺取的現金。例如，她可能使用從業務而賺得的利潤或從資產而得的現金，來還清（擔保）債權人或向（新）股東支付股利。（在後一種情況下，次級索賠人行使選擇權的價格會逐漸減少）。28

在版本 2 中，由於該職位賦予的權力，破產管理人的任命顯然是一個重要的議題。在許多情況下最大的（高級）債權人具有

---

27 在某些情況下，公開競投可能會讓競爭對手能夠了解公司業務或計畫的敏感資訊，長期來看可能會因此降低了公司的價值。

28 附予破產管理人這麼多自由裁量權，可能會產生的明顯危險是她可能濫用她的權力。例如，破產管理人在四個月的破產程序期間，為了能夠延長她的任期，可能從事建立自身帝國的活動。但是破產管理人可能需要獲得多數股東的贊同才能延長，這將減少這種自利行為的可能性。

最佳的資格來進行任命。例如，在英國高級債權人通常是銀行，經常是債務合約的一部分，具有委任「接管人」（receiver）的權利。（這一權利體現在所謂的「浮動管控」（floating charge））。在版本 2 我們提出的破產程序中，此類債權人任命破產管理人是有意義的。類似的安排也在德國或日本等國家採用，這兩個國家的公司通常都有所謂的「領頭銀行」（lead bank）作為一個主要的債權人。29 在其他情況下，若沒有最大的債權人時則可由法院作出任命。

請注意一旦任命，破產管理人就需向所有股東負責（不只是對作出委任的人負責）。但這引發了如果破產管理人做得不好，誰有權卸其職務的問題。前四個月可能最合理的方式是由法院來做決定，當每個類別的索賠人多數已表示不滿時，才採取行動。重點是，直到股份所有權已經清點完成之前，並不清楚破產管理人代表的是哪些人，所以她應該有一定程度的保障和較廣泛的職權範圍，以便能極大化公司的價值。不過另一種可能是從一開始就賦予股東，可以取消破產管理人的權利，但這樣的缺點是新股東可能會迫使破產管理人，採取更快銷售公司資產的行動：他們知道如果在四個月內有好消息，選擇權持有者會加以購買，如果是壞消息則他們將不持有股票，所以他們更希望能夠避免不確定性的情況發生。（這與第 3 節第 1 例所呈現的現象相同）。

---

29 有關在破產過程中領頭銀行可能的角色扮演的討論，請參見青木（Aoki 1994）的研究。

5. 評估

　　AHM破產程序可以滿足前面所討論的破產程序的三個目標。AHM程序符合目標 1：由於新的所有者決定公司的未來，他們具有為一個有效率的結果進行投票的誘因。此外，該程序保留了事前債務所扮演的約束角色（目標 2），尤其是股東可能接受投標書或計畫邀請另一個管理團隊，而讓現任管理階層的工作處於危險狀態。但是，現任的管理階層有機會說服股東，破產不是他們的錯，他們應該留任。在這方面，破產可以不是那麼急迫，否則可能迫使管理階層不惜任何代價來避免破產的發生。

　　此外可以決定是否修改程序，較委婉地或較強硬地對待現任的管理階層。譬如在版本 1，可以透過阻礙其他投標人的方式而有利於現任的管理階層，例如拍賣規則可規定外部投標人必須得到超過三分之二的投票人數才能贏標。（另一種可以減緩版本 1 和版本 2 中破產衝擊的方式為，給予管理階層「黃金握手」（golden handshake）（或稱「黃金降落傘」）的權力，也就是給予公司高級債權的方式進行。相反地，在版本 1 中若要設計不利管理階層的方法，可以規定他們必須贏得三分之二以上的票數才可保住工作。

　　最後，選擇權方案確保了絕對優先得償目的（目標 3）的要求（只要次級索賠人有足夠的現金來行使他們的選擇權，而這將在下文進一步加以討論）。[30]

　　現回到示例 1 和示例 2 來比較AHM程序與在美國「第十一篇」的結構性協商程序的異同。

　　示例 1 中有兩個備選方案：清算而得90，或持續經營而保有公司的平均價值110。AHM程序和結構性協商最大的區別是，如果前債權人作為股東而得到投票權，他們會選擇讓公司持續經營，因為他們享有公司所有的潛在獲利。當然，在此之前股東將急於行使他們的選擇權，因為投入 1 則他們獲得價值1.1的股本（假設忽略次級債權人）。換句話說，前債權人將得到由前股東支付他們100的全額償款，而原股東如同剩餘索賠人，將投票維持公司持續經營，如此可以讓一個好的公司繼續經營。

　　在示例 2 中，備選方案是清算而得90，或持續經營而保有公司的平均價值80。在此，原股東不會行使其選擇權，而成為新股東的前債權人會投票贊成清算並接收90，如此便關閉了一家表現差的公司。

　　在示例 1 中，現任經理人能夠保住自己的工作，即使他們手中可能沒有現金，並避免部分債權人想要過早清算公司的誘因。在示例 2 中，經理人無法保住工作。在兩個示例中都沒有討價還價的空間，這兩個例子中剩餘索賠人（即那些對他們的行為承擔

---

30 在AHM所提之建議正在發展的同時，另外兩個對破產改革的建議也出現於其他的文獻，那就是阿德勒（Adler 1993）以及布蘭德利和羅森偉格（Bradley and Rosenzweig 1992），同時可參考阿德勒（Adler 1994）。這些建議，如同AHM模型，設想的是當一家公司破產時公司的股權轉移給債權人的機制。阿德勒的提案中刪除了個別債權人有權不贖回破產公司的資產，而布蘭德利和羅森偉格則並未刪除。在這兩項建議中，公司的債務不累加，也沒有徵求競標的行動。此外，儘管這兩項建議設想將控制權轉移給債權人將改善管理，但並未明確說明這是如何發生的。

後果的人），最終對公司的未來有投票決定權；因此，最後的結果是價值最大化的選擇結果。

6. 進一步考慮

這一節簡要地提出了一些其他的議題，並討論AHM程序可能出現的實際問題。

次級債權人和原股東的對待

在AHM模型中，次級債權人在接收任何東西之前，被要求購買高級債權人的債務。但次級債權人可能沒有現錢來行使他們的選擇權，因此將會處於不利地位。（另外，他們可能無法或不願意透過借款籌措必要的資金）。

在此有一個修補的方法來改善此問題。（下面的討論涉及版本 1，但類似的論點也適用於版本 2）。一旦進行投標，破產案法官將能夠對公司價值設定一個下限，等於最佳現金收購價V^c（客觀的金額）。根據此他可以視該公司的價值猶如V^c，並相對應地分配股份。如果 V^c 超過欠高級債權人的款項，次級債權人將在初次分配中收到一小部分的股份。例如，如果欠高級債權人債款為100，最佳的現金競標為150，則高級債權人將收到三分之二的股份，次級債權人收到三分之一的股份。當然，可能有一個非現金競標，次級債權人認為其價值超過150，在這種情況下高級債權人還是得到較多的股份，而次級債權人可以行使其選擇權來購買股份。

當然，即使有如此的修補方式，次級債權人仍可能是短缺現

金的。最糟糕的情況就是手中沒有現金來進行競標，此時 $V^c = 0$，而所有股權分配給高級債權人。在這種情況下對次級債權人會有多糟？至少有三個原因可以說情況不會太糟。

第一，次級債權人不需集體籌集現金買下高級債權人的債權，而是每個次級債權人可以以個人身分行動，如此以現金注資的比例可能非常小。（實際上，個人不需要行使她全部的選擇權；她可以選擇行使其中一部分）。第二，在破產過程中選擇權市場可能會形成的相當好，特別是對大公司來說。（事實上，破產案法官可能會被迫建立這樣一個市場）。在這種情況下，次級債權人不需要現金；他們只須賣掉他們的選擇權。第三，即使一些次級的債權人無法籌集現金，因此空手離去，他們可能不會比根據目前的安排來得更糟。[31]

最後，重要的是要意識到次級債權人有意提高現金以行使其選擇權的問題，與競標人願以現金出價來購買整個公司的情況是不同的。因為次級債權人採取單獨行動，次級債權人行使選擇權的風險並沒有那麼大；那些購買選擇權而行使該權利者的風險也

31 洛普奇與惠特福德（LoPucki and Whitford 1990）檢視了發生在1979年10月 1 日之後登記破產，資產超過 1 億美金，並且於1988年 3 月31日前確認計畫的43個公司。他們發現，無擔保債權人的平均報酬是49.5美分／每 1 美元，報酬的中位數為38.7美分／每 1 美元。費雪與馬特爾（Fisher and Martel 1994）研究了236家於1978–87年在加拿大申請重組的公司，他們將樣本分為16家「大」公司（負債超過500萬加幣），220家「小」公司（負債低於500萬加幣）。對大公司來說，無擔保債權人的平均報酬為57.7美分／每 1 美元，中位數為30美分／每 1 美元。對小公司來說，平均報酬為46.9美分／每 1 美元，中位數為35美分／每 1 美元。

沒這麼大。相較之下，為整個公司現金競價者可能會承擔很大的風險。32　因此一方面假設資本市場不完全以至於非現金出價有其存在空間，而另方面假設透過行使或出售其選擇權，次級索賠人將能合理獲得破產後的一部分利益，這兩者之間並沒有矛盾。

索賠權爭論

討論到目前為止，很少討論到債權人債權的得償順序以及數額是如何釐清的問題。評議過程是複雜的，是所有破產程序中很重要的部分，可能有人會認為，三個月的時間對於股票和選擇權的分配作業實在是太短了。

有一種可以不損害程序又可處理索賠糾紛的方式，那就是在三個月內只要建立合理比例的索賠：選擇可以建立的索賠權，只單獨根據這些索賠權基礎而分配股票和選擇權，進行表決，並在仍有爭議的索賠權的情況下完成破產程序。一旦這些索賠已經決定，有一種適當的事後解決方式，那就是給予破產後的公司之索賠人該公司的證券。33　請注意有爭議的索賠人不參加表決，但這不會是太嚴重的問題，因為可以推定他們也會對極大化價值的競標投下贊成票。34

---

32 請參閱第 3 節有關採用現金競標的交易成本之討論。

33 有幾種方法可以如此做，其中一個方法是給予新的索賠人證券，等同於破產過程而使得債權人握有的證券。

34. 這是過於簡化的說法，這些股東認為高級債權可能在稍後實現，則他們會有選擇高風險重組計畫的動機，因為如果事情變好他們獲益，如果事情變壞他們不會因此受苦（參見第 3 節示例 2 之類似現象）。

新的資金

公司在破產過程中通常都需要新的資金，例如拿來支付供應商和員工。破產管理人或管理階層（得到法官的批准）可以使用，具有償債能力公司集資的方式來籌資。重點是，由於以債換股置換的關係，該公司為具有償債能力的公司（它或者是沒有債務，或者其債務是具擔保的債務），所以可以在範圍內發行新的債務，其中當然會以次級債權人剩餘擔保債務以及高級債權人的股權為基礎。

投票程序

另一個議題關心的是投票程序本身的問題。如果只有兩份投標書，很自然可用最簡單的表決方式。然而，若有兩個以上的投標，則會有許多的可能性。股東可以投票選出他們最首選的計畫，獲得最多選票者勝出；或者他們可以將計畫排名，得到最高總排名者勝出；或者採取兩輪投票，在第一輪時股東將計畫排名，在第二輪時對排名最高兩名者進行投票表決。值得注意的是，在投票理論（voting theory）中棘手的問題〔例如多數決矛盾（Condorcet Paradox）〕不太可能出現在此處，因為股東有一個共同的目標：價值最大化。

小公司

這裡提出的破產程序，可能對擁有多位債權人的中型或大型的公司最為適用，通常中型或大型的公司破產會引發最棘手的問

題。然而，大多數破產公司涉及到小公司，其中銀行往往是主要
的債權人。根據AHM程序，銀行會得到所有的股權，可以「投
票」決定清算或重組公司。（如果需要現金則可能會選擇清算，
而比較不會出售股份）。此外，該過程允許次級債權人，例如交
易債權人，向銀行買斷；交易債權人可能有動機去投票讓公司持
續經營，因為他們預計與該公司還會有交易利益。簡單地說，該
程序也可能在小公司的情況下發揮作用。

脫離困境

很多破產的問題經常造成公司的困擾，並且急於想要從困
境中脫離（例如有搭便車和套牢的問題）。雖然AHM程序並未
為國家所採用，但實在沒有任何理由為什麼公司不能自行選擇
AHM程序，作為脫離困境的工具。

7. 結論

目前的重組程序有缺陷，是因為他們將決定誰應該得到的問
題，與破產公司應該如何處理的問題混為一談。這一章描述了一
個分隔這兩個問題的過程，而關鍵在於轉變一群具有不同索賠權
的團體（因此有不同目標）成為同類的股東，然後由簡單的投
票方式決定公司的未來。

再多論述一些有關此程序背後的基本理念或許有些幫助。
其基本思想是，一個破產的公司並不是從根本上就不同於，具有
償債能力但表現不好的公司。在具有償債能力的公司，股東選舉
董事會成員，負責決定是否要持續經營公司，或是賣掉它，或是

關閉它。相同的選項應提供給一個破產公司的索賠人。換句話說，沒有特別的理由為什麼破產應自動引發一家公司透過現金出售而終止。第 6 章所提的債務代理成本理論，破產代表的是管理上出了問題，而不是公司本身。（管理階層在信守承諾上已然失敗），而適當的反應是允許新的管理團隊取代現有管理階層的機會。為了達成這個目標，AHM程序透過一個非現金競標（或計畫）的設計。非現金競標允許「第十一篇」類型的重組計畫存在。然而，與「第十一篇」不同的是，公司的未來由簡單的投票機制來決定，其過程與具有償債能力的公司是相同的，而不是經由一個複雜的討價還價的過程來進行。

　　1994年有一個有趣的例子，美國派拉蒙公司（Paramount）接管案，提供了此程序可能的應用。這個案例中有兩個投標人，Viacom與QVC，每個都提出了現金與非現金的提案。派拉蒙公司的股東在此之間作選擇，選擇了讓派拉蒙獨立繼續經營的選擇權，這實際上是透過表決通過的（Viacom贏了投票）。因此，派拉蒙公司股東做出了類似於索賠人會在AHM程序中，在非現金競標下所做的選擇。

　　最後，值得強調的是早些時候所提的一個重點。一個好的破產程序應該在資本市場不完善或是當資本市場是完善時，都可運作良好，而AHM程序具有此功能。如果資本市場是完善的，公司將會給願意支付最高數額的競標人，此外，該競標人最佳的選擇就是提供現金，而此結果將完全與美國「第七篇」的規範相同。（同樣，如果資本市場是完美的，破產管理人應該總是選擇現金出售的提議）。鑑於此，雖然相信資本市場是完善的信徒可

能看不到AHM的精神與美國「第七篇」之間關聯的優點，他們
不應強烈反對它。相較之下，那些質疑資本市場是完善的人士，
應該可以在AHM程序中找到價值所在。

第 8 章

公開發行公司投票權的結構

　　第 6 章討論公開發行的公司，當所有權和控制權（或管理）
分離時所產生的一些委託代理的問題。有人認為在未公開發行的
公司，由於搭便車問題使得代理問題更形嚴重：個人和小股東很
少有誘因來監督管理階層，因為此時監督是一項公共財。1　類似
的搭便車問題會影響公司的投票過程：個別股東可能沒什麼興趣
花很大的成本來發起代理權爭奪戰，以便更換不稱職的管理團
隊，因為費用由一個股東承擔，但改進管理所帶來的收益由所有
股東所享用。2　事實上，股東甚至不會（聰明地）在公司董事會
選舉中投票，因為個人或小股東的投票不太可能是關鍵票。3

　　有時可以透過收購一家公司的大量股份，並加以接管來克服
上述的搭便車問題。4　在實務上，是否容易發生接管取決於多種
因素，包括管理階層可使用的防禦性措施、法院的態度取向、反

1　本章仍然無視於管理階層與董事會之間的區別。

2　代理委託書之爭是一場說服其他股東投票給某特定管理團隊（或董事會）
　的競賽。有關代理委託書之爭的討論，請參見伊肯伯里以及萊克尼孝克
　（Ikenberry and Lakonishok 1993）和龐德（Pound 1988）。

3　這兩個搭便車問題可簡化為一家公司有一個或更多大股東的情形。大股東
　有監視或發起代理委託書爭奪戰的誘因，因為她可收到相當大部分的收
　益。另外，大股東也具有（聰明地）投票的誘因，因為她知道她的投票可
　能是關鍵。本章的重點在於所有股東（最初）都是小股東的情況。有關公
　開發行公司投票議題的廣泛討論，請參見曼恩（Manne 1964）。

接管立法的存在，以及成功競標人剝削少數股東的能力等等。本章認為，除了這些機構、法律和政治的因素，對接管過程的重要影響來自於一家公司的證券投票結構，尤其是該公司的投票權如何跨不同證券而加以配置。一家公司公開發行之前，對公司的初始所有者有利的是，設計一種證券投票結構，可以讓未來的管理階層有來自市場對公司控制權的適當壓力，確保管理上的品質。本章的分析將會顯示，根據一套合理的假設，最佳的證券投票結構是單一類別、附加投票權的股份（「一股一票」）。這一結果或許可以解釋，為什麼很多在美國和英國的公司採取一股一票的原則，和為什麼股票交易所和監管當局往往對不這樣做的公司採取可疑的態度。

　　這個分析的背後基本觀念很簡單，假設一家公司在特定管理團隊經營下的總價值分為兩個部分：一部分代表的是股東收到股利收入的現值（稱此為該公司的公開價值（public value）），另一個部分是管理階層所享有的（貨幣）私人利益（稱之為私人價值）。假使一家公司有幾個類別的股票搭配不同的投票權，競標人取得控制50%投票的方式，在允許有限的或部分的收購（即如果投標人不須購買特定類別中的所有股份）的情況下，可以透過收購少於50%的公司股利流（dividend stream）來達到收購目的；或如果不允許有限的收購，則可透過收購小於100%的公司股利流（即如果投標人必須購買特定類別中的所有股份）來達到

4　有時大股東可以對管理階層施加控制，而無須啟動正式的接管行動，本章則著重在正式的接管議題上。

目的。結果是競爭的管理團隊，也就是為股東創造低公開價值，但卻有高私人價值的團隊，可能會從現任的優良經營團隊，也就是可以創造高公開價值但低私人價值的團隊手中奪得控制權，所採取的方法是對該公司股利流一小部分的股份支付溢酬。以同樣的方式，若現任的管理階層為股東創造低公開價值但卻有高私人價值，也可以對該公司股利流一小部分的股份出高價，來擊敗一個優質的競爭對手，也就是擊敗可以創造高公開價值與低私人價值的競爭對手而取得控制權。因此，脫離一股一票的原則可能會造成兩種類型的「錯誤」：一些控制權的轉移發生在不該發生的地方，而一些控制權的轉移在應該發生的地方卻沒有發生。透過一股一票的方式，可以降低兩種類型錯誤的風險（如果允許有限制的收購），或是消除這兩類錯誤的風險（如果不允許有限制的收購）。

雖然一股一票的方式在很多的情況下運作良好，但並不總是最佳的方法。這裡的分析將顯示，假如現任者和競爭對手皆有很大的私人利益，若背離一股一票的方式，可能可以增加對獲取公司控制權的競爭強度，使得股東可以獲取一些現任者和競爭對手的私人利益，而此可以提高該公司的總價值。

對某些類別的公司，可能有其他的原因使得一股一票原則成為不是最佳的選擇。本章主要在第 6 章的分析架構下進行，管理階層的偏好相對於投資者是「不重要」的，並且不會在選擇資本結構上得到任何利得。然而，在一些公司賦予管理階層權力，允許他們享受自己的私人利益，或是激勵他們進行關係專屬性的投資，或許是有效率的手段。另外，公司的初始所有者可以「賣」

私人利益給投資者，並附上投票控制權，以便投資者可以享用私
人利益而沒有被徵收的風險。如果管理階層和投資者是財富有
限的，無力購買大量的股權（或者如果他們是風險趨避者），
它可能有必要脫離一股一票原則以便實現這些目標。5　第 5 章
的Aghion-Bolton模型顯示，賦予代理人享有私人利益的權力，
在某些條件下的確可能是最佳的選擇。（參見「E控制」（E
control）和「C控制」（C control）之間的比較）。

公司控制權交易的理論文獻很多，包括貝博恰克（Bebchuk
1994）、葛羅斯曼與哈特（Grossman and Hart 1980）、曼恩
（Manne 1965）、沙爾夫斯坦（Scharfstein 1988）、施萊弗和
維什尼（Shleifer and Vishny 1986a）、史坦（Stein 1988）、津
各萊斯（Zingales 1995）以及崔貝爾（Zwiebel 1995）等等。最
近針對證券投票結構的研究文獻，主要由伊斯特布魯克與費薛
（Easterbrook and Fischel 1983）開始，他們給一股一票原則一個
非正式的定義，認為是「作為剩餘的索賠人，股東是具有適當
誘因（須處理集體選擇問題）的團體來進行決策」。本章主要基
於葛羅斯曼和哈特（Grossman and Hart 1988）以及黑瑞斯與拉
維夫（Harris and Raviv 1989）的研究。這兩篇論文認為，一股
一票原則因為賦予股東正確的誘因，來進行決策而達到最佳結果
的情形，並沒那麼常見，反而是因為它迫使了想要獲得該公司控

5　有關具有大型投資者或投票權持有者的公司，其證券投票結構的分析，
　　請參見津各萊斯（Zingales 1993）和貝博恰克與津各萊斯（Bebchuk and
　　Zingales 1995）。

制權的人，必須收購該公司股利流的份額來與此控制權相稱。6

　　本章的組織如下所示。第 1 節提供一個示例，彰顯一股一票
原則背後的主要理念。第 2 節分析一個正式化的模型。第 3 節討
論受限制的收購，以及一些衍生的狀況。最後，第 4 節為結論性
建議以及對一些實證的討論。

1. 不具效率：示例

　　在這一節中提供示例來說明，背離一股一票原則會如何造
成效率不彰的問題。假設該公司擁有一大批非常小（可以忽略不
計）的股東，每個股東認為自己太微小而無法影響控制權競賽的
結果。

　　假設公司有兩類股份：A 類有索賠50％股利的權力，但沒有
投票權；B 類有索賠50％股利的權力，並且擁有投票權。假設在
現任管理團隊的經營之下，公司的公開價值為200（所以每類的
價值為100）。現有競爭的管理團隊，其效率較低：競爭對手經

6　其他有關一股一票的相關研究包括布萊爾等人（Blair et al. 1989）、黑瑞
　　斯與拉維夫（Harris and Raviv 1988）、格魯伯（Gromb 1993）。布萊爾等
　　人（Blair et al. 1989）指出證券投票結構在沒有賦稅的情況下是沒有關係
　　的，然而他們假定投標人僅可以進行有條件的投標報價（也就是投標人報
　　價購買股票的條件是投標人必須贏取控制權），而本章允許無條件的投標
　　報價（無論申辦是否成功，投標人皆同意購買股票）。黑瑞斯與拉維夫
　　（Harris and Raviv 1988）以及格魯伯（Gromb 1993）探究了背離一股一票
　　的情況下，可以增加公司市場價值之處，但與本章不同的是，他們假設個
　　別股東都足夠大到其決定可以影響控制權爭奪的結果，也就是股東認為自
　　己是關鍵的一票。

營下的公開價值是180（所以每類價值為90）。然而，競爭對手
有重大的私人利益，譬如為15，而現任者的私人利益相較是微不
足道而可忽略不計。

　　顯然，讓對手獲得控制權的結果是不理想的，因為這會減
少公司的總價值。然而，競爭對手可以提出無條件投標，譬如
以101價格要約 B 類股票而得到控制權。（在一個無條件收購
中，投標人出價收購股票，而不管競標是否成功）。在沒有反要
約（counter offer）的情況下，B 類股東若是選擇不提供股份，
如果競爭對手輸了，則股東的股權價值為100，如果競爭對手贏
了，則價值為90。B 類股東也可以選擇提供股份並且收到101。
因為沒有股東將自己視為是關鍵票所在，因此所有股東都提供手
中的股份，競爭對手因而獲勝。[7]

　　競爭對手購買股份造成了11的資本損失（她支付股東101而
其公開價值只有90），然而這一資本損失可以以她的私人利益
15加以抵消。股東合計起來是有損失的，因為這兩類股東只獲得
191，B 類股東以101的價格被收購，而 A 類股東持股的價值剩下
90。最後，現任者以反要約的方式無法成功地拒絕這個提議，因
為他準備支付 B 類股東最高的價格為100（他的私人利益微不足
道），但透過反要約，B 類股東將把股票賣給競爭對手。

　　在一股一票原則下，競爭對手無法獲得控制權（這裡我排除

7　投資者持有相同數量的A類和B類股，譬如每類的比例 α 的股東，如果她
　　把自己看作是關鍵性的投票者，則不會將股票售給投標者，因為如果售出
　　則她持有的價值將從200α減少到191α。

了有限制的收購）。如果 B 類股東擁有所有的投票權和所有的股利，競爭對手必須提供超過200來獲取 B 類股東的提供。但這意味著她的資本損失將為20（也就是200-180），超過她的私人利益。此外，即使她的私人利益超過20，出價仍是有利可圖的，股東不會有交易損失，因為代表100％的股利流的股份以溢價方式被收購了。

在此示例中，背離了一股一票原則是不好的，因為它允許劣質敵手（擁有高私人利益）得到了控制權。這個示例也很容易可以加以修改來顯示，脫離一股一票原則也可以阻撓一個優質的競爭對手取得控制權。

假設在現任管理階層經營下的公開價值仍然為200，但在競爭對手下的公開價值現在為220。假定現任者的私人利益是15，而競爭對手相較之下可以忽略不計。根據上述兩類股東的結構，競爭對手無法得到控制權，即使該公司如果在她經營之下更有價值。原因是她準備提供B類股東最高價格為110，因為這是其競爭對手管理下的公開價值，而她的私人利益微不足道。然而，如果競爭對手提出這樣的要約，現任者將提出反要約，譬如說是111。現任者將在反要約之下產生11的資本損失，但這一資本損失可以用他15的私人利益加以抵消。結論是競爭對手不會理會出價，現任者將繼續保有控制權。

再次，在一股一票的方式下這個問題不會發生。如果 B 類具有所有股利和所有的投票權，競爭對手準備向 B 類股東提供的最高額可達220。現任的管理階層無法抗拒這個出價，因為 B 類股票的價值對他而言只有215。

在上述示例中，只有其中之一的管理團隊具有重大的私人利益。以下將討論，若是兩方都擁有顯著的私人利益，則背離一股一票的方式可能會增加該公司的總價值。

2. 模型

本節提供了證券投票結構對控制權轉移，可能產生之影響的一般模型。假設一位初始所有者設計公司的證券和投票的架構，以便公開發行，而這位所有者的目標是要極大化發行證券的總價值；想像他計畫將要退休。8 所有者了解到，該公司的管理團隊可能會出現無法將公司經營好的情況。尤其是，可能會出現一個情況，外部的管理團隊可以經營的更好，但現任管理階層不願讓出控制權，因為他從經營公司中獲得很大的私人利益。9 鑒於此，初始所有人為了公開發行公司建立了一個證券投票結構，允許（敵意）接管在某些狀態下發生。

在特定的管理團隊下，公司的總價值（現任者或競爭對手）的總價值分為兩個部分：公開價值（股東所享有的）以及私人價值（管理團隊所享有）。現任者與競爭對手的公開價值分別表示為 y^I 與 y^R，而現任者與競爭對手的私人價值分別表示為 b^I 以及 b^R。10

---

8 我假定初始所有者不保留公司任何的股份或投票權，在這種情況下他會如何行動的案例分析，請參見津各萊斯（Zingales 1993）、貝博恰克（Bebchuk 1994）以及貝博恰克與津各萊斯（Bebchuk and Zingales 1995）。

9 本章將忽略，債務作為一種強制管理階層放棄控制權方面所扮演的角色。

　　私人利益可能以幾種方式加以實現。例如，管理階層可能支付自己巨額的薪資並獲得很大的額外收入，從而減少可供股東的利潤。或者是部分的公司價值以公司聯合運作的方式，直接歸於管理階層擁有的另一家公司所有。另一個可能性是管理階層與另一個自己擁有的目標公司合併，但是合併價格事後卻是對少數股東不利（所謂的「強迫合併」（freeze–out merger））。最後，管理階層可能從他們自己擁有的公司以膨脹價格的方式購入投入因素，或自己壓低售價賣給他們自己擁有的公司。11

　　在時間點 0 時公司公開發行，證券投票結構已經選擇，現任管理團隊已經就位。在時間點 1，單一的競爭對手出現。12 在時間點 0 對於現任和競爭對手團隊的特性具有不確定性，分別以 y 以及 b 表示，假設 y 和 b 的不確定性問題在時間點 1 時獲得解決，並假設整個過程資訊對稱。此外，y 和 b 對每個管理團隊是

10　這些私人利益，與那些在第 5 章所討論的Aghion–Bolton模型，以及第 6 章中的模型不同，私人利益是以錢的形式表示。然而，它仍然假設管理階層沒有（或很少）擁有原始財富。

11　有些實證研究指出私人利益可能是非常大的。巴克萊與霍德尼斯（Barclay and Holderness 1989） 估計在美國約是股權價值的4%，而津各萊斯（Zingales 1994）認為在義大利估計約高達60%。研究人員還發現在雙重類別股票的公司，具投票權的股份相對於不具有投票權的股份溢價較高，例如利維（Levy 1982）發現在以色列溢價為45.5%；瑞德瑞斯特（Rydqvist 1992）發現在瑞典為6.5%；津各萊斯（Zingales 1994）則指出在義大利為81%。高溢價與控制權帶來的高私人利益是相互一致的。

12　這是一個簡化的假設。該模型的主要概念可以延伸到多個競爭對手的情況，然而在這種情況之下證券投票結構變得不那麼重要，因為在某種程度上而言，投標人之間的競爭會為股東創造最大的價值。

外生的，也就是它們不會依管理行動的變動而變動。13　在時間點 1 競爭對手選擇發動接管或是不採取行動。如果競爭對手啟動接管，現任者必須選擇是否抵制。若競爭對手的出價是成功的，則管理階層將被替換。14　在時間點 2 公司清算並向股東支付股利。假設所有的投資者都是風險中立者，而利率為零。上述整個時程如圖8.1所示。

時間點0	時間點1	時間點2
選擇證券股票結構	競爭對手意圖接管？	支付股東股息

圖 8.1

簡化起見，著重在只有兩類別的股份：A 和 B 類，股利和投票權分別以 s_A、v_A 和 s_B、v_B 表示，集中 $s_A + s_B = 1$，$v_A + v_B = 1$。（也就是A 類有權領取 s_A 比例的股利和 v_A 比例的選票，而 B

---

13 有關在接管競標出現時，管理上所可能採取行動的分析，請參見沙爾夫斯坦（Scharfstein 1988）與史坦（Stein 1988）的研究。

14 「友善」（friendly）合併的可能性，也就是競爭對手和現任經營團隊協商有關在管理上的改變，本章並不允許這種情況的發生。忽略這種友善合併情形的原因是，為了彌補現任者在私人利益上的損失，競爭對手可能必須提供現任者很大的補償。（雖然 b^I 有時相對於 b^R 而言是相當小可以忽略不計的，但以絕對值而言可能還是很大）。然而這種補償不可行，因為若被接受則可能會被視為是違反現任者對其股東的信託義務。因此，如果現任者具有可以成功抵抗敵意收購的機會，他會傾向於拒絕友善合併和接管的風險。（在模型中沒有任何不確定性，但很容易加入考慮不確定性的因素，而在此情況下，任何投標出現失敗的機率都為正）。

類有權領取 s_B 比例的股利和 v_B 比例的選票）。15 不失一般性，B 代表具有優勢的投票權股票，即$v_B > 1/2$。16 請注意一股一票在這兩類股票架構中是特殊情況，也就是 $s_B = v_B = 1$ 的情況。17

控制權競賽

假設要取得控制權，競爭對手必須公開要約。如果競爭對手出價，現任者將選擇是否抵制它。18 面臨一個或兩個的要約，股東決定是否給競爭對手或是給現任者，或繼續堅持握有他們的股票。

在投標時，兩個投標人的特點是已知的。假設有一大批非常小（可以忽略不計）的股東，並沒有個別股東可以影響競賽的結果。19 如同股東對要約的決定結果，競爭對手要不累積50%以上公司的投票權以利她贏得控制權，或者她不會如此選擇。20 因此，控制權競賽的結果是確定的。21 假設股東是理性預期的，

---

15 所有結果都可毫無困難地延伸至 n 類別證券的情形。

16 當 $v_B = v_A = \frac{1}{2}$ 時並不是有趣的情況，在此不討論。

17 不存在有限制要約時，所有證券投票結構在 $s_B=1$ 時，等於是一股一票的情形（鑒於 $v^B > 1/2$）。然而，如果允許有限制要約，為一股一票結構的條件變成 $s_A/v_A = s_B/v_B = 1$（請參見第 3 節）。

18 可以想像現任經營者從私人利益 b^I 中資助要約費用（如同槓桿收購（leveraged buyout）；或者他發現一家「友善」的公司（即白衣騎士（white night），可以將私人利益轉移給現任者，並由現任者提出反要約。

19 有關正式模型和相關討論，請參見班諾里與李普曼（Bagnoli and Lipman 1988）、貝博恰克（Bebchuk 1989）、科夫諾克（Kovenock 1984）以及霍姆斯特姆與內勒巴夫（Holmstrom and Nalebuff 1992）。

在目前的情況下，這意味著股東對誰會獲勝是確定的。結合股東因為人數眾多而可忽視，以及股東具有理性預期的兩個假設，具有重要的意涵，那就是競標人不會做出會有損失的競標。這是因為競標人不能購買任何股份的資本利得，因為如果他提供 i 類（i = A 或 B）少於 $s_i y^w$，其中 y^w 表示獲勝管理團隊（w = R 或 I）管理之下的公開價值，則在 i 類別之個別股東透過持有其股份，以取得其股份佔接管後公司價值 $s_i y^w$ 的比例，可以變得更好。因此競標人如果贏了，他唯一的報酬是他獲取的私人利益。[22]

投標的形式

現將注意力放在「任何或所有」（即無限制）投標要約，也就是如果投標人要約購買某特定類別的股票，投標人必須要約以同樣價格購買在該類中的所有股票。（但投標人並不須擴及到其他類別的股份）。背後的理由是，法院可能比較不會支持限制邀

---

[20] 簡單起見，如果競爭對手無法獲得50%的選票，就不能讓她自己的候選人當選公司的董事。也就是，假設任何不會提供競爭對手投標權的股東，在代理委託書爭奪戰中投票給現任管理階層，這是合理的想法，因為小股東並沒有多大誘因來思考要如何投票，因此可能採取「簡單」的策略投票給現任的管理團隊。

[21] 根據合理的假設，即使股東對於投標人要約的決定是隨機的，也就是即使他們決定將股票售予競標人的機率介於 0 和 1 之間，在股東數目很大的情況下，控制權競賽的結果將（大致上）是確定的。請參閱霍姆斯特姆與內勒巴夫（Holmstrom and Nalebuff 1992）。

[22] 這是在葛羅斯曼與哈特（Grossman and Hart 1980）文章中所述的搭便車問題，此外，失敗的競標者會產生申辦競標的成本費用。假設投標的費用雖然是正的，但相對於獲得控制權後的私人利益，b，要來的小。

約的方式，因為可能認為它是強制性的方法。（強制性有限制要約的示例，請見第 3 節）。在任何情況下，這種假設僅是一種簡化，第 3 節中所示的主要為應用到限制要約的一般化情況。此可同時參考葛羅斯曼與哈特（Grossman and Hart 1988）以及黑瑞斯與拉維夫（Harris and Raviv（1988, 1989））的研究。

在此同時假定任何報價是無條件的，也就是說即使投標失敗，投標人同意購買同意要約的股票。然而如果允許有條件要約，也不會改變分析的方式。

在投標人必須提出無限制要約的情況下，對 B 類股票將會有爭奪控制權的競爭，其中必須要有50%以上的選票才能奪標。問題是，由於競爭對手不能只招標 A 類股而可得到控制權，因此她必須競標 B 類股份。另外競標 A 類股份是不具意義的，因為她不能從中得到資本利得。（如果她能因此得到資本利得，A 類股東最好是繼續持有股份而自己得到相同的資本利得）。同樣地，如果現任管理階層採取抵制，那麼他將對 B 類股東提出反要約，因為 A 類股無法提供足夠的票數來擊敗競爭對手。23

結果

如果現任者的私人利益或競爭對手的私人利益（或兩者）是不顯著的，則一股一票是最佳的方式，這已呈現在第 1 節的示例中。然而，如果現任者和競爭對手都有重大的私人利益，則一股一票不是最佳的。這個分析可以畫分成四個案例來加以討論。

---

23 假設現任者與競爭對手都不是公司的初始股權擁有者。

案例 1：相對於 b^R、y^I、y^R，b^I 是微不足道的。如果要檢視在什麼條件下控制權會發生轉移，則須考慮現任者會如何對競爭對手所提出的競標做出反應。現任者的最佳回應是：

（＊） 對 B 類股東提出要約報價（只高於）$s_B y^I$。

重點是如果現任者提出的要約低於 $s_B y^I$，如果 B 類股東預期他會贏，則 B 類股東不會將股票賣給他（B 類股東發覺在這個情況下繼續持有股份是比較好的選擇）；由於現任者並沒有顯著的私人利益，現任者也無法提供更高的價錢。

接下來競爭對手的問題是，她是否可以提出一個競標案：(a)將可以阻止來自現任者的回應(*)（即如果兩個要約都提出，則競爭對手會贏）；以及(b)對競爭對手是有利可圖的。

首先考慮當 $y^R \geq y^I$ 的情況，也就是競爭對手是較優質的管理團隊（以公開利益的層面來看），則以下競爭對手提出的競標滿足(a)和(b)條件：提供 B 類股東只高於 $s_B y^R$ 的價格。究其原因，請注意就只有這個要約出價，兩類的股東會賣給競爭對手，而不論他們是否認為競爭對手將會贏或輸，他們得到的要約出價都會比公司事後的接管價值來得高。此外，如果現任者抗拒反要約(*)，現任者將不會收到任何股份，因為他的要約提議是由競爭對手所主導的；也就是競爭對手的出價可以阻止現任者。最後，競爭對手從要約中獲利（幾乎）是 b^R，因為她可從要約而得的股份中收支平衡（她支付的價錢只略高於所值的）。

　　沒有競標的利潤可以高過競爭對手贏得控制的競標案,這可從前面的觀察立即得知,由於沒有競標人可以從其要約的股票上獲取資本利得,競標人的報酬不會超過他的私人利益。

　　下一步考慮 $y^R < y^I$ 的情形,即現任管理團隊是比較優質的團隊的情形。在此情況下,為了要阻止現任者,競爭對手必須提供 B 類股票比 $s_B y^I$(略)高的價格,原因是如果競爭對手不提議如此的要約,現任者可以用反要約(*),取得50%選票來打敗敵手。在 $s_B y^I$ 的價格,競爭對手於 B 類股票的資本損失為 $L = s_B(y^I - y^R)$,這一損失必須以競爭對手控制 b^R 的私人利益來權衡。結論是在 $b^R > L$ 的條件下,競爭對手將贏得控制。

　　案例 1 可以總結如下:

1. 如果 $y^R \geq y^I$,競爭對手提供 B 類股東要約在(略高於) $s_B y^R$ 以上的價格並贏得控制,所有股東將提供股票而公司的市場價值將為 y^R。[24]

2. 如果 $y^R < y^I$,競爭對手會贏得控制若且為若 $b^R > L$,其中 $L = s_B(y^I - y^R)$。當 $b^R > L$,競爭對手提出 B 類股要約價格在(略高於) $s_B y^I$ 的價格水準(A 類股票將值 $s_A y^R$)。基於 $b^R > L$(即競爭對手取得控制),因此公司的市場價值將為 $V = s_B y^I + s_A y^R = y^R + L$。另一方面,若 $b^R \leq L$(也就是如果現任者保有控制權),公司的市場價值將為 y^I。

---

24 這裡所謂的市場價值是指,現任者和競爭對手性質的不確定性解決後的公司價值。

很容易從以上的總結中看出，證券投票結構如何影響控制權競賽的結果。如果 $y^R \geq y^I$，它沒有任何影響，因為不論結構如何，競爭對手將獲勝。然而，如果 $y^R < y^I$，證券投票結構則會有關係，因為它決定了 L 的大小，從而影響競爭對手是否會得到控制權，以及如果競爭對手得到控制權的情況下公司的價值。如果一個表現不好的競爭對手贏得控制，股東絕不會因此受益，因為市場價值不會超過 y^I（其現值），而且在某些情況下市場價值是下降的。 此外，股東的資本損失是隨著 L 而減少的，因此，如果 $y^I > y^R$，股東會想要讓 L 增加，如果將 s_B 設定很大則可以達到這一目標。尤其是，一股一票（或更一般地說，任何結構是 $v_B > 1/2 \Rightarrow s_B = 1$) 將主導所有其他結構，因為這可迫使競爭對手購買100%的利潤流（profit stream），因此該公司的市場價值不低於 y^I。與其他結構不同的是，將有某些 y^I、y^R 和 b^R 的組合使得低劣的競爭對手以購買低於100%利潤流而取得控制權，並因此減少了公司的價值。

案例 2：相對於 b^I、y^I、y^R，b^R 是微不足道的。案例 1 的分析可以進行調整，將競爭對手和現任者的角色互換。然而有一個細微的差別：之前假設為了贏取控制，對手必須提出要約來阻擋現任者。相反地，為了保住控制權，現任者並不須提出要約。因為如此，案例 2 中的公式稍有改變。

首先，從考慮競爭對手可以提出的最積極的競標方案開始，在競爭對手將贏得控制的情況下，競爭對手準備：

(**) 對 B 類股東提出要約報價（略高於）s_By^R。

　　因為這將允許她只能實現盈虧平衡，競爭對手不能提供更多，因為她的私人利益微不足道；另一方面，她不能提供低於 s_By^R 而接收任何股份，理由是因為預計她會贏，股東將寧願繼續持有股票。

　　如果 $y^I \geq y^R$，很明顯地現任者可以輕鬆擊敗對手只要以（略高於）s_By^I 的價格競標 B 類股票，因為屆時不管股東認為現任或競爭對手是否會贏，他們將投給現任者。因此在這種情況下，競爭對手不會提供任何要約，而現任者將保有控制權。

　　另一方面，假設 $y^I < y^R$。現在，為了擊敗競爭對手的報價，現任者必須提供（略高於）s_By^R 競標 B 類股票。這意味著現任者的資本損失為 $L' = s_B(y^R - y^I)$。當然，如果這個損失小於他的私人利益，則現任者將準備承擔這種損失。我們可能會得出結論認為，鑒於 $y^I < y^R$，競爭對手將取得控制若且為若 $b^I \leq L'$。

　　案例 2 可以歸納如下：

1. 如果 $y^I \geq y^R$，現任者保留控制權而公司的市場價值為 y^I。
2. 當 $y^I < y^R$，競爭對手贏得控制權若且為若 $b^I \leq L'$，其中 $L' = s_B(y^R - y^I)$。如果 $b^I \leq L'$，競爭對手提出要約(**)，而公司的市場價值為 y^R。如果 $b^I > L'$，競爭對手不會提出要約，而公司的市場價值為 y^I。

　　案例 1 和 2 之間有一種不對稱的呈現。在案例 1，當 $y^R < y^I$，L 的大小會影響競爭對手是否會取得控制權，以及影響公司

的價值。相對地，在案例 2 中當 $y^I < y^R$，L' 會影響現任者是否可以保住控制權，但該公司的價值則是獨立於 L'。這個差異源於為了贏取控制，對手必須提供要約來阻嚇現任的經營團隊，而對手必須拿出一些私人利益的假設；另一方面，當現任者保住控制權，競爭對手不會競標，所以現任者不會採取競標而被迫交出一些他的私人利益。[25]

在案例 2 中證券投票結構對控制權的影響是很直接的。如果 $y^I \geq y^R$，證券投票結構沒有任何影響，因為現任者保有控制權。然而，如果 $y^I < y^R$，透過決定 L' 的大小，證券投票結構確實會有影響。當一個較優質的競爭對手取得控制權，這對股東是有利的，因為公司的價值從 y^I 增加到 y^R，因此一個好的證券投票結構就是能極大化 L'。以此推論，一股一票（或更一般地說，$v_B > 1/2 \Rightarrow s_B = 1$）優於所有其他的結構。尤其是在該結構之下 L' = $(y^R - y^I)$，而在所有其他結構之下 L' < $(y^R - y^I)$。

案例 3：b^I、b^R 均不明顯（相對於 y^I、y^R 而言），這個情況非常簡單易懂。如果 $y^R > y^I$，競爭對手提供 B 類股東在（略高於）$s_B y^R$ 價格的要約並贏得控制。現任者無法抗拒這提議，因為如果他拒絕會造成高額的資本損失。另一方面，如果 $y^R < y^I$，現任者持續保有控制權，而如果對手想要阻止現任者，競爭對手須

---

25 以另一種方法來說，不對稱產生於因為競標者先出手，之後現任者再加以回應；還有也可能是基於進行競標必須考量到成本，競爭對手已經沒有動力去進行會輸的競標。

向 B 類股東提出 $s_B y^I$ 的要約,但她無法支應這個價錢。

因此,在案例 3 中不論證券投票結構如何,卓越的管理團隊總是贏得控制權,因為沒有任何一方的私人利益,足夠大到可以抵消在公開利益上的損失。[26] 這一結論是相當明顯的,它證實了私人利益是決定最佳證券投票結構重要因素的看法。

以上的分析可以歸納如下:一股一票(也就是 $v_B > 1/2 \Rightarrow s_B = 1$)優於所有其他證券投票結構,如果現任者或者是競爭對手的私人利益都是不明顯的,則一股一票既不會比其他結構更好,也不會比其他結構更糟。

然而以下的第四種情況,一股一票通常並不是最佳的。

案例 4:相對於 y^I、y^R 而言,b^I、b^R 是明顯的。如果 b^I、b^R 是明顯的,不採取一股一票的原則或許是比較好的,而如此一來可以增加競爭對手與現任者之間的競爭強度,並允許汲取競爭對手的一些私人利益。

本章第 1 節的示例可以用於闡釋這一點。假設 $y^I = 200$,$y^R = 300$、$b^I = 51$,$b^R = 3$,考慮在該示例中的雙類別結構($s_A = 1/2$,$v_A = 0$,$s_B = 1/2$,$v_B = 1$),而在此結構之下,控

---

26 有一種情況會讓這個結論不存在,那就是當 B 類別包括的都是投票權($s_B = 0$)。然而,這種結構相對於案例 3 的其他情況都是比較差的,所以將不予討論。

制權的競爭發生在 B 類股票。競爭對手願意出價到153（也就是1/2(300)+3），而現任者則準備只出價到151（也就是1/2(200)+51）。因此，競爭對手將以152的要約出價贏得競標，A類股東持有的股份價值則為150（為競爭對手下之公開價值的一半）。因此，公司的總價值為302。

接下來考慮一股一票的情形。現在競爭對手若提出，譬如301的要約收購價格，則將會贏得控制權。股東將會回應他們的要約，因為他們提供的價錢，比競爭對手或現任者經營接管後的公司價值要來得高。（如果競爭對手要約價格少於300，預期競標會成功的股東將不會回應競標者的出價，而寧願繼續當小股東）。此外，現任者無法拒絕該要約，因為他可以付擔得起支付100%股份的價格為251，也就是在他管理之下的公開價值再加上他的私人利益。因此在一股一票的情況下，競爭對手將贏得競標而公司的價值將為301。

簡單地說，當競爭對手和現任者對他們具有類似願意支付的產品進行競爭，則股東獲益。在示例中，包括50%的股利和100%投票權的組合，比將股票與投票權以相同比例組合在一起的方案要來得好。但是請注意，該示例是相當脆弱的。如果現任者的私人利益是54而不是51，現任者將能夠在出價上打敗競爭對手，公司的價值將會只有200（競爭對手將不會競標）。與之相反的是，在一股一票的情況下，競爭對手會贏而公司價值為301。

案例 4 相較於其他案例有多重要呢？對於某些類型的公司，私人利益可能很大，而案例 4 所呈現的可能會非常明顯。報紙

就是一個很好的例子（可以影響公眾輿論的能力會產生明顯的非
貨幣的私人利益），而體育團隊和娛樂公司（凡與獲獎團隊有所
關聯，或者與名人相連結的公司可以創造很高的非貨幣的私人利
益）。然而，對於許多其他公司而言，私人利益可能比較沒有
那麼重要，原因之一是公司法的規定讓控制方很難實現重大（貨
幣）的私人利益。該公司的董事對所有股東負有受託責任，而蓄
意轉移財富到控制方違反了這個義務。27　當然，不能總是依靠
法院來確保小股東得到應有的保障，而法律上的保障，在不同國
家或不同法律管轄地也可能相差很大。因此，負責設計證券投票
結構的初始所有者必須考慮到 b^R 以及 b^I 可能很大的可能性。然
而對於一些公司而言，這兩者不大可能在同時間都很大（兩者都
是以金錢的形式呈現，也就是兩者都可以用來購買投票權）。對
於這些公司，案例 1 到案例 3 的情形是比較有關係的。（有關此
點的進一步討論，請參見第 4 節）。28

　　下列命題 1 為上述分析而得，並沒有任何的數理證明。

　　命題 1：假設現任者與競爭對手的私人利益，相較於只有其
中一方的私人利益很顯著的情況，兩者的私人利益同時都很明顯

---

27 有關受託責任的討論，請參見克拉克（Clark 1986）和梅西（Macey
1992）。有關經濟方面的分析，請參閱巴爾卡與菲力（Barca and Felli
1992）。

28 很多的國家在有關保護小股東的程度上是不相同的，因此案例 4 的情況在
一些國家會比在其他國家更具有在實務上的關聯性。這個事實或許可以解
釋為什麼偏離一股一票原則在一些國家會比較常見，而在其他一些國家較
為少見。請參閱津各萊斯（Zingales 1994）。

的機率很小時，則一股一票（更一般而言，$v_B > 1/2 \Rightarrow s_B = 1$）的架構可以極大化在時間點 0 時，該公司證券的市場價值。[29]

3. 延伸

這一節將討論兩個延伸的模型。

有限制的要約

命題 1 所顯示一股一票最佳化的推斷，應用於有限制要約的情況時，不難看出為什麼結果會是如此。（以一個有限制的要約，競標人要約以某些價格購買某類股份的一部分，如果更多的股票願意出售則以之前的價格收購）。（以下為推論的描繪；有關詳細資訊請參閱葛羅斯曼與哈特（Grossman and Hart 1988）以及黑瑞斯與拉維夫（Harris and Raviv 1988，1989）。

假設有兩個類別的股東，都擁有股利和投票的應享權利，分別以 s_A、v_A、s_B、v_B 表示，其中 $v_B > 1/2$，$s_A + s_B = v_A + v_B = 1$。繼續假設只有一個競標人有很明顯的私人利益，考慮競爭對手具有明顯的私人利益，但公開價值則低於現任者的公開價值：$y^R < y^I$。（一個相似的推論適用於如果現任者具有顯著的私人利益，

---

29 值得注意的是一票一股也會導致社會最佳的結果（也就是極大化公共以及私人價值，y+b）。此外，即使現任者和競爭對手的私人利益可能會很顯著的情況下仍舊是如此，原因是管理團隊支付單類別投票股權的意願為（y+b），因此在一股一票的結構下擁有較高總（即公共加上私人）價值的團隊，將在公司控制權競賽中獲勝。

也就是 $y^I < y^R$ 的情形）。30　從第 2 節的邏輯可以清楚看到，競爭對手透過最小化她購買該公司股利流的比重方式，將會獲得控制權，也就是擁有50%的投票權，原因是她在股利流上發生資本損失 $y^I - y^R$。這有兩種情形。如果 $s_B/v_B \leq 1 \leq s_A/v_A$，則 B 類股票相對於股利具有較高的投票權，獲取控制權最便宜的方式是，向 B 類股票的部分比例 λ 提出要約（價格略高於 $s_B y^I$），其中 $\lambda v_B = 1/2$。依這種方式，競爭對手的資本損失為：

$$(8.1) \qquad L = \frac{s_B}{2v_B}\left(y^I - y^R\right) \leq \frac{1}{2}\left(y^I - y^R\right)$$

若且為若 $s_A/v_A = s_B/v_B = 1$ 時等式成立。另一方面，如果 $s_B/v_B \geq 1 \geq s_A/v_A$，則 A 類股票相對於股利具有更多的投票權，而獲取控制權最便宜的方式是，向所有 A 類股票提出要約（價格略高於 $s_A y^I$），和 μ 比例的 B 類股票（價格略高於 $s_B y^I$），其中 $v_A + \mu v_B = 1/2$。依此競爭對手的資本損失為：

$$(8.2) \qquad L = \left[s_A + \left(\frac{\frac{1}{2} - v_A}{v_B}\right)s_B\right]\left(y^I - y^R\right)$$
$$\leq \frac{1}{2}\left(y^I - y^R\right)$$

若且為若 $s_A/v_A = s_B/v_B = 1$ 時等式成立。

---

30 如果 $y^R \geq y^I$（和 $b^R \geq b^I$），證券投票結構是無關緊要的，與沒有限制下要約的情況相同（參見第 2 節）。

　　然而，第 2 節的推論顯示，設計證券投票結構的初始所有者，想要極大化競爭對手的資本損失 L。結合(8.1)與(8.2)的不等式，顯示了一股一票，也就是 $s_A/v_A = s_B/v_B = 1$，是可以達到該目標的（唯一的）證券投票結構。[31]　也就是在一股一票結構下，競爭對手被迫購買50%的股利流來獲得50%的投票權，而在任何其他的證券投票結構下她會買得比較少。

　　雖然一股一票在有限制要約的情況下是最佳的結構，一股一票不再可以完全保護股東的財產權利。尤其是，劣質的競爭對手可能能夠得到控制權（或阻擋了優質的競爭對手獲得控制權）。

　　針對此點，假設 $y^I = 200$，$b^I \simeq 0$，$y^R = 180$，$b^R = 15$。在此情形之下競爭對手可以提出無限制的要約（unconditional offer），以略高於100的價格要約（略高於）50%的股份。（如果超過50%的股份願意出售，則投標人以相同的價格購買）。在沒有現任者提出反要約的情況下，小股東的優先策略是出售給競爭對手（因為競爭對手提供了溢酬，而如果她贏了則股份價值只有90），所以競爭對手會獲勝。這是不顧一個事實而得的結果，那就是股東從接管行動中合計起來實際上是有損失的：他們在50%的股份上獲得少許的溢價，但其餘的價值只有90。競爭對手則獲利，因為她的私人利益超過了她的資本損失，該資本損失為她購買的股份：$1/2(200) - 1/2(180) = 10$。

　　現任的經營者可以阻止這一投標嗎？答案是無法。既然現任

者並沒有顯著的私人利益，他不能提供股票的溢價部分，所以他可能也以200的要約價格購買。然而，基於現任者與競爭對手的要約報價，競爭對手如果沒有贏得競標並不是一個理性預期的均衡結果，因為如果認為競爭對手將會輸，則她的要約不會按比例分配，所以股東如果將股份授予競爭對手，將獲得更高的報酬。因此，只有競爭對手獲勝才是均衡結果，也就是現任的經營者無法阻止。

　　類似的例子顯示，受限制的要約可能會阻止優質的競爭對手取得控制權。32

更複雜的證券投票結構

　　到目前為止，股利都是以比例的方式呈現，也就是在每一證券是以利潤的份額 s 來呈現的情況下，分析了最佳的證券投票結構。然而更一般化的表達是可能的，例如證券 i 可以以利潤總額 y 的非線性份額 $f_i(y)$ 來加以呈現。黑瑞斯與拉維夫（Harris and Raviv 1989）指出，如果函數 $f_i(y)$ 為非遞減的，則（只要私人利益同時間不是很高）最佳的證券投票結構包括了（無投票權的）

---

32 在有限制的要約情況下，讓惡質的競標者難於取得控制權的另一種方法是，公司採取多數決投票規則（super-majority voting rule），也就是競標者必須獲得 α 比例的票數來取代現任管理階層，而α>½。事實上，如果唯一的目標是防止惡質的競爭對手獲得控制權，最佳的方法是設α=1。然而，這也會使具有私人利益的現任管理階層輕易地抵制優質的競爭對手。相關討論請參見葛羅斯曼與哈特（Grossman and Hart 1988）以及黑瑞斯與拉維夫（Harris and Raviv 1988, 1989）。

無風險債務，以及某類附有投票權的股票。如果他們的論述正確，但因為一股一票是在沒有債務的情況下的特例，可以得出的結論是，（單調的）非線性模型並沒有解釋更多內容。

上述無風險債務結果背後的直觀解釋如下：索賠人持有無風險債權不受到控制權轉移的影響，因此控制權競賽的獲勝者對這類索賠人不會造成外部性的影響。（也就是競爭對手創造足夠的公開價值，使得債務仍然是無風險的）。因此將所有的投票權給索賠人而不是無風險的債權持有者，可以達到一個有效率的結果。事實上，如果無風險債權持有者賦予投票權，這可能導致效率不彰的結果，因為投標人可能能夠透過購買他們的投票權，而不是購買索賠權持有者的投票權來取得控制，而索賠權持有者的行為實際上會受到控制權競賽結果的影響。黑瑞斯與拉維夫（Harris and Raviv 1989）稱此為「無便宜投票權」原則（'no cheap votes' principle）。

根據觀察，無風險債權持有者不應該擁有投票權。然而，並不清楚此分析是否可以解釋，為什麼具風險債權持有者通常也沒有投票權的現象。

投票權出售

整個分析我們都是假定，競標人若是要約收購股東的投票權或是代理委託書，而競標人只支付投票權但沒有股利索賠權，這種沒有附帶要求的證券投票結構是不合法的或不可行的。尤其是，整個分析並不允許投標人向股東提出以下形式的要約收購：為了收購股票，股東將獲得少量的現金以及新公司的股份。新公

司的資產將包括所有收購的股份以及原公司的投票權，並將轉移
原公司的所有股利，但投標人將保有新公司的投票控制權（也就
是投標人將能夠以原公司的股份行使投票權）。如果允許這樣的
要約，不難看出控制權競爭的結果如同該公司擁有一個兩類別股
東的結構，其中一類的股東擁有所有的投票權，但沒有任何的股
利，而另一類則擁有所有的股利，但沒有任何投票權。

　　因此，如果投票權可以不與股票綁在一起，證券投票結構則
並不重要。在這些條件下，一股一票相較於任何其他結構不會更
好也不會更糟。在實務上，可能很難分離投票權與股票。例如，
伊斯特布魯克與費薛（Easterbrook and Fischel 1983）認為在美國
公開市場上投票權與股票分離是非法的。33　某種程度上這是真
的，一股一票原則相較於所有其他證券投票結構擁有主導地位。

4. 結論

　　本章討論了一家公司的證券投票結構，對公司是否會被接管
具有重要的影響。實證顯示投標人之間的競爭如果都擁有重要的
私人利益，一股一票似乎不是最佳的證券投票結構。

　　本章與之前的章節之間有一個關聯性存在。第 3 章提出了剩
餘控制權（以投票權的形式）和剩餘所得權（以股利的形式）應

---

33 有一些「私下」分開投票權與股份的方式是使用投票信託（voting
　 trusts）、中止協議（standstill agreements）、金字塔股權結構（stock
　 pyramids）和類似的方式。關於這方面的討論，請參見迪安傑洛與迪安傑
　 洛（DeAngelo and DeAngelo 1985）。

被綁在一起的一些原因。不過,該章假設剩餘控制權持有者和剩餘所得持有者可以不花成本進行協商。而本章進一步分析了投票權和所得權的關聯,以及股東須面對諸如搭便車以及集體行動問題下的情況。

有意思的是在於,連結本章的結果與脫離一股一票的實證證據。迪安傑洛與迪安傑洛(DeAngelo and DeAngelo 1985: 39)選擇了在美國股票交易所和臨櫃買賣公開交易的78家公司,這些公司擁有不同類別的證券與不同的投票權(從數以千計的公司中選出)。34 他們發現,大多數偏離一股一票架構的公司,現任管理階層有足夠的票數,使得控制權的變更比較不容易發生,除非得到他們的同意。也就是,偏離一股一票架構的公司並沒有對應到一個情況,即廣泛持有的證券具有不同的有效投票權;反而是對應到現任者擁有所有有效的投票權來保有控制權的情況。此外,在一些情況下現任的經營者代表的是一個家族。35

證據顯示,導致偏離一股一票的力道,可能不是在本章於案例 4 所討論的情況,也就是現任者和競爭對手的私人利益皆是明顯的情況,而比較像是在第 5 章之Aghion-Bolton模型所討論者。如前所述,本章假設相對於投資者而言,管理階層的偏好「並不重要」,管理階層也不會因在資本結構的選擇上獲得任何

---

34 直到最近紐約證交所(New York Stock Exchange)仍舊要求掛牌的公司仍須符合一股一票的證券投票結構。因此,作者不得不尋求其他交易所來蒐尋是否有脫離此架構的案例。

35 津各萊斯(Zingales 1994)發現義大利雙類別公司的內部股權(insider ownership)具有更加集中的模式。

好處。然而如果不是如此，譬如家族經營（family-run）的公司就是一個經典的示例，那麼分配經理人控制權，以便讓他們享受自己的私人利益，或激勵他們進行關係專屬性投資，或許是有效的方法。36 或者，初始所有者可以將私人利益「賣」給大的投資者，附帶投票控制權，以便讓投資者可以使用私人利益而不會被徵收。事實上，如果私人利益是明顯確定的，上述之情形沒有一件出現或許才會是令人訝異的；也就是，在私人利益明顯而確定的情況下，如果公司還是被廣泛持有才會是令人訝異的。

　　未來的研究工作，可以將第 5 章有關激勵和私人利益的因素納入本章的模型。若是能看看是否最佳的證券投票結構包括了某類被廣泛持有的股份，同時包括由內部人士擁有較優勢的投票權股份（superior voting stock），會是相當有趣的研究。

　　最後，將本章的結果呼應到最近美國在一股一票架購，是否應該作為在股票交易所上市條件的政策辯論上是相當有用的。本章認為初始所有者具有選擇可以極大化價值的證券投票結構，因為他承擔了所有因他採取的行動而影響該公司之證券價格的全部後果。它已被證明一股一票常常是，但不是總是最佳的。基於此，似乎沒有理由限制一個新公司的證券投票結構；這種限制將只會提高資本的成本。

　　然而，當公司的股東是分散的，偏離一股一票常會發生在該公司生命中的稍後階段。此時，管理階層不同於最初的所有者，

---

36 類似的一個觀點，請參閱勒豐與悌若爾（Laffont and Tirole 1988）。

並沒有適當的激勵誘因，來選擇一個極大化價值的證券投票結構，因為承擔後果的是現有的股東，而不是管理階層。因而有些人會懷疑事後的變更可能是管理階層為了鞏固自身利益而採取的手段，並可能因此降低公司的價值。37

　　當然，證券投票結構的變動有時解釋成是因為發生新事件的緣故，而該事件是原始的公司章程撰寫時所沒有預見的，因此某些用來處理變更的機制應該準備就緒。然而為了減少濫用的可能性，應該要加諸那些想要進行變更者有關的舉證責任。尤其是，反對這項交易的股東應受到保護，其中一種可能的做法是允許股東（相對較少數）可以否決該項交易。另一種可能是賦予持反對意見的股東回購請求權（appraisal right，或稱評價補償權）；也就是說，如果證券投票結構的變更通過了，股東可以請求以還沒變更之情況下的資產評價價格買下該資產。

---

37 事實上，管理階層甚至可能能夠讓股東批准某項讓他們變得更差的改變，那就是透過「強制」交換要約（'coercive' exchange offer）來說服他們接受較差的投票權股票，以取代較優的投票權股票，相關討論請參見魯貝克（Ruback 1988）。

參考文獻

Adler, B. E. (1993). 'Financial and Political Theories of American Corporate Bankruptcy'. *Stanford Law Review*, 45:311.

—— (1994). 'A World Without Debt'. *Washington University Law Quarterly*, 72(3):811–27.

Aggarwal, R. (1994). 'Renegotiation, Reorganization, and Liquidation: Corporate Financial Distress and Bankruptcy with Multiple Creditors'. Ph.D. dissertation, Harvard University.

Aghion, P., and Bolton, P. (1987). 'Contracts as a Barrier to Entry'. *American Economic Review*, 77:388–401.

—— —— (1992). 'An "Incomplete Contracts" Approach to Financial Contracting'. *Review of Economic Studies*, 59:473–94.

—— and Tirole, J. (1994). 'The Management of Innovation'. *Quarterly Journal of Economics*, 109:1185–1209.

—— —— (1995). 'Formal and Real Authority in Organizations'. Mimeo, Oxford University.

—— Hart, O., and Moore, J. (1992). 'The Economics of Bankruptcy Reform'. *Journal of Law, Economics and Organization*, 8:523–46.

—— —— —— (1994a). 'Improving Bankruptcy Procedure'. *Washington University Law Quarterly*, 72(3):811–27.

—— —— —— (1995). 'Insolvency Reform in the UK: A Revised Proposal'. *Insolvency Law and Practice*; 11(3):4–11.

—— Dewatripont, M., and Rey, P. (1994b). 'Renegotiation Design with Unverifiable Information'. *Econometrica*, 62:257–82.

Alchian, A., and Demsetz, H. (1972). 'Production, Information Costs, and Economic Organization'. *American Economic Review*, 62(5):777–95.

Allen, F., and Gale, D. (1992). 'Measurement Distortion and Missing Contingencies in Optimal Contracts'. *Economic Theory*, 2:1–26.

—— —— (1994). *Financial Innovation and Risk Sharing*. Cambridge, Mass.: MIT Press.

Anderlini, L., and Felli, L. (1994). 'Incomplete Written Contracts: Undescribable States of Nature'. *Quarterly Journal of Economics*, 109:1085–1124.

Aoki, M. (1994). 'Controlling the Insider Control: Issues of Corporate Governance in the Transition'. Mimeo, Stanford University.

Arrow, K. J. (1975). 'Vertical Integration and Communication'. *Bell Journal of Economics*, 6(1):173–83.

Asquith, P., and Mullins, D., Jr (1986). 'Equity Issues and Offering Dilution'. *Journal of Financial Economics*, 15:61–89.

—— Gertner, R., and Scharfstein, D. (1994). 'Anatomy of Financial (p. 212) Distress: An Examination of Junk Bond Issuers'. *Quarterly Journal of Economics*, 109:625–58.

Aumann, R. J. (1976). 'Agreeing to Disagree'. *Annals of Statistics*, 4:1236–9.

Ayres, I., and Gertner, R. (1989). 'Filling Gaps in Incomplete Contracts: An Economic Theory of Default Rules'. *Yale Law Review*, 99:87–130.

Bagnoli, M., and Lipman, B. (1988). 'Successful Takeovers without Exclusion'. *Review of Financial Studies*, 1:89–110.

Baird, D. (1986). 'The Uneasy Case for Corporate Reorganizations'. *Journal of Legal Studies*, 15:127–47.

—— (1992). The Elements of Bankruptcy. New York: Foundation.

—— and Jackson, T. (1985). *Cases, Problems, and Materials on Bankruptcy*. Boston: Little, Brown.

Baldwin, C. Y. (1983). 'Productivity and Labor Unions: An Application of the Theory of Self Enforcing Contracts'. *Journal of Business*, 56:155–85.

Barca, F., and Felli, L. (1992). 'Fiduciary Duties, Ownership and Control'. Mimeo, London School of Economics.

Barclay, M. J., and Holderness, C. G. (1989). 'Private Benefits from Control of Public Corporations'. *Journal of Financial Economics, 25:371–95.*

Barnard, C. I. (1938). *The Functions of the Executive. Cambridge*, Mass.: Harvard University Press.

Baumol, W. (1959). *Business Behavior and Growth*. New York: Macmillan.

Bebchuk, A. L. (1988). 'A New Approach to Corporate Reorganizations'. *Harvard Law Review*, 101:775–804.

—— (1989). 'Takeover Bids below the Expected Value of Minority Shares'. *Journal of Financial and Quantitative Analysis*, 24:171–84.

—— (1994). 'Efficient and Inefficient Sales of Corporate Control'. *Quarterly Journal of Economics*, 109:957–93.

—— and Zingales, L. (1995). 'Corporate Ownership Structures: Private versus Social Optimality'. Mimeo, University of Chicago Graduate School of Business.

Berglöf, E. (1994). 'A Control Theory of Venture Capital Finance'. *Journal of Law, Economics and Organization*, 10(2):247–67.

—— and von Thadden, E. L. (1994). 'Short Term versus Long Term Interests: Capital Structure with Multiple Investors'. *Quarterly Journal of Economics*, 109:1055–84.

Berkovitch, E., Israel, R., and Zender, J. (1993). 'The Design of Bankruptcy Law: A Case for Management Bias in Bankruptcy Reorganizations'. Mimeo, University of Michigan.

Berle, A. A., and Means, G. C. (1932). *The Modern Corporation and Private Property*. New York: Macmillan. (p. 213)

Bernheim, D. and Whinston M. D. (1995). 'Incomplete Contracts and Strategic Ambiguity'. Mimeo, Harvard University.

Blair, D. H., Golbe, D. L., and Gerard, J. M. (1989). 'Unbundling the Voting Rights and Profit Claims of Common Shares'. *Journal of Political Economy*, 97:420–43.

Bolton, P., and Scharfstein, D. (1990). 'A Theory of Predation Based on Agency Problems in Financial Contracting'. *American Economic Review*, 80:94–106.

—— —— (1994). 'Optimal Debt Structure and the Number of Creditors'. Mimeo, MIT.

—— and Whinston, M. D. (1993). 'Incomplete Contracts, Vertical Integration and Supply Assurance'. *Review of Economic Studies*, 60(1):121–48.

Boyco, M., Shleifer, A., and Vishny, R. (1995). Privatizing Russia, Cambridge, Mass.: MIT Press.

Bradley, M., and Rosenzweig, M. (1992). 'The Untenable Case for Chapter 11'. *Yale Law Review*, 101:1043–95.

—— Desai, A., and Kim, E. H. (1988). 'Synergistic Gains from Corporate Acquisitions and their Division between the Stockholders of Target and Acquiring Firms'. *Journal of Financial Economics*, 21:3–40.

Brander, J. A., and Lewis, T. R. (1986). 'Oligopoly and Financial Structure: The Limited Liability Effect'. *American Economic Review*, 76:956–70.

Brynjolfsson, E. (1994) 'Information Assets, Technology and Organization'. *Management Science*, 40(12):1645–62.

Bulow, J. I., Summers, L. H., and Summers, V. P. (1990). 'Distinguishing Debt from Equity in the Junk Bond Era'. In J. B. Shoven and J. Waldfogel (eds.), *Debt, Taxes, and Corporate Restructuring*. Washington: Brookings Institution, 135–56.

Burkart, M., Gromb, D., and Panunzi, F. (1994). 'Large Shareholders, Monitoring and Fiduciary Duty'. Mimeo, MIT.

Chandler, A. D. (1990). *Scale and Scope: The Dynamics of Industrial Capitalism*. Cambridge, Mass.: Harvard University Press.

Chung, T. Y. (1991). 'Incomplete Contracts, Specific Investments, and Risk Sharing'. *Review of Economic Studies*, 58:1031–42.

Clark, R. C. (1986). Corporate Law. Boston: Little, Brown.

Coase, R. H. (1937). 'The Nature of the Firm'. *Economica*, 4:386–405.

—— (1960). 'The Problem of Social Cost'. *Journal of Law and Economics*, 3:1–44.

—— (1988). 'The Nature of the Firm: Influence'. *Journal of Law, Economics and Organization*, 4(1):33–47.

Cremer, J. (1994). 'A Theory of Vertical Integration Based on Monitoring Costs'. Mimeo, IDEI.

Cutler, D., and Summers, L. (1988). 'The Costs of Conflict Resolution and (p. 214) Financial Distress: Evidence from the Texaco— Pennzoil Litigation'. *Rand Journal of Economics*, 19:157–72.

DeAngelo, H., and DeAngelo, L. (1985). 'Managerial Ownership of Voting Rights'. *Journal of Financial Economics*, 14:33–69.

Dennis, W., Dunkelberg, W., and Van Hulle, J. (1988). *Small Business and Banks: The United States*. Washington: National Federation of Independent Business Research and Education Foundation.

Dewatripont, M. (1989). 'Renegotiation and Information Revelation over Time: The Case of Optimal Labor Contracts'. *Quarterly Journal of Economics*, 104(3), 589–619.

—— and Maskin, E. (1990). 'Credit and Efficiency in Centralized and Decentralized Economies'. Mimeo, Harvard University.

—— and Tirole, J. (1994). 'A Theory of Debt and Equity: Diversity of Securities and Manager—Shareholder Congruence'. *Quarterly Journal of Economics*, 109:1027–54.

Diamond, D. (1991). 'Debt Maturity Structure and Liquidity Risk'. *Quarterly Journal of Economics*, 106:709–37.

Dunkelberg, W., and Scott, J. (1985). *Credit Banks and Small Business: 1980–1984*. Washington: National Federation of Independent Business Research and Education Foundation.

Dybvig, P. H., and Zender, J. F. (1991). 'Capital Structure and Dividend Irrelevance with Asymmetric Information'. *Review of Financial Studies*, 4:201–19.

Easterbrook, F. H., and Fischel, D. R. (1983). 'Voting in Corporate Law'. *Journal of Law and Economics*, 26:395–427.

Fisher, T., and Martel, J. (1994). 'Facts about Financial Reorganization in Canada'. Mimeo, University of Montreal.

Franks, J. R., and Torous, W. N. (1989). 'An Empirical Investigation of US Firms in Reorganization'. *Journal of Finance*, 44:747–69.

Fudenberg, D., and Tirole, J. (1991). *Game Theory*. Cambridge, Mass.: MIT Press.

Gale, D., and Hellwig, M. (1985). 'Incentive Compatible Debt Contracts: The One Period Problem'. *Review of Economic Studies*, 52:647–63.

—— —— (1989). 'Reputation and Renegotiation: The Case of Sovereign Debt'. *International Economic Review*, 30:3–31.

Garvey, G. (1991). 'Encouraging Specific Investments in a One Shot and Repeated Partnership: Some Comparisons'. Mimeo, Australian Graduate School of Management.

Gertner, R., and Scharfstein, D. (1991). 'A Theory of Workouts and the Effects of Reorganization Law'. *Journal of Finance*, 46: 1189–1222.

Gilson, S. (1989). 'Management Turnover and Financial Distress'. *Journal of Financial Economics*, 25:241–62. (p. 215)

—— (1990). 'Bankruptcy, Boards, Banks, and Blockholders'. *Journal of Financial Economics*, 27:355–87.

—— (1991). 'Managing Default: Some Evidence on How Firms Choose between Workouts and Chapter 11'. *Journal of Applied Corporate Finance*, 4:62–70.

—— John, K., and Lang, L. (1990). 'Troubled Debt Restructuring: An Empirical Study of Private Reorganization of Firms in Default'. *Journal of Financial Economics*, 26:315–53.

Gromb, D. (1993). 'Is One Share—One Vote Optimal?」 Mimeo, Ecole Polytechnique.

Grossman, S., and Hart, O. (1980). 'Takeover Bids, the Free Rider Problem, and the Theory of the Corporation'. *Bell Journal of Economics*, 11:42–64.

—— —— (1982). 'Corporate Financial Structure and Managerial Incentives'. In J. J. McCall (ed.), *The Economics of Information and Uncertainty*. Chicago: University of Chicago Press, 107–40.

—— —— (1986). 'The Costs and Benefits of Ownership: A Theory of Vertical and Lateral Integration'. *Journal of Political Economy*, 94:691–719.

—— —— (1988). 'One Share—One Vote and the Market for Corporate Control'. *Journal of Financial Economics*, 20:175–202.

Grout, P. A. (1984). 'Investment and Wages in the Absence of Binding Contracts: A Nash Bargaining Approach'. *Econometrica*, 52(2): 449–60.

Halonen, M. (1994) 'Reputation and Allocation of Ownership'. Mimeo, Helsinki School of Economics.

Hansmann, H. (1996). The Ownership of Enterprise, Cambridge; Mass.: Harvard University Press.

Harris, M., and Raviv, A. (1988). 'Corporate Governance: Voting Rights and Majority Rules'. *Journal of Financial Economics*, 20:203–35.

—— —— (1989). 'The Design of Securities'. *Journal of Financial Economics*, 24:255–87.

—— —— (1991). 'The Theory of Capital Structure'. *Journal of Finance*, 46:297–355.

—— —— (1995). 'The Role of Games in Security Design'. *Review of Financial Studies*, forthcoming.

Hart, O. (1988). 'Incomplete Contracts and the Theory of the Firm'. *Journal of Law, Economics and Organization*, 4(1):119–39.

—— (1989). 'An Economist's Perspective on the Theory of the Firm'. *Columbia Law Review*, 89:1757–74.

—— (1990). 'Is 「Bounded Rationality」 an Important Element of a Theory of Institutions?' *Journal of Institutional and Theoretical Economics*, 146:696–702. (p. 216)

Hart, O. (1993). 'Theories of Optimal Capital Structure: A Managerial Discretion Perspective'. In Margaret Blair (ed.), The Deal Decade: What Takeovers and Leveraged Buyouts Mean for Corporate Governance. Washington: Brookings Institution.

—— and Holmstrom, B. (1987). 'The Theory of Contracts'. In T. F. Bewley (ed.), *Advances in Economic Theory*. Cambridge: Cambridge University Press, 71–155.

—— and Moore, J. (1988). 'Incomplete Contracts and Renegotiation'. *Econometrica*, 56:755–86.

—— ——. (1989). 'Default and Renegotiation: A Dynamic Model of Debt'. MIT Working Paper no. 520.

—— —— (1990). 'Property Rights and the Nature of the Firm'. *Journal of Political Economy*, 98:1119–58.

—— —— (1994a). 'A Theory of Debt Based on the Inalienability of Human Capital'. *Quarterly Journal of Economics*, 109:841–79.

—— —— (1994b). 'The Governance of Exchanges: Members' Cooperatives Versus Outside Ownership'. Mimeo, Harvard University.

—— —— (1995). 'Debt and Seniority: An Analysis of the Role of Hard Claims in Constraining Management'. *American Economic Review*, 85(3):567–85.

—— and Tirole, J. (1990). 'Vertical Integration and Market Foreclosure'. *Brookings Papers on Economic Activity, Microeconomics*: 205–76.

Hermalin, B. (1988). 'Three Essays on the Theory of Contracts'. Ph.D. dissertation, MIT.

—— and Katz, M. (1991). 'Moral Hazard and Verifiability'. *Econometrica*, 59:1735–54.

Holmes, O. W. (1881). The Common Law. Boston: Little Brown (1963 edn.).

Holmstrom, B., and Milgrom, P. (1990). 'Regulating Trade Among Agents'. *Journal of Institutional and Theoretical Economics*, 146(1):85–105.

—— —— (1991). 'Multitask Principal—Agent Analyses: Incentive Contracts, Asset Ownership, and Job Design'. *Journal of Law, Economics and Organization*, 7 (Special Issue):24–52.

—— —— (1994). 'The Firm as an Incentive System'. *American Economic Review*, 84(4):972–91.

—— and Nalebuff, B. (1992). 'To the Raider Goes the Surplus? A Reexamination of the Free Rider Problem'. *Journal of Economics and Management Strategy*, 1:37–62.

—— and Tirole, J. (1989). 'The Theory of the Firm'. In R. Schmalensee and R. D. Willig (eds.), *Handbook of Industrial Organization*, vol. 1, Handbooks in Economics, no. 10, Amsterdam: North Holland, 61–133.

—— —— (1991). 'Transfer Pricing and Organizational Form'. *Journal of Law, Economics and Organization*, 7(2):201–28.

Ikenberry, D., and Lakonishok, J. (1993). 'Corporate Governance through (p. 217) the Proxy Contest: Evidence and Implications'. *Journal of Business*, 66:405–35.

Innes, R. (1990). 'Limited Liability and Incentive Contracting with Exante Action Choices'. *Journal of Economic Theory*, 52(1):45–67.

Israel, R. (1991). 'Capital Structure and the Market for Corporate Control'. *Journal of Finance*, 46:1391–1409.

Itoh, H. (1991). 'Incentives to Help in Multi Agent Situations'. *Econometrica*, 59(3):611–36.

Jackson, T. (1986). *The Logic and Limits to Bankruptcy*. Boston: Little, Brown.

Jarrell, G. A., Brickley, J. A., and Netter, J. M. (1988). 'The Market for Corporate Control: The Empirical Evidence Since 1980'. *Journal of Economic Perspectives*, 2:49–68.

Jensen, M. (1986). 'Agency Costs of Free Cash Flow, Corporate Finance and Takeovers'. *American Economic Review*. 76:323–29.

—— (1989). 'Active Investors, LBOs and the Privatization of Bankruptcy'. *Journal of Applied Corporate Finance*, 2:35–44.

—— and Meckling, W. (1976). 'Theory of the Firm: Managerial Behavior, Agency Costs and Ownership Structure'. *Journal of Financial Economics*, 3:305–60.

John, K. (1993). 'Managing Financial Distress and Valuing Distressed Securities: A Survey and Research Agenda'. *Financial Management*, 22(3):60–78.

Joskow, P. A. (1985). 'Vertical Integration and Long Term Contracts: The Case of Coal Burning Electric Generating Plants'. *Journal of Law, Economics and Organization*, 1(1):33–80.

Kester, W. C. (1986). 'Capital and Ownership Structure: A Comparison of United States and Japanese Manufacturing Corporations'. *Financial Management*, 15:5–16.

Kiyotaki, N., and Moore, J. (1995). 'Credit Cycles'. Mimeo, London School of Economics.

Klein, B. (1988). 'Vertical Integration as Organizational Ownership: The Fisher Body—General Motors Relationship Revisited'. *Journal of Law, Economics and Organization*, 4(1):199–213.

—— Crawford, R., and Alchian, A. (1978). 'Vertical Integration, Appropriable Rents, and the Competitive Contracting Process'. *Journal of Law and Economics*, 21(2):297–326.

Kornai, J. (1980). Economics of Shortage. Amsterdam: North Holland.

Kovenock, D. (1984). 'A Note on Takeover Bids'. Mimeo, Krannert Graduate School of Management, Purdue University.

Kreps, D. (1990). 'Corporate Culture and Economic Theory'. In J. Alt and K. Shepsle (eds.), *Perspectives on Positive Political Economy*. Cambridge: Cambridge University Press.

Laffont, J. J., and Tirole, J. (1988). 'Repeated Auctions of Incentive (p. 218) Contracts, Investment, and Bidding Parity with an Application to Takeovers'. *Rand Journal of Economics*, 19:516–37.

—— —— (1993). A Theory of Incentives in Procurement and Regulation. Cambridge, Mass.: MIT Press.

Lazear, E. P. (1989). 'Pay Equality and Industrial Politics'. *Journal of Political Economy*, 97(3):561–80.

Lehn, K., and Poulsen, A. (1992). 'Contractual Resolution of Bondholder Shareholder Conflicts in Leveraged Buyouts'. *Journal of Law and Economics*, 34:645–74.

Levy, H. (1982). 'Economic Valuation of Voting Power of Common Stock'. *Journal of Finance*, 38:79–93.

Li, S. (1993). 'Essays on Corporate Governance and Finance'. Ph.D. dissertation, MIT.

Long, M., and Malitz, I. (1985). 'Investment Patterns and Financial Leverage'. In B. M. Friedman (ed.), *Corporate Capital Structures in the United States*. Chicago: University of Chicago Press.

LoPucki, L. M., and Whitford, W. C. (1990). 'Bargaining over Equity's Share in the Bankruptcy Reorganization of Large, Publicly Held Companies'. *University of Pennsylvania Law Review*, 139:125–96.

—— —— (1993). 'Corporate Governance in the Bankruptcy Reorganization of Large, Publicly Held Companies'. *University of Pennsylvania Law Review*, 141:669–800.

Mace, M. L. (1971). *Directors, Myth and Reality*. Boston: Harvard Business School Press.

Macey, J. R. (1992). 'An Economic Analysis of the Various Rationales for Making Shareholders the Exclusive Beneficiaries of Corporate Fiduciary Duties'. *Stetson Law Review*, 21:23–44.

MacLeod, B. and Malcomson, J. (1993). 'Investments, Holdup and the Form of Market Contracts'. *American Economic Review*, 83:811–37.

Mailath, G., and Postlewaite, A. (1990). 'Asymmetric Information Bargaining Problems with Many Agents'. *Review of Economic Studies*, 57:351–67.

Manne, H. G. (1964). 'Some Theoretical Aspects of Share Voting'. *Columbia Law Review*, 64:1427–45.

—— (1965). 'Mergers and the Market for Corporate Control'. *Journal of Political Economy*, 73:110–20.

Marris, R. (1964). *The Economic Theory of Managerial Capitalism.* Glencoe, Ill.: Free Press of Glencoe.

Marx, K. (1867). Capital, vol. 1. New York: International Publishers (1967 edn.).

Mas Colell, A., Whinston, M. D., and Green, J. (1995). *Microeconomic Theory*. Oxford: Oxford University Press.

Maskin, E. (1985). 'The Theory of Implementation in Nash Equilibrium: A Survey'. In L. Hurwicz, D. Schmeidler, and H. Sonnenschein (eds.), (p. 219) *Social Goals and Social Organization: Essays in Memory of Elisha Pazner*. Cambridge University Press.

—— and Tirole, J. (1995). 'Dynamic Programming, Unforseen Contingencies, and Incomplete Contracts'. Mimeo, Harvard University.

Masten, S. E. (1988). 'A Legal Basis for the Firm'. *Journal of Law, Economics and Organization*, 4(1):181–98.

Masulis, R. W. (1980). 'The Effects of Capital Structure Change on Security Prices: A Study of Exchange Offers'. *Journal of Financial Economics*, 8:139–77.

—— (1988). *The Debt/Equity Choice*. Cambridge, Mass.: Ballinger.

Milgrom, P. (1988). 'Employment Contracts, Influence Activities, and Efficient Organization Design'. *Journal of Political Economy*, 96(1):42–60.

—— and Roberts, J. (1992). *Economics, Organization and Management*. Englewood Cliffs, NJ: Prentice Hall.

Miller, M. H. (1977). 'Debt and Taxes'. *Journal of Finance*, 32:261–75.

Mitchell, J. (1993). 'Creditor Passivity and Bankruptcy: Implications for Economic Reform'. In C. Mayer, and X. Vives (eds.), *Capital Markets and Financial Intermediation*. Cambridge University Press.

Modigliani, F. and Miller, M. H. (1958). 'The Cost of Capital, Corporation Finance, and the Theory of Investment'. *American Economic Review*, 48:261–97.

Mookherjee, D. and Png, I. (1989). 'Optimal Auditing, Insurance, and Redistribution'. *Quarterly Journal of Economics*, 104(2):399–415.

Moore, J. (1992). 'Implementation in Environments with Complete Information'. In J. J. Laffont (ed.), *Advances in Economic Theory*. Cambridge: Cambridge University Press, 182–282.

Myers, S. (1977). 'Determinants of Corporate Borrowing'. *Journal of Financial Economics*, 5:147–75.

—— (1990). 'Still Searching for Optimal Capital Structure'. In R. Kopcke and E. Rosengren (eds.), *Are the Distinctions Between Debt and Equity Disappearing?* Boston: Federal Reserve Bank of Boston Conference Series no. 33.

—— and Majluf, N. (1984). 'Corporate Financing and Investment Decisions when Firms Have Information that Investors Do Not Have'. *Journal of Financial Economics*, 13:187–221.

Myerson, R. and Satterthwaite, M. (1983). 'Efficient Mechanisms for Bilateral Trading'. *Journal of Economic Theory*, 29(2):265–81.

Neher, D. V. (1994). 'Stage Financing: An Agency Perspective'. Mimeo, School of Management, Boston University.

Noldeke, G., and Schmidt, K. (1994). 'Debt as an Option to Own in the Theory of Ownership Rights'. Mimeo, University of Bonn.

—— —— (1995). 'Option Contracts and Renegotiation: A Solution to the Hold up Problem'. *Rand Journal of Economics*, 26(2): 163–79. (p. 220)

Novaes, W., and Zingales, L. (1994). 'Financial Distress as a Collapse of Incentives'. Mimeo, University of Chicago Graduate School of Business.

Osborne, M. J., and Rubinstein, A. (1990). *Bargaining and Markets*. San Diego: Academic Press.

Perotti, E. C., and Spier, K. E. (1993). 'Capital Structure as a Bargaining Tool: The Role of Leverage in Contract Renegotiation'. *American Economic Review*, 83:1131–41.

Pound, J. (1988). 'Proxy Contests and the Efficiency of Shareholder Oversight'. *Journal of Financial Economics*, 20:237–65.

Radner, R. (1992). 'Hierarchy: The Economics of Managing'. *Journal of Economic Literature*, 30:1382–1415.

Ragulin, V. (1994). 'Why Firms Use Payment in kind Debt: A Study of Bridge Financing with Contingent Debt Instruments'. Senior thesis, Harvard University.

Rajan, R. G., and Zingales, L. (1994). 'What Do We Know about Capital Structure? Some Evidence from International Data'. Mimeo, University of Chicago Graduate School of Business.

Riordan, M. H. (1990). 'What is Vertical Integration?」 In M. Aoki, B. Gustafsson, and O. E. Williamson (eds.), *The Firm as a Nexus of Treaties*. London: Sage, 94–111.

Ritter, J. (1987). 'The Costs of Going Public'. *Journal of Financial Economics*, 19:269–81.

Rob, R. (1989). 'Pollution Claim Settlements under Private Information'. *Journal of Economic Theory*, 47(2):307–33.

Rock, K. (1986). 'Why New Issues are Underpriced'. *Journal of Financial Economics*, 15:187–212.

Roe, M. (1983). 'Bankruptcy and Debt: A New Model for Corporate Reorganizations'. *Columbia Law Review*, 83:527–602.

Ruback, R. S. (1988). 'Coercive Dual—Class Exchange Offers'. *Journal of Financial Economics*, 20:153–73.

Rydqvist, K. (1992). 'Takeover Bids and the Relative Prices of Shares That Differ in Their Voting Rights'. Working Paper 35, Northwestern University.

Sappington, D. E. M. (1991). 'Incentives in Principal—Agent Relationships'. *Journal of Economic Perspectives*, 5(2):45–66.

Scharfstein, D. (1988). 'The Disciplinary Role of Takeovers'. *Review of Economic Studies*, 55:185–99.

Schmidt, K. (1990). 'The Costs and Benefits of Privatization'. Mimeo, University of Bonn Discussion Paper A—287.

Segal, I. (1995). 'Complexity and Renegotiation: A Foundation for Incomplete Contracts'. Mimeo, Harvard University.

Shapiro, C., and Willig, R. D. (1990). 'Economic Rationales for the Scope of Privatization'. In E. N. Suleiman and J. Waterbury (eds.), *The Political Economy of Public Sector Reform and Privatization*. London: Westview Press, 55–87.

Shleifer, A., and Vishny, R. (1986a). 'Large Shareholders and Corporate Control'. *Journal of Political Economy*, 94:461–88.

—— —— (1986b). 'Greenmail, White Knights, and Shareholders' Interest'. Rand *Journal of Economics*, 17:293–309.

—— —— (1992). 'Liquidation Values and Debt Capacity: A Market Equilibrium Approach'. *Journal of Finance*, 47:1343–66.

—— —— (1994). 'Politicians and Firms'. *Quarterly Journal of Economics*, 109:995–1025.

Simon, H. (1951). 'A Formal Theory of the Employment Relationship'. *Econometrica*, 19:293–305.

Smith, C. W., Jr, and Warner, J. B. (1979). 'On Financial Contracting: An Analysis of Bond Covenants'. *Journal of Financial Economics*, 7:117–61.

Smollen, L., Rollinson, M., and Rubel, S. (1977). *Sourceguide for Borrowing Capital*. Chicago: Capital.

Spier, K. (1992). 'Incomplete Contracts and Signalling'. *Rand Journal of Economics*, 23:432–43.

Stein, J. C. (1988). 'Takeover Threats and Managerial Myopia'. *Journal of Political Economy*, 96:61–80.

Stigler, G. J. (1951). 'The Division of Labor is Limited by the Extent of the Market'. *Journal of Political Economy*, 59:185–93.

Stiglitz, J. (1974). 'On the Irrelevance of Corporate Financial Policy'. *American Economic Review*, 64(6):851–66.

Stuckey, J. (1983). *Vertical Integration and Joint Ventures in the Aluminum Industry*. Cambridge, Mass.: Harvard University Press.

Stulz, R. (1990). 'Managerial Discretion and Optimal Financing Policies'. *Journal of Financial Economics*, 26:3–27.

Tao, Z., and Wu, C. (1994). 'On the Organization of Cooperative R&D: Theory and Evidence'. Mimeo, Hong Kong University.

Thomas, J., and Worrall, T. (1994). 'Foreign Direct Investment and the Risk of Expropriation'. *Review of Economic Studies*, 61(1):81–108.

Tirole, J. (1986a). 'Procurement and Renegotiation'. *Journal of Political Economy*, 94(2):235–59.

—— (1986b). 'Hierarchies and Bureaucracies'. *Journal of Law, Economics and Organization*, 2(2):235–59.

—— (1988). *The Theory of Industrial Organization*. Cambridge, Mass.: MIT Press.

—— (1992). 'Collusion and the Theory of Organizations'. In J. J. Laffont (ed.), *Advances in Economic Theory*. Cambridge: Cambridge University Press, 71–155.

—— (1994). 'Incomplete Contracts: Where do we Stand?' Mimeo, IDEI.

Titman, S., and Wessels, R. (1988). 'The Determinants of Capital Structure Choice'. *Journal of Finance*, 43:1–19. (p. 222)

Townsend, R. (1978). 'Optimal Contracts and Competitive Markets with Costly State Verification'. *Journal of Economic Theory*, 21:265–93.

Tufano, P. (1993). 'Financing Acquisitions in the Late 1980s: Sources and Forms of Capital'. In Margaret Blair (ed.), *The Deal Decade: What Takeovers and Leveraged Buyouts Mean for Corporate Governance*. Washington: Brookings Institution.

Vancil, R. F. (1987). *Passing the Baton*. Cambridge, Mass.: Harvard University Press.

Warner, J. (1977). 'Bankruptcy Costs: Some Evidence'. *Journal of Finance*, 32:337–47.

Weber, M. (1968). Economy and Society. New York: Bedminster Press.

Weisbach, M. S. (1988). 'Outside Directors and CEO Turnover'. *Journal of Financial Economics*, 20:431–60.

Weiss, L. (1990). 'Bankruptcy Resolution: Direct Costs and Violation of Priority of Claims'. *Journal of Financial Economics*, 27:285–314.

—— (1991). 'Restructuring Complications in Bankruptcy: The Eastern Airlines Bankruptcy Case'. Mimeo, Tulane University.

Wernerfelt, B. (1993). 'The Employment Relationship and Economies of Scale'. Mimeo, Sloan School of Management, MIT.

White, M. (1989). 'The Corporate Bankruptcy Decision'. *Journal of Economic Perspectives*, 3:129–52.

Williamson, O. (1964). *The Economics of Discretionary Behavior: Managerial Objectives in a Theory of the Firm*. Englewood Cliffs, NJ: Prentice Hall.

—— (1975). *Markets and Hierarchies: Analysis and Antitrust Implications*. New York: Free Press.

—— (1985). *The Economic Institutions of Capitalism*. New York: Free Press.

Zingales, L. (1995). 'Insider Ownership and the Decision to Go Public'. *Review of Economic Studies*, forthcoming.

—— (1994). 'The Value of the Voting Right: A Study of the Milan Stock Exchange Experience'. *Review of Financial Studies*, 7:125–48.

Zwiebel, J. (1995). 'Block Investment and Partial Benefits of Corporate Control'. *Review of Economic Studies*, 62(2): 161–86.

—— (1994). 'Dynamic Capital Structure under Managerial Entrenchment'. Mimeo, Stanford University Graduate School of Business.

現代名著譯叢

公司、合約與財務結構

2016年11月初版		定價：新臺幣380元

2016年12月初版第二刷
有著作權・翻印必究
Printed in Taiwan.

科技部經典譯注計畫

著　　　者	Oliver Hart
譯　注　者	溫　秀　英
	余　曉　靜
	文　羽　苹
總　編　輯	胡　金　倫
總　經　理	羅　國　俊
發　行　人	林　載　爵

出　版　者	聯經出版事業股份有限公司
地　　　址	台北市基隆路一段180號4樓
編輯部地址	台北市基隆路一段180號4樓
叢書主編電話	（02）87876242轉223
台北聯經書房	台北市新生南路三段94號
電話	（02）23620308
台中分公司	台中市北區崇德路一段198號
暨門市電話	（04）22312023
郵政劃撥帳戶第0100559-3號	
郵撥電話	（02）23620308
印　刷　者	文聯彩色製版印刷有限公司
總　經　銷	聯合發行股份有限公司
發　行　所	新北市新店區寶橋路235巷6弄6號2F
電話	（02）29178022

叢書主編	鄒　恆　月
叢書編輯	王　盈　婷
封面設計	萬　勝　安
內文排版	林　婕　瀅

行政院新聞局出版事業登記證局版臺業字第0130號

本書如有缺頁，破損，倒裝請寄回台北聯經書房更換。　ISBN 978-957-08-4829-8 (平裝)
聯經網址 http://www.linkingbooks.com.tw
電子信箱 e-mail:linking@udngroup.com

國家圖書館出版品預行編目資料

公司、合約與財務結構/ Oliver Hart著．溫秀英、
余曉靜、文羽苹譯注．初版．臺北市．聯經．2016年11月
（民105年）．304面．14.8×21公分（現代名著譯叢）
ISBN　978-957-08-4829-8（平裝）
[2016年12月初版第二刷]

1.公司　2.資產管理　3.財務管理

553.97   105020320